W0021692

GOLDMANN
Lesen erleben

Buch

Gibt es eine Kraft, die uns trägt, die uns hält, wenn die Welt um uns zusammenfällt? Eine Stimme, die uns ins Ohr flüstert, dass alles gut ist, wie es ist? Dass alles einen Sinn hat, einen Plan, auch wenn sich unser Leben planlos oder fremdgesteuert anfühlt? Ja, es gibt diese Kraft. Aber wir können sie nicht einfach per Mausklick im Internet bestellen. Trotzdem hat sie ihren Preis: den Preis, dass wir alle scheinbaren Sicherheiten loslassen, wie gefüllte Bankkonten, Lebensversicherungen oder Heiratsurkunden. Wenn wir aufhören, in Äußerlichkeiten nach ihr zu suchen, dann ist sie da. In jedem von uns. Diese Kraft heißt Vertrauen. Urvertrauen.

Doch wie finden wir dieses Vertrauen? Eine Anleitung oder ein Rezept dafür gibt es nicht. In ihrem Mutmachbuch inspiriert Karen Christine Angermayer anhand ihrer eigenen Erfahrungen und Erlebnisse dazu, unseren ganz persönlichen Weg in das Vertrauen zu entdecken. Denn wer vertraut, hat mehr vom Leben!

Autorin

Karen Christine Angermayer studierte Diplom-Photoingenieurwesen und arbeitete beim Film, bevor sie sich im Jahr 2000 selbstständig machte. Sie ließ sich viele Jahre intensiv rund ums Wort und das erfolgreiche Schreiben ausbilden. Seit 14 Jahren ist sie als Autorin, Referentin, Schreibcoach und Trainerin für Privatpersonen und Unternehmen tätig. Ihre Kinder-, Jugend- und Sachbücher werden international gelesen, darunter der Schreibratgeber *Verführung mit Worten: 33 Quickies für erfolgreiche Texte.* Seit 2014 ist sie Geschäftsführerin des sorriso Verlags und begleitet andere Menschen bei der Entstehung ihrer Bücher.

www.worte-die-wirken.de
www.sorriso-verlag.com

Karen Christine Angermayer

Rein ins Vertrauen!

Wie wir jede Welle im Leben nehmen

GOLDMANN

Die Ratschläge in diesem Buch wurden von der Autorin und vom Verlag sorgfältig erwogen und geprüft, dennoch kann eine Garantie nicht übernommen werden. Eine Haftung der Autorin bzw. des Verlags und seiner Beauftragten für Personen-, Sach- und Vermögensschäden ist ausgeschlossen.
Der Verlag weist ausdrücklich darauf hin, dass im Text enthaltene externe Links vom Verlag nur bis zum Zeitpunkt der Buchveröffentlichung eingesehen werden konnten. Auf spätere Veränderungen hat der Verlag keinerlei Einfluss. Eine Haftung des Verlags für externe Links ist stets ausgeschlossen.

Verlagsgruppe Random House FSC® N001967
Das für dieses Buch verwendete FSC®-zertifizierte Papier *Classic 95* liefert Stora Enso, Finnland.

Dieses Buch ist auch als E-Book erhältlich.

1. Auflage
Originalausgabe März 2015
Wilhelm Goldmann Verlag, München,
in der Verlagsgruppe Random House GmbH

Umschlaggestaltung: Uno Werbeagentur, München
Umschlagfoto: Alan Graf/getty images; Teo Lannie/corbis images
Umschlagfoto/Rückseite: princigalli/iStock
Bildredaktion/Umschlagrückseite: Network! Werbeagentur, München
Redaktion: Antonia Meisner
Satz: Buch-Werkstatt GmbH, Bad Aibling
Druck und Bindung: GGP Media GmbH, Pößneck
KW ·Herstellung: IH
Printed in Germany
ISBN 978-3-442-17472-0

www.goldmann-verlag.de
Besuchen Sie den Goldmann Verlag im Netz

In Liebe und Dankbarkeit
für Unitia
für Johannes und Nike, meine Schätze
für den Tiger, Krieger und Kolibri, meinen Herzenslehrer
für unseren gemeinsamen Engel
und für den Ozean.

»Wir alle stammen aus dem Meer. Aber nicht jeder von uns fühlt sich dem Meer verbunden. Wir, die es tun, wir Kinder der Gezeiten, müssen immer und immer wieder dorthin zurück. Bis zu dem Tag, an dem wir nicht wiederkommen und nur das zurücklassen, was wir auf unserem Weg berührt haben.«

Frosty in *Mavericks – Lebe deinen Traum*

Inhalt

Prolog

Welcome home, willkommen zu Hause!

Im November ist es in Santa Monica noch so heiß, dass man einen Sonnenbrand auf der Nase bekommt, wenn man am Strand spazieren geht oder in einem der Straßencafés sitzt. Ich liebe diesen Ort, der sich nahtlos an Los Angeles anschließt und die »Stadt der Engel« mit dem Pazifischen Ozean verbindet. Er ist mein zweites Zuhause geworden, meine Seelen-Heimat.

Wenn mein Flieger in Los Angeles landet und ich mit dem Taxi nach Santa Monica fahre, entspanne ich mich sofort. Ich sehe die Sonne durch die Palmen zwinkern, rieche die warme, süße Luft und lasse los, lasse alles los, was mich beschäftigt und in Atem hält. Ich atme tief ein und aus, diese ganz spezielle Mischung aus Palmenrinde, blühenden Bäumen, Sträuchern und dem Salz des Ozeans, und kann es kaum erwarten, das glitzernde Wasser zu sehen und den unendlichen Horizont.

Sobald mein Taxi hält, werfe ich meinen Koffer ins Appartement, wechsle ein paar Worte mit Sue, der das Haus gehört, und laufe an den Strand, dem Ozean entgegen, der mich mit weit ausgebreiteten Armen begrüßt: »Welcome home, willkommen zu Hause!«

Ja. Ich bin wieder da. Ich werde immer hier sein. Selbst wenn ich in Deutschland bin, brauche ich nur meine Augen zu schließen und höre die Stimme des Ozeans, sein Rauschen, sein Brausen, sein Flüstern. Er hat mir viel erzählt in den letzten Jahren, und auch ich habe ihm viel anvertraut – wie so viele Menschen, die jeden Tag zu jeder Jahreszeit an seinem Ufer entlanglaufen. Jeder von uns spricht laut oder leise zu sich selbst, während wir unsere Spuren im Sand hinterlassen und unsere Fragen und Sorgen, unsere Tränen und Misserfolge und auch unser Lachen, unsere Freude, unsere Erfolgserlebnisse und unsere filmreifen Liebesgeschichten. Hollywood ist nur einen Katzensprung entfernt.

Der Ozean scheint alles in sich aufzunehmen. Er hat für mich eine ganz besondere Kraft und ein unendliches Fassungsvermögen. Er hört sich alles an, was wir ihm erzählen, und mit dem nächsten seiner Atemzüge wischt er alle Spuren weg, die wir barfuß oder in Schuhen hinterlassen haben. Und er kommt wieder, immer wieder, Welle für Welle, jeden Tag, jede Nacht. Er kommt und geht, so gleichmäßig, als würden ihn die vielen Geschichten und Menschen an seinem Wassersaum gar nicht berühren. Und doch wirkt er auf mich nicht gleichgültig. Denn es kommen Antworten, oft ganz unerwartet. Es scheint, als nähmen die Wellen meine Fragen auf und ließen die Antworten ans Ufer rollen, wenn sie zurückkommen. Nicht immer am gleichen Tag, an dem ich die Frage gestellt habe, aber immer zur rechten Zeit.

Hier an diesem Ozean begann meine innere Reise in mein Vertrauen. In mein Vertrauen in die Liebe, in meine finanzielle Freiheit und in meinen Körper. Mehrere Jahre hat diese Reise gedauert, und der Ozean ist ein wichtiger Teil davon. Und Eleya, meine geliebte Freundin und Seelenschwester, die ich hier an diesem Strand kennenlernte, gehört auch dazu. Ich werde sie dir nachher vorstellen.

Es ist mir wichtig, dir zu sagen, dass dieses Buch keine Anleitung dafür ist, wie wir in unser Vertrauen kommen. Eine Anleitung oder ein Rezept dafür gibt es nicht. Ich glaube, dass jeder nur für sich allein ins Vertrauen finden kann. Was ich für dich tun kann – und dies gerne –, ist, meine eigene Geschichte mit dir zu teilen und Geschichten von Menschen, die mir begegnet sind. Ich wünsche mir, dass wir dich gemeinsam dazu inspirieren, dich selbst auf den Weg zu machen. Dass wir dir Schutz und Trost sind und Ermutigung auf deiner eigenen Reise.

Vertrauen ist meiner Erfahrung nach auch nichts, was man einmal erlangt und dann für immer behält. Auch ich erlebe immer wieder Momente, die mein Vertrauen auf den Prüfstand stellen. An manchen Tagen sind wir randvoll gefüllt von diesem schönen, warmen Gefühl, so als hätte jemand einen großen Eimer voller Seelenbalsam über uns ausgegossen. An anderen Tagen überwiegen die Ängste, die Unsicherheiten und der Zweifel. Ich glaube inzwischen, dass dies ganz normal ist und zum Leben dazugehört.

Wir können Vertrauen weder sehen noch beweisen. Wir können es fühlen, es in uns wachsen spüren und daran glauben, dass es existiert und wiederkommt, wenn es uns einmal abhanden gekommen ist. Die »Zutaten«, die jeder von uns braucht, um sein Vertrauen ins Leben zu spüren, sind ganz individuell. Jeder ist hier sein eigener Koch und rührt und fügt hinzu, bis die Mischung stimmt.

Ich sage bewusst »Vertrauen ins Leben«, weil es mir hier in diesem Buch um mehr geht als das reine Vertrauen zwischen zwei Menschen. Ich meine das Vertrauen in das Leben selbst, in das Gefühl: »Das Leben ist mein Freund. Ich bin allem gewachsen, was auch immer geschieht.«

Ich wünsche mir, dass alles, was ich erlebt habe, nicht nur einen Nutzen für mich hat, sondern dass es auch passiert ist, damit ich *dir* heute davon erzählen kann und du aus diesen Seiten etwas Wertvolles und Schönes mitnimmst, wie duftende Blüten oder einen glitzernden Stein, die man auf einem Spaziergang findet.

Nimm dir aus den folgenden Seiten, was sich für dich gut und hilfreich anfühlt, was dich inspiriert und stärkt. Vertrauen hat auch ganz viel mit Geduld zu tun und mit einer liebevollen Haltung zu uns selbst. Und es hat mit einer Wahl zu tun. Eine Wahl, die sich uns stellt, sobald wir morgens beim Aufwachen die Augen öffnen und die ersten Gedanken denken. In Eleyas Badezimmer hängt eine Postkarte am Spiegel. Ihre Schwester hat sie gemalt. Es ist eine ganz einfache Bleistiftzeichnung, die eine junge Frau zeigt. Sie trägt ein Kleid, das rot eingefärbt ist. Die junge Frau hebt den Saum ihres Kleides hoch und fragt: *»What shall I carry today? Shall it be faith or fear?«* Was soll ich heute tragen? Soll es das Vertrauen sein oder die Angst?

Um diese Wahl geht es: Was soll ich heute anziehen – in Bezug auf meine Partnerschaft, meine Kinder, meine Eltern, meinen Beruf oder meinen Chef, meine finanzielle Freiheit und auch in

Bezug auf meinen Körper und seine Gesundheit? Was ziehe ich heute an, das Vertrauen oder die Angst?

Das Wort »faith« würde man in der direkten Übersetzung sicher mit »Glauben« übersetzen, doch ich finde das Wort »Vertrauen« umfassender und weiter. Darüber hinaus ist das Wort »Glaube« in unserem Sprachgebrauch mit religiösen Assoziationen belegt, um die es mir hier nicht geht.

Mein eigenes Vertrauen schöpfe ich auch durch meinen Glauben – an unseren Schöpfer und an die feinstofflichen Kräfte, die uns unterstützen. Das bedeutet nicht, dass du auch daran glauben musst, um dieses Buch zu lesen. Nimm meine Geschichte einfach als *einen* möglichen Weg von vielen.

Wollen wir ein Stück zusammen gehen, den Santa Monica Beach runter nach Venice oder rauf zum Pier, wo Forrest Gump seinen langen Lauf im Film beendete? Dann komm. Um diese Zeit ist immer eine Delfinfamilie unterwegs. Sie schwimmen ganz nah am Strand. Vielleicht sehen wir sie!

Teil 1:
Vertrauen in die Liebe

Zerreiß deine Pläne. Sei klug
und halte dich an Wunder.
Sie sind lang schon verzeichnet im großen Plan.
Jage die Ängste fort
und die Angst vor den Ängsten.

aus: »Rezept« von Mascha Kaléko (1907–1975)

Die »perfekte« Welle

Die Surfer, welche Geduld sie haben! Unermüdlich schieben sie ihre Bretter raus aufs Meer, steigen auf, gleiten elegant zurück zum Strand oder fallen schon nach wenigen Augenblicken ins Wasser. Und wieder geht es hinaus ... Ganz selten schafft es einer die ganze Strecke bis zum Ufer zurück, ganz selten reitet einer die perfekte Welle. Gemessen an der Zeit, die sie *im* Wasser verbringen, ist die Zeit oberhalb der Wasseroberfläche, auf dem Brett, verschwindend gering. Und doch versuchen sie es immer wieder, jeden Morgen, hier am Santa Monica Beach und weiter unten in Venice. Ich bewundere das.

Ich habe an diesem Strand viel über die Liebe nachgedacht. Und wenn ich das Bild eines Surfers nehme, dann verbringen die meisten Menschen in der Liebe auch eine ganze Menge Zeit *im* Wasser oder sogar *unter* Wasser statt aufrecht und genussvoll oben auf dem Brett. Doris Dörrie, deren Erzählstil ich sehr liebe, hat ein Buch geschrieben – *Liebe, Schmerz und das ganze verdammte Zeug*. Der Titel sagt alles: Neben den schönen und erhebenden Momenten bringt die Liebe oft auch viel Schmerz mit sich, viele Ängste, viel Zweifel, Trauer, Wut, Eifersucht, Missmut und Missgunst und viele Missverständnisse ... Sehnen wir uns nicht eigentlich alle nur nach Harmonie, nach dem Geliebtsein und Angenommensein? Warum müssen wir auch all das andere erleben?

Weil wir daran *wachsen*. Weil wir, und damit meine ich unsere Gesamtheit, unseren Körper, unseren Geist und unsere Seele, an allem, was wir durchleben, wachsen. Wir wachsen mit jeder Erfahrung, werden immer ein Stückchen größer, jeden Tag, in jedem Bereich unseres Lebens. Die Erfahrungen sind dabei nicht immer angenehme. Manchmal erleben wir über Wochen, Monate, manchmal Jahre großen Schmerz und große Verluste. Und doch wachsen wir daran. Optimalerweise wächst nach einer überwundenen schmerzhaften Erfahrung auch unser Vertrauen – und wir in das Vertrauen hinein. In das Vertrauen, dass alles richtig ist, wie es gerade ist. In das Vertrauen, dass alles in Ordnung ist, auch wenn sich unser Leben gerade so anfühlt, als wäre ein Tornado hindurchgefegt. In das Vertrauen, dass das Leben seinen eigenen Rhythmus und sein eigenes Tempo hat, das wir oft erst im Rückblick oder am Ende dieses Lebens verstehen. Und in das Vertrauen, dass wir auf dieser Reise nicht allein sind, sondern umgeben sind von Milliarden von Menschen, die gleiche oder zumindest ähnliche Erfahrungen machen. Wenn man es aus dieser Warte betrachtet, ist die Welt, in der wir leben, ein riesiger Pool aus Menschen und ihren Erfahrungen. Und je mehr wir unsere Erfahrungen miteinander teilen und aufhören, uns voreinander zu verstecken oder uns etwas anderes vorzuspielen, als wir sind, umso mehr kann dieses Leben zu einer großartigen gemeinsamen Erfahrung werden.

Ich habe die Liebe in diesem Buch vorangestellt, weil ich glaube, dass sie eine der intensivsten und mächtigsten Kräfte in unserem Leben ist, und weil sie unsere anderen Lebensbereiche durchdringt. Selbstverständlich kannst du die anderen beiden Teile dieses Buches zuerst lesen. Die Informationen, die für dich wichtig sind, werden zu dir finden, in genau der richtigen Reihenfolge.

Gehen wir noch mal zurück an den Strand, zu den Surfern. Was wäre, habe ich mich gefragt, wenn wir alle gleich von Anfang an Meister im Wellenreiten wären, die gar nicht erst vom Brett herunterfallen, sondern gleich oben bleiben? Was wäre, wenn wir in der Liebe gar keinen Schmerz empfinden würden, keine Ängste, keine Zweifel, keine Wut, sondern einfach nur die reine Freude? Wie würde unser Leben aussehen, von der Teenagerzeit bis ins hohe Alter? Was wäre, wenn wir alle von der ersten Liebe bis zu unserem Tod darauf vertrauen würden, dass alles, was wir rund um die Liebe erfahren, richtig ist, wie es ist, und genauso kommt, wie es kommen soll?

Der erste Gedanke, der mir kam, war: Wir hätten alle viel mehr Zeit. Weil wir viel weniger über die Liebe nachdenken würden. Wir würden viel weniger grübeln, zweifeln, verzweifeln, dem Mann oder der Frau unserer Träume nachweinen ... Wir würden ihn oder sie nicht wieder qualvoll herbeiwünschen oder uns auf die Suche nach dem Nächsten machen, dem Richtigen ... Wir hätten Unmengen mehr Zeit! Womöglich würde auch unser Alkoholkonsum sinken, höchstwahrscheinlich, nein ganz bestimmt sogar, auch unser Schokoladenkonsum. Wir würden auch weniger Geld für Frust-Käufe ausgeben, bräuchten keine traurigen Liebeslieder mehr (die meisten sind traurig, schon bemerkt?), keine Taschentücher, Therapeuten, Coaches, Trainer und: keine Scheidungsanwälte. Ganze Berufszweige und Branchen hängen ja an dieser »Industrie der Liebe«. Es wirbelt ordentlich Wellen auf, das schönste aller Gefühle.

Wäre es nicht viel weniger zeit- und kraftaufwändig, wenn wir endlich LEBEN und in vollen Zügen LIEBEN würden, statt immer nur davon zu träumen oder darauf zu warten?

Ich muss gerade an ein Fasten-Erlebnis denken, das ich einmal hatte: Wenn man mit Wasser, Säften und Brühe fastet, also nichts Festes zu sich nimmt, braucht man nicht viel einzukaufen. Man spart also schon einiges an Zeit für den sonst üblichen Gang in den Supermarkt, für das Nachhause-Schaffen, das Einräumen, das Zubereiten ... Und man spart Geld. Man spart auch Zeit, sich zu überlegen: Was koche ich heute? Denn man erwärmt höchstens einen großen Topf Gemüsebrühe oder öffnet eine Flasche Saft oder Wasser. Fertig. Ich fand es hochspannend, wie viel Zeit mir plötzlich in meinem Tag zur Verfügung stand, als ich mich eine Woche lang mal nicht mit dem Thema Essen beschäftigte!

Nicht, dass wir uns falsch verstehen: Ich koche wirklich gerne, ich liebe das gemeinsame Zubereiten mit Freunden oder als Familie. Mir geht es hier nur um den Faktor Zeit.

Wie viel Zeit würden wir sparen, wie viel Energie könnten wir in andere Dinge stecken, wenn wir uns weniger Gedanken um die Liebe machen würden, weniger zweifeln würden, weniger Ängste hätten? Wenn wir wirklich darauf vertrauen würden, dass alles, was in diesem Moment geschieht, völlig in Ordnung ist – Teil eines größeren Puzzles, das eines Tages einen Sinn ergibt – dann bräuchten wir all diese Gedanken gar nicht! Wir würden aber auch ... nicht so sehr wachsen. Das ist wirklich hinter all den Erfahrungen der Punkt: Dass wir jeden Tag ein kleines Stückchen größer und »weiter« werden, den Erfahrungsschatz ausbauen, den Werkzeugkoffer füllen wie ein Handwerker, der als Lehrling mit einem ganz kleinen Köfferchen beginnt und als Meister einen großen, gut gefüllten Koffer hat. Und der schließlich so weit ist, dass er die Arbeiten nicht mehr selbst verrichten muss, sondern sein Wissen weitergibt.

Aber muss denn dieses Wachstum mit so viel Schmerz verbunden sein? Nein, muss es nicht. Ich glaube, dass es Menschen gibt, denen das Wachstum nicht so viel Schmerz bereitet. Sie scheinen leichter durchs Leben zu kommen als andere. Doch die Mehrzahl der Menschen, denen ich begegnet bin, scheinen das Prinzip »Lernen durch Schmerzen« verinnerlicht zu haben. Ich persönlich glaube, dass es Zeit ist, dieses Prinzip nun langsam aufzulösen. Die Zeit des Leids und der Schwere darf nun vorbei sein. Mehr Freude und Leichtigkeit, bitte!

Ich glaube, dass Wachstum weniger schmerzhaft oder sogar völlig schmerzfrei sein kann. So wie es ja auch Frauen geben soll, die ihre Kinder schmerzfrei zur Welt bringen. Lernen *ohne* Schmerzen, Wachsen in Freude – hier kommt unser Vertrauen ins Spiel.

Und wie soll das, bitte schön, gehen?, fragst du dich jetzt vielleicht. Wo soll mein Vertrauen denn herkommen, dass auch für mich der passende Deckel auf diesem Planeten herumläuft? Oder dass der Mann bzw. die Frau an meiner Seite auch morgen noch da ist? Angesichts der hohen Trennungs- und Scheidungsrate da draußen oder des angeblichen Frauenüberschusses könnte man ja schon mal den Mut verlieren, oder?

Ja, das könnte man. Es gibt so vieles in der Welt, das uns Grund genug gibt, den Mut zu verlieren. Doch es gibt mindestens genauso viele Gründe, zu vertrauen. Und die gilt es zu finden.

Wie schon gesagt, es liegt mir fern, dir hier eine Anleitung zu präsentieren, wie du in dein Vertrauen kommst, oder ein klassisches How-to-do-Buch. Ich erzähle dir im Laufe dieses Buches, wie meine eigene Welle aussah und wohin sie mich in den letzten Jahren getragen hat. Von einer großen Liebe in eine neue große Liebe, so viel kann ich schon verraten. Dazwischen lag – du ahnst es vielleicht – eine andere große Liebe und jede Menge Schmerz und das »ganze verdammte Zeug«.

Vielleicht ist die Liebe unser bester Surf-Lehrer in diesem Leben. Vielleicht ist sie am allerbesten dazu geeignet, uns ins Vertrauen zu führen. Denn schließlich ist sie es, die uns, wenn wir frisch verliebt sind, Flügel verleiht und uns in die höchsten Höhen aufschwingt. Und die Liebe ist es, die uns tief fallen lässt, wenn es aus und vorbei ist oder wir an einem Punkt angelangt sind, an dem wir nicht mehr weiterwissen.

Die Liebe als Surf-Schule für die Wellen des Lebens. Das Bild gefällt mir. Ein solches Schulfach namens »Liebe«, das hätte ich mir gewünscht. Denn wer bringt uns als Kind bei, wie wir mit den Gefühlen umgehen, die zur Liebe gehören? Die ersten Schmetterlinge im Bauch, das Herzklopfen, wenn wir den Auserwählten oder die Auserwählte auf dem Schulhof sehen? Später dann die ersten Küsse, die ersten Tränen, der erste große Liebeskummer, vielleicht die erste Trennung ... Das ist doch jede Menge »Stoff«, den wir da zu bewältigen haben – neben dem Lesen-, Schreiben- und Rechnenlernen!

Und die Frage ist auch: Welche Vorbilder haben wir? Was leben uns unsere Eltern, Großeltern, Tanten, Onkel vor? Welche Erfahrungen haben sie mit der Liebe in ihrem Leben gemacht? Welchen Blick, auch welche Schubladen im Geiste, haben sie dadurch entwickelt? Wenn ich mich so umschaue, glaube ich, wir müssen alle alleine »da durch«. Du bist durch deine Erfahrungen gegangen, ich durch meine. Diesen Weg durch die Himmel und Höllen der Liebe gehen wir jeder ganz allein. Und die einen von uns erleben wie von Zauberhand geführt eine erfüllte Liebesbeziehung nach der anderen, während andere sich wahnsinnig abstrampeln müssen auf der Suche nach dem kleinen Stück vom Glück. Andere durften das große Glück erleben – und es kam ihnen wieder abhanden. Durch eine Krankheit, einen Unfall, andere Schicksalsschläge oder auch, weil die Liebe irgendwo zwischen Bausparverträgen, Kinderplanung und Karriere verschüttgegangen ist. Wie viele Menschen leben jahrein, jahraus nebeneinander her, nehmen sich aber überhaupt nicht mehr in den Arm oder signalisieren auf andere Weise »Ich liebe dich. Und ich bin so froh und dankbar, dass es dich gibt!«?

Manchmal sehe ich Paare, die so lieblos miteinander umgehen, dass es mir das Herz zerreißt. Ihre Liebe scheint einem Machtkampf gewichen. Es scheint nicht mehr um das gemeinsame Fühlen und gemeinsame Ziele zu gehen, sondern nur noch um das »Wollen doch mal sehen, wer stärker ist«. Der heilige Raum, wie ich ihn nenne, zwischen diesen beiden Liebenden ist völlig zugestellt von Enttäuschungen, unerfüllten Erwartungen, Missverständnissen, kleinen und großen Lügen, mangelnder Wertschätzung, fehlender Achtsamkeit, großer Lieblosigkeit und auch Bequemlichkeit.

Ich glaube, dass es auch hier wieder einen Weg zurückgibt, wenn beide Partner das wollen. Doch zunächst würde ich mir gerne mit dir anschauen, wie die meisten von uns in die Liebe starten – ich spreche vom ersten Treffen, dem ersten Date. Denn mit ihm beginnt die Reise ins Vertrauen.

Der vollkommene Start in die Liebe

Ich benutze gern das Wort »vollkommen«. Geläufiger ist vielen Menschen das Wort »perfekt«. Vollkommenheit ist für mich weiter gefasst. Sie bezieht sich nicht nur auf den einzelnen Moment, sondern sie umfasst alle Ebenen – Körper, Geist und Seele. Und: Sie bezieht sich nicht nur auf unsere eigene Wahrnehmung, sondern berücksichtigt auch andere Menschen. Vollkommen im Sinne aller Beteiligten, zum höchsten Wohle aller, das ist es, was ich damit sagen will.

Wie fängt die Liebe an? Mit einem Blick, einem Lächeln, einer Nachricht, einer Frage ... und ganz viel Herzklopfen. Kaum finden wir jemanden interessant und möchten ihn näher kennenlernen, scheinen unser Körper und unser Geist in den Ausnahmezustand zu schalten: Unser Puls erhöht sich, der Bauch kribbelt, uns wird ganz warm. Auch Unsicherheiten und Ängste tauchen auf, die vorher nicht da waren: Wie sehe ich aus? Sitzen die Haare? Passt die Hose zum Hemd? Ist meine Nase zu klein oder zu groß? Der Busen okay oder zu klein? Was, wenn er/sie mich ablehnt, wenn ich frage, ob wir zusammen was trinken gehen? Was sage ich? Wie wirke ich interessant? Werden wir uns küssen? Wird mehr passieren? Wie wird das sein?

Die erste Liebe oder die Anfänge einer neuen Liebe scheinen für uns Menschen der reinste Stress zu sein. Was würde stattdessen passieren, wenn wir von Anfang an im Vertrauen wären? Im Vertrauen, dass genau das Richtige passiert. Im Vertrauen darauf, dass wir uns, wenn wir die Richtigen füreinander sind, automatisch anziehend finden, und zwar im Herzen, ganz unabhängig von allen Äußerlichkeiten. Im Vertrauen darauf, dass wir genügend Gesprächsstoff haben, um nicht nur diesen einen Abend, sondern noch viele weitere zu füllen. Im Vertrauen darauf, dass genau das geschieht, was sich für uns beide richtig und gut anfühlt. Wäre das nicht eine wunderbare, entspannte und freie Begegnung?

Wir wären einfach wir selbst, würden uns keine Gedanken darüber machen, wie der andere uns findet, sondern würden uns einfach fallen lassen in den Moment, wie ein Kind, das sich gerade ein neues Spiel ausdenkt oder sich auf sein Fahrrad setzt und einfach die Straße hinunterbraust, den Fahrtwind im Haar, die Sonne im Gesicht, lachend, strahlend, jubelnd vor Begeisterung, weil es so schön schnell geht. Weil es kein Ziel gibt. Weil wir einfach auf Entdeckungsreise gehen, um diese Ecke herum und um jene, den kleinen Hügel hinauf und wieder hinunter ... So würden wir uns auf dieses erste Treffen (und auf jedes weitere) mit diesem geliebten Menschen einlassen. Wer bist du? Wer bin ich? Wer sind wir beide, wenn wir zusammen sind?

Ich glaube, dass wir die Dinge viel zu ernst nehmen und den Fokus zu oft auf das legen, was schiefgehen könnte. Warum?

Weil wir nicht im Vertrauen sind. Weil wir nicht darauf vertrauen, dass wir liebenswert sind, denn sonst würden wir selbstbewusst und souverän auf den anderen Menschen zugehen. Weil wir nicht darauf vertrauen, dass es einen Sinn hat, dass wir uns begegnet sind, und dass genau das Richtige geschehen wird, im richtigen Tempo. Weil wir nicht darauf vertrauen, dass das Wegstück mit diesem einen Menschen genauso lange dauert, wie es eben dauert – nicht kürzer und nicht länger. Und dass, selbst wenn die Beziehung wieder auseinandergehen sollte (und auch das einen Sinn hat), noch viele weitere interessante Männer und Frauen in unser Leben kommen werden.

Oft verhalten wir uns in der Liebe, als gäbe es kein Morgen. Als müsste es *dieser* Mensch sein und sonst keiner. Und als käme, wenn er oder sie es *nicht* wird, danach nie wieder einer oder nur ganz furchtbare Vertreter ihrer Art!

Ich habe selbst erlebt, dass das nicht stimmt. Ich habe wundervolle Liebesbeziehungen leben dürfen. Und ganz gleich, von welcher Dauer sie waren: Jede Verbindung war einzigartig und genau richtig so, wie sie war. Und ich lebe im Vertrauen darauf, dass ich noch viele wundervolle Erfahrungen in der Liebe machen darf. Natürlich wünsche ich sie mir mit meinem jetzigen Partner. Ob sich dieser Wunsch erfüllt, wird das Leben mir enthüllen.

Die Frau eines Bekannten, fand diesen Gedanken unvorstellbar. Als ich ihr erzählte, dass mein Mann und ich uns getrennt hatten, fragte sie entsetzt: »Ja, und jetzt?!«

Sie schaute mich an, als hätte ich eine tödliche Diagnose bekommen und hätte nur noch drei Tage zu leben. Wir kochten gerade zusammen und während wir das Gemüse schnippelten, rückte sie plötzlich mit einem eigenen Erlebnis heraus: Sie selbst hatte vor einigen Wochen ihre Jugendliebe wiedergesehen und hatte sich Hals über Kopf erneut verliebt. In ihr stritten sich Gefühl und Verstand, und ich hörte aus ihren Worten deutlich heraus, wie tief ihr Herz wieder von diesem Mann bewegt war. Doch sie sagte: »Ich bin Mitte vierzig. Jetzt noch mal ganz von vorne anfangen?«

Jetzt war ich es, die entsetzt war. Mitte vierzig? So wie sie es sagte, klang es wie hundertdreißig! Und was mich am meisten hellhörig machte: Sie sagte nicht: »Ich liebe meinen Mann!« Sondern ihr ging es scheinbar viel mehr darum, dass es ihr so mühsam erschien, noch einmal einen neuen Mann ganz von vorne kennenzulernen. Wie viel »Arbeit« musste es ihr gemacht haben, ihren jetzigen Mann zu verstehen und von ihm verstanden zu werden und an den Punkt zu kommen, an dem sie heute war? Wie mühsam und schwer hörte sich das alles an! Natürlich ist jede gelungene Verbindung immer auch ein Stück Arbeit, ein Stück täglicher Achtsamkeit, gemeinsames Hinschauen und gemeinsame Entwicklung. Aber daneben gibt es doch gleichrangig auch den Genuss, die Verschmelzung zweier Herzen, die körperlichen Freuden und die vielen wunderbaren Momente der Einheit, das Seite-an-Seite-Sein im Alltag.

Dieser Moment in der Küche hat mich tief bewegt. Und ich hatte das Gefühl, dass diese schöne Frau in der Blüte ihres Lebens keinerlei Vertrauen hat, noch einmal ihr Glück zu finden – weder in ihrer jetzigen Ehe noch zusammen mit einem anderen Menschen.

Sie sagte weiter: »Weißt du, meine Großmutter hat immer gesagt: Es kommt nichts Besseres nach!«

Ich antwortete: »Na ja, wir könnten aber auch genauso gut denken: Der nächste Partner ist noch *viel besser*!« Denn statt nur in eine Richtung zu denken, kann man doch genauso gut in die entgegengesetzte Richtung denken, oder?

Davon wollte sie nichts hören. Ich glaube, dieser Gedanke hat sie noch viel mehr entsetzt als das Ende meiner Ehe. Ich habe sie in ihrem Glauben gelassen, so sehr mich ihre Einstellung geschmerzt hat. Sie ist immer noch verheiratet, und ich wünsche ihr von Herzen, dass sie glücklich ist.

Ich glaube fest daran, dass Begegnungen wie diese mit einer Jugendliebe oder einem anderen Menschen kein Zufall sind. Sie geschehen dann, wenn es Zeit ist, hinzuschauen: Was löst diese Situation in mir aus? Was bedeutet sie? Wo steht unsere Partnerschaft, was steht an? Ist es Zeit, unsere Verbindung auf die nächste Ebene zu heben, noch einmal neu zu starten oder weiterzugehen? Oder wäre es besser, wenn wir beide uns wieder freigeben und eine neue Verbindung eingehen? Ist dieser Mensch, der gerade (noch einmal) in mein Leben gekommen ist, derjenige, mit dem mein Weg weitergeht? Oder ist es jemand anderes und ist die jetzige Begegnung nur der »Befreiungsschlag«?

Die Liebe findet uns, darauf können wir vertrauen. Immer. Wir müssen auch nicht danach suchen. Sie kommt in unser Leben, wenn es so weit ist. Wenn wir so weit sind.

Viele Menschen suchen verzweifelt nach dem oder der Richtigen, in der Zeitung, im Internet, auf Single-Partys, beim Speed Dating ... Ich persönlich habe die Erfahrung gemacht, dass die schönsten Liebesbeziehungen immer dann in mein Leben fanden, wenn ich *nicht* danach gesucht habe. Vielleicht, weil wir in solchen Momenten ganz einfach die sind, die wir sind. Ganz authentisch. Ohne irgendwelche Erwartungen an den Traummann oder die Traumfrau. Völlig frei von dem Gefühl, uns von unserer besten Seite zeigen zu müssen. Einfach wir.

Mein erster Ehemann, der Vater unserer Kinder, kam in mein Leben, als ich gerade ein ziemlich schmerzhaftes Treffen mit einem anderen Mann erlebt hatte. Auf der Autobahn zurück kurbelte ich die Fensterscheibe meines roten Käfers herunter und rief laut nach draußen: »Ab morgen steh ich auf Frauen!« Keine zwei Stunden später überholte ER mich und lächelte mich an. Dreizehn Jahre haben wir zusammen erleben dürfen als Paar, und seit mehreren Jahren leben wir zusammen mit unseren Kindern unter einem Dach. Nicht mehr als Paar, doch als Eltern mit ihren Kindern. Ich bin dankbar für jeden Tag, den wir miteinander Seite an Seite verbringen durften. Und ich bin dankbar um das starke und tiefe Band der Elternschaft und Freundschaft, das uns auch heute noch verbindet.

Und damit sind wir bei der nächsten Frage: Wie steht es um unser Vertrauen, dass jede Liebe ihre Zeit hat? Dass sie ihren vollkommenen Anfang hat und manchmal ganz unerwartet ihren Abschied nimmt? Wie gehen wir damit um, wenn es an das liebevolle Loslassen geht?

Die vollkommene Dauer der Liebe

Wie lange dauert die Liebe? Wollen wir nicht alle wie im Märchen glücklich bis an unser Lebensende mit »dem Einen« oder »der Einen« sein? Ich wollte es immer, jedes Mal, in jeder Liebesverbindung. Ich konnte mir immer ein ganzes Leben mit diesem Menschen vorstellen. Bis ... wir uns trennten. Und noch heute glaube ich daran – und ich möchte auch weiter daran glauben. Es gibt ja auch ganz viele Beispiele, die zeigen, dass es gelingen kann!

Doch es gibt auch eine Stimme in mir, die sagt: »Christine, darum geht es gar nicht. Es geht nicht um die Zeit an sich, die ihr miteinander verbringt, sondern darum, wie ihr eure gemeinsame Zeit füllt!«

Ich finde, es klingt toll, wenn Menschen erzählen, dass sie schon 25 oder gar 50 Jahre mit ein und demselben Partner zusammen sind und die silberne oder goldene Hochzeit feiern. Davor habe ich hohen Respekt, denn ich vermute, in dieser Zeit gab es die eine oder andere Stolperstelle oder Klippe, die dieses Paar miteinander gemeistert hat. Gleichzeitig finde ich es genauso wichtig, ehrlich hinzuspüren und die nötigen Konsequenzen einzuleiten, wenn der gemeinsame Weg zu Ende geht – wann immer das ist. Vielleicht schon nach zwei Jahren, nach fünf oder zehn. Auch wenn Kinder da sind, ein Haus, ein Boot und vieles mehr.

Wenn ich in meinem Vertrauen bin, dann weiß ich, dass die Stimme in mir Recht hat. Es geht nicht um die Zeit. Es geht um die *Erfahrungen*, die wir miteinander machen. Ich glaube heute, nach eigenen Erlebnissen und denen, die ich bei anderen beobachte, dass Menschen in unser Leben kommen, die uns nur eine Nacht, ein paar Wochen oder Monate lang begleiten. In dieser Zeit helfen sie uns über eine wichtige Stufe hinweg, initiieren möglicherweise einen ganz neuen Lebensabschnitt – und wir im Gegenzug für sie. Und dann gibt es Menschen, die bleiben länger, ein paar Jahre oder Jahrzehnte. Und beides ist richtig, so wie es ist!

Es ist nicht die Zeit. Es ist das gemeinsame Wachstum, das am Ende bleibt, das gemeinsame Lernen voneinander. Das ist die Antwort, die ich inzwischen für mich gefunden habe und die mich immer wieder in mein Vertrauen bringt.

Wenn wir uns die Liebesgeschichten unserer Eltern und Großeltern anschauen, dann verliefen die mit Sicherheit anders als unsere heutigen. Die Möglichkeiten waren andere, die Freiheiten und auch die Unfreiheiten, vor allem der Frauen. Früher waren die Menschen eher an einem Ort verwurzelt, lebten oftmals in einer Großfamilie unter einem Dach, arbeiteten körperlich sehr hart ... Da blieb nicht viel Zeit für die Selbstverwirklichung oder auch nur den Gedanken, ob das eigene Leben mit einem anderen Mann oder einer anderen Frau vielleicht angenehmer sein könnte. (Der Gedanke war vielleicht schon da, doch dabei blieb es sicher in den meisten Fällen.)

Heute haben wir weder beruflich diese Geradlinigkeit noch in unserem Liebesleben. Wir bleiben in den seltensten Fällen in ein und demselben Beruf, den wir gelernt haben. Wir bleiben selten am gleichen Ort. Und wir wechseln auch unsere Partner häufiger. Eine Frau von heute kann sich eine eigene Existenz erschaffen, wenn sie das möchte. Wir müssen nicht mehr bleiben und die »Faust in der Tasche zusammenballen«, wie es die Oma einer Bekannten sagen würde. Wir dürfen bleiben. Und wir dürfen auch gehen.

Im spirituellen Bereich gibt es Menschen, die sagen, dass unser Bewusstsein in den letzten Jahrzehnten gestiegen sei und wir Themen, die wir als Einzelne haben oder als Paar (wie Konflikte, Lebensthemen etc.), heute schneller auflösten als früher. Dadurch sei es uns möglich, dass wir in *einem* Leben innerlich mehr »bearbeiteten«, als es früher möglich war. Und daraus resultierten die kürzeren Partnerschaften. Ich finde das einleuchtend. Womit ich nicht werten will, ob es besser ist, viele kurze oder eine lange Liebesbeziehung im Leben zu haben – oder überhaupt keine. Mich beruhigt dieser Gedanke, dass alles möglich ist und alles erlaubt. Freiheit war und ist mir immer wichtig. Die Freiheit, dass Dinge so bleiben, wie sie sind, dass sie sich aber auch verändern dürfen, wenn der Weg nicht mehr weitergeht oder nur mit viel Leid.

Und ganz gleich, ob die These stimmt oder nicht, dass wir unsere Themen heute schneller bearbeiten – für mich geht es einfach nur darum, dass wir gut durch unseren Alltag kommen. Dass wir das Leben leicht erleben und nicht als Kampf, dass unsere Beziehungen harmonisch und liebevoll sind und »gesund«. Dazu wird uns Dr. Wolf-Richard Nickel in seinem Interview im dritten Teil dieses Buches einige interessante Dinge über die Leichtigkeit und den Kampfmodus erzählen, in dem viele von uns durchs Leben gehen.

Mir persönlich schenkt der Gedanke, dass jede Liebe ihre Zeit hat, Ruhe und Vertrauen. Dass es einen vollkommenen Anfang einer Liebe gibt und auch ein vollkommenes Ende.

Alles andere lässt uns schnell verzweifeln, zum Beispiel bei einer Trennung. Dann fragen wir uns: »Warum geht dieser Mensch jetzt?«, »Warum ist er nicht bei mir geblieben? Zählt das Versprechen, das wir uns gaben, nichts mehr?« Wie viele Menschen stellen sich diese schmerzhaften Fragen und finden keine Antwort – oder nur Antworten, die genauso schmerzhaft sind?

Gemeinsame Wege gehen einfach manchmal zu Ende. Dazu muss nicht mal etwas Spektakuläres im Außen passieren. Es reicht eine *innere Entwicklung*, damit sich zwei Wege, die vorher eins waren, gabeln. Einer der beiden Partner stellt zum Beispiel fest, dass seine Lebensträume sich gewandelt haben. Oder er hat ein Seminar besucht, das ihn mit anderen Menschen und neuem Gedankengut in Berührung gebracht hat ... Dann kann man als Paar das Neue miteinander teilen. Oder auch nicht! Weil es nicht möglich ist. Weil es den anderen nicht interessiert, er es suspekt findet, die Menschen komisch ... Oder auch ganz einfach, weil er eifersüchtig auf diese neue Entwicklung und den neuen Kreis an Kontakten ist.

In anderen Fällen ist im Außen gar nichts passiert, aber wir fragen uns trotzdem: »Wie lange wird das alles gut gehen mit uns? Wie lange wird er oder sie bei mir bleiben? Was, wenn einer von uns schwer krank wird oder sich in jemand anderen verliebt?« Wie viele Menschen malen sich oft schon die Trennung vor ihrem geistigen Auge aus, obwohl es weit und breit noch gar kein Anzeichen dafür gibt? Unsere Gedanken wirken. Jeder einzelne. Mit jedem Gedanken erschaffen wir unsere Realität. Wollen wir nicht lieber vertrauensvolle Gedanken denken? Darauf vertrauen, dass jede Liebe ihre Zeit hat – ganz gleich, ob eine Nacht oder ein ganzes Leben?

Ich weiß, dass sich dies so leicht sagt. Ich habe auch sehr lange gebraucht, über mehrere Jahre, damit ich diesen Satz heute so sagen kann. Ich erwarte daher nicht, dass du jetzt gleich zustimmend nickst. Lass den Gedanken einfach auf dich wirken.

Für mich ist er einer der Schlüssel für meine Herzensruhe geworden. Wir wissen nicht, was morgen ist oder übermorgen. Niemand weiß das. Selbst Paare, die seit Jahrzehnten verheiratet sind, werden manchmal überrascht. Und Paare, von denen man es nie erwartet hätte, werden zusammen steinalt. Wir wissen es nicht. Nicht heute. Nicht morgen. Wir können immer nur diesen einen Schritt gehen – den im Heute – mehr nicht. Und diesen einen, den können wir im Vertrauen gehen, dass jetzt und hier alles in Ordnung ist, wie es ist. Wenn sich gerade alles leicht anfühlt in der Liebe, können wir darauf vertrauen, dass das in Ordnung ist – und dass es so bleiben darf. Dass wir es verdient haben, weil wir liebenswert sind, wert, geliebt zu werden. Und wenn es gerade kriselt, können wir darauf vertrauen, dass auch das in Ordnung ist. Dass dies ein wichtiger Moment ist, weil wir gerade aneinander wachsen – jeder für sich und gemeinsam. Wenn unsere Partnerschaft Bestand haben soll, dann wird es nichts geben, das sich unserer Liebe in den Weg stellt und größer oder stärker ist als sie. Und wenn sich die Krise nicht auflöst, dann haben wir die Chance, etwas zu verändern.

Wenn man es so betrachtet, ist alles ganz einfach, oder?

Jetzt sagst du vielleicht: »Gar nichts ist einfach! Wie soll ich mich denn trennen, wir haben Kinder und mehrere Kredite laufen!« Gegenfrage: »Möchtest du wegen der Kredite bei deinem Mann oder deiner Frau bleiben? Oder möchtest du bei ihm/ihr bleiben, weil ihr euch liebt?«

Ich hatte zwei kleine Kinder, als ich mich getrennt habe. Und ich war selbstständig. Mein Einkommen war gut, aber nicht langfristig kalkulierbar. Ich hatte kein finanzielles Polster, doch ich hatte mein Vertrauen. Ich vertraute darauf, dass ich alle Fähigkeiten und alles nötige Wissen besaß, um auch alleine weiterzugehen, auch durch schwierige Zeiten. Ich vertraute darauf, dass das Leben für mich sorgen würde, wenn ich meinen Beitrag leistete. Das war alles, was ich hatte.

Damit will ich nicht sagen, dass jeder die gleiche Entscheidung treffen sollte wie ich. Eine Trennung ist eine große Herausforderung – für den, der verlassen wird, und für den, der geht. Auch hier gilt: Wären beide Partner im Vertrauen, dass jede Liebe ihre Zeit hat, dann würden wir uns alle viel freier und auch »schmerzfreier« voneinander lösen. Dann könnten wir Dankbarkeit empfinden für die Zeit, die wir miteinander verbringen durften, und würden zuversichtlich sein, dass sich alles andere gut lösen lässt (die Erziehung der Kinder, der Verkauf eines Hauses, die Auflösung der gemeinsamen Verträge). Was aber passiert in den meisten Fällen stattdessen? Ein Rosenkrieg beginnt. Und der kam für mich nicht in Frage. Ich wollte eine liebevolle Lösung. Das war mein Ziel. Und ich wusste, dass es sie gab, auch wenn sie noch nicht konkret vor meinem inneren Auge stand.

Ich bat meinen Mann damals, es gemeinsam zu versuchen, als

Familie unter einem Dach zu leben. Gemeinsam mit den Kindern – nur eben nicht mehr als Paar. Ich weiß, dass ich ihn damit vor eine sehr große Herausforderung gestellt habe: Wer lebt schon gern mit dem Menschen, den er über Jahre oder Jahrzehnte innig geliebt hat, plötzlich nur noch als »Freund« zusammen wie in einer WG? Eine Riesenherausforderung war das!

Wir haben sie gemeistert. Und ich bin heute noch jeden Tag dankbar für die Stärke und das Rückgrat, das er bewiesen hat. Ich bin dankbar für die Achtung und den Respekt, den wir immer füreinander empfunden haben und den wir weiterhin empfinden, auch wenn wir nicht immer einer Meinung sind. Welches Paar ist das schon?

Ich vertraute. Und dieses Vertrauen war es, das mir die Kraft gab, die Trennung durchzustehen und für meine Kinder und für meine Kunden da zu sein, in voller Liebe, mit voller Aufmerksamkeit und in voller Qualität, so wie immer. Die wenigsten Menschen in meinem Umfeld wussten im ersten Jahr von unserer Trennung. Es war uns wichtig, dieses neue Modell zunächst für uns selbst zu etablieren, zu stabilisieren. Auszuprobieren, ob es klappte. Das ging erst einmal niemand anderen etwas an. Mir persönlich war es auch wichtig, frei von den Einflüssen anderer zu sein in einer so sensiblen Zeit. Wie gesagt – Gedanken wirken. Auch die der anderen! Ich wollte nicht die Ängste der anderen hören, ihre Unsicherheiten, ihre Zweifel. Ich wollte auch keine Ratschläge hören, die ich mir nicht selbst von ausgewählten Menschen einholte. Ich wollte das Vertrauen und die Zuversicht, die ich spürte, so stabil wie möglich halten.

Ich vertraute. Und das hielt meine Kraft lebendig und meine

Kreativität, mein Bauchgefühl und meinen Verstand, sowohl im privaten Alltag wie auch im beruflichen. Ich vertraute. Freunde von mir schüttelten ungläubig den Kopf, wenn ich davon erzählte, dass unser »Elternmodell« eine Konstante sei, die liebevoll und sehr harmonisch abliefe. Doch genauso war es, und das mitten im größten Schmerz! Ich glaube heute, dass wir sehr beschützt waren in dieser Zeit und es heute noch sind. Ich glaube, dass wir viele himmlische Helfer hatten und haben. Und natürlich auch ganz viele irdische.

Mit diesem persönlichen Erlebnis möchte ich dir Mut machen. Mut für deine eigene Lösung der Dinge. Vielleicht hast du auch schon eine Trennung erlebt, und es war dir und deinem Partner nicht möglich, zusammen mit euren Kindern unter einem Dach zu leben. Das ist in Ordnung! Nicht jeder Weg stimmt für alle Menschen.

Vielleicht machst du auch gerade ganz andere Erfahrungen in der Liebe, die mit Trennung gar nichts zu tun haben. Vielleicht möchtest du bei deinem Partner *bleiben*, weißt aber nicht, wie es gehen könnte. Vielleicht ist auch dein Partner oder deine Partnerin unsicher, wie euer gemeinsamer Weg weitergeht. Oder ihr wünscht euch Kinder und bekommt keine. Oder ihr habt Kinder (möglicherweise von anderen Partnern) und erlebt das tägliche Zusammensein als große Herausforderung ... Wo immer du gerade stehst, möchte ich dir sagen, dass es eine Lösung gibt. Und dass du diese Lösung erschaffen kannst. Allein oder gemeinsam. Vielleicht bist du der erste Mann oder die erste Frau, die diesen Weg so geht! Sei dir gewiss, dass du es schaffen wirst und dass du nicht allein bist. Die Menschen, die dich dabei unterstützen, werden zur rechten Zeit zur Stelle sein. Es sind vielleicht nicht die, von denen du es erwartest. Aber es werden die richtigen sein, und sie werden da sein. Und eines Tages schaust du zurück und siehst, was alles möglich war – und welche Wahl du getroffen hast. *Faith or fear*? Vertrauen oder Angst? Tiefe Trauer oder unbändige Freude?

»You are joy«: Du bist die Freude

Das Ende meiner Ehe war für mich ein großer Schmerz, auch wenn die Initiative von mir ausging. Jede Liebe möchte ja in Ruhe verarbeitet, innerlich verabschiedet und »geheilt« werden – auch bei dem, der geht. So einfach, wie die Dinge oft von außen aussehen, sind sie nicht, gerade wenn es um Gefühle geht.

Dazu kam ein weiterer großer Schmerz: die Liebe zu einem anderen Mann, die sich nicht erfüllen sollte. Ich lernte Gordon auf einer großen Konferenz in der Nähe von Los Angeles kennen, die sich um erfolgreiche Präsentation und Selbstvermarktung drehte. Meine Intuition führte mich unter den fast 1500 Teilnehmern in einen Workshop über Online-Coaching. Und da saß er, machte einen Scherz mit seiner Sitznachbarin – und mein Herz machte einen Satz, hinein in ein neues Gefühl.

Innerhalb weniger Wochen nach meiner Rückkehr nach Deutschland löste ich mich aus meiner bestehenden Partnerschaft. Von außen mag es damals so ausgesehen haben, als würde ich 13 sehr gute Jahre »mir nichts, dir nichts« beenden. Einfach so. So war es nicht. Ich habe mir viele Gedanken gemacht, warum dies geschehen konnte, und die Entscheidung ist mir nicht leichtgefallen.

Heute glaube ich, dass der Anfang jeder Trennung lange *vor* der eigentlichen Entscheidung liegt. Nicht immer spüren wir diesen Anfang, oftmals schleicht er sich ganz leise ein zwischen allem, was im Alltag anliegt. Und plötzlich passiert etwas, und wir haben die Wahl: Bleiben oder gehen?

Kennst du die Wellen am Meer, die ganz unscheinbar anrollen, deine Knöchel sanft umspielen und Unmengen von Sand mitnehmen, wenn sie zurückrollen? Manche von ihnen so viel Sand, dass es dir komplett den Boden unter den Füßen wegzieht und du ins Schwanken kommst? So eine Welle war das damals mit Gordon. Dabei hatten wir nicht einmal eine Affäre oder Beziehung miteinander! Dennoch berührte uns die Begegnung sehr, uns beide. Ich spürte, was wir hätten haben *können.*

Unser Abschied stürzte mich in tiefe Trauer. Ich erinnere mich, dass es sich für mich anfühlte, als hätte man mir das Liebste kurz gezeigt und dann sofort wieder genommen. Wie ein Vorhang, der sich öffnet und sofort wieder schließt.

Gleichzeitig war ich sehr schmerzlich berührt darüber, dass ich im Herzen nicht den Weg zurückfand zu dem Mann, den ich 13 Jahre lang sehr geliebt hatte und der mich und meinen ganzen Weg immer unterstützt hatte. Eine sehr aufwühlende Erfahrung war das, für uns alle.

Dazu kam meine Sehnsucht nach Los Angeles. Ich musste wieder an diesen Ort. »Ich bin hier zu Hause«, dachte ich damals, in den Tagen vor der Konferenz, als ich durch die Straßen lief. Interessanterweise hat meine ganze innere Reise in der Nähe von L. A. ihren Anfang genommen, und über die kommenden Jahre fand ich genau an diesem Ort in mein Vertrauen zurück. Mir scheint es im Nachhinein wie ein großer Kreis. Das ist das Leben. Vollkommener kann es nicht sein!

Mein Appartement, das ich immer miete, wenn ich dort bin, liegt direkt am Ozean. Von meinem Fenster aus schaue ich auf die Promenade, auf der tags und nachts viele Skater, Jogger und Radfahrer unterwegs sind. Gleich dahinter beginnt der Strand. Ich kann den Ozean sehen, wenn ich mich im Bett aufsetze, und ich kann ihn hören, wenn ich nachts das Fenster einen Spalt gekippt lasse. Ein schönes Geräusch ist das, das mich tief beruhigt und in den Schlaf wiegt.

Eleya und ich lernten uns an diesem Strand kennen. Drei Tage lang liefen wir morgens im ersten rosa-goldfarbenen Sonnenlicht aneinander vorbei, ohne miteinander Kontakt aufzunehmen. Ich mochte sie sofort, wie sie mit ihren hellblauen Shorts und einem langärmeligen weißen T-Shirt festen Schrittes durch den schäumenden Wassersaum schritt, der ihre Füße umspülte. Ihre kraftvollen Beine waren sonnengebräunt, ihr langes weißes Haar flatterte im Wind.

Am dritten Tag sprach ich sie an und sagte ihr, wie schön sie aussehe, wie *peaceful*. Denn das war sie für mich, der Frieden in Person. Sie strahlte mich an. In dem Moment begannen unsere Freundschaft und Gespräche, die oft Stunden dauerten und uns bis in die tiefsten Schichten unseres Seins und unseres Glaubens führten. Eleya lebt eine starke Verbindung zu Gott und zu allem, was ist. Sie ist eine Frau, die den Herausforderungen des Alltags, zum Beispiel Geldsorgen, auf sehr besondere Weise begegnet. Sie weiß, dass hinter unserer Alltagsrealität noch eine andere Realität liegt, eine andere Wahrheit, die wir zwar nicht sehen können und die dennoch existiert. Ich werde dir im zweiten Teil dieses Buches mehr dazu erzählen, wie Eleya mit dem Thema Geld umgeht.

Mit Eleya sprach ich viel über den Glauben und unsere Verbindung zu Gott. Als Kind hatte ich einen starken Glauben, der im Laufe der Zeit mehr und mehr in den Hintergrund rückte. Ich glaubte zwar immer daran, dass es einen Gott gibt, doch ich kam bis vor einigen Jahren nicht auf die Idee, dass er und andere »Helfer« der nichtsichtbaren Welt mich in meinem Dasein unterstützen könnten. Diesen Zugang fand ich erst im Studium wieder, durch eine Schamanin, deren Yoga-Kurs ich besuchte. Erst da wurde mir wieder bewusst – und auf ganz andere Weise als durch den Religionsunterricht in der Schule –, welche Verbindung wir als Menschen zur Natur und zu allem, was um uns lebt, haben bzw. herstellen können.

Über die letzten Jahre habe ich viele Entdeckungen auf diesem Gebiet gemacht und viele Fortbildungen in den verschiedensten Methoden der Energiearbeit besucht und finde es inzwischen sehr beruhigend, auf welch vielfältige Weise wir Menschen uns unserer Verbindung zur feinstofflichen Welt nähern können – wenn wir das möchten.

Mein Glaube an »die Dinge hinter den Dingen« war also immer schon da. Doch ich hatte über all die Jahre keinen Zugang dazu, wie ich diesen Glauben bzw. meine Verbindung zur

»Geistigen Welt« auch aktiv nutzen konnte. Im Rückblick hätte ich mir sicher einiges leichter machen können. Doch so gesehen war auch dies eine wichtige Zeit, jeder Tag und jede Herausforderung eine weitere Stufe hin zu der, die ich heute bin.

Eleya lud mich damals, an jenem Morgen am Strand, als ich sie ansprach, spontan auf eine Massage ein. Sie ist Körpertherapeutin. »Ich habe heute 25-jähriges Praxisjubiläum«, sagte sie, »und ich habe Erbsensuppe auf dem Herd.« Zwei Stunden später saß ich im Schneidersitz in ihrer Wohnung, löffelte warme Suppe, lauschte den wundervollen Gedichten, die sie selbst geschrieben hatte, und bekam von ihr eine Massage geschenkt, die mich sehr »aufräumte« und innerlich klärte.

Es war ein wichtiger Tag für mich, denn am Nachmittag war ich noch einmal mit Gordon verabredet. Wir hatten uns bereits ein paar Tage vorher wiedergesehen, hatten zusammen zu Mittag gegessen, zum ersten Mal nach vier Monaten. Ich spürte, dass ich ihn noch genauso liebte wie im Sommer, dass die 10 000 Kilometer Entfernung zwischen uns nichts an meinen Gefühlen verändert hatten. Die Energie zwischen uns, die uns zusammengeführt hatte, war die gleiche. Und doch kam ich nicht mehr an ihn heran. Wenn er mich ansah, spürte ich das, was uns verband. Gleichzeitig schien es mir, als hätte er eine unsichtbare Glaswand zwischen uns eingezogen, eine Art Käseglocke über sich gestülpt, um mir nicht mehr so nahe zu kommen wie im Sommer. Es zerriss mir das Herz.

An jenem Nachmittag würden wir uns noch einmal sehen. Fünf Tage später ging mein Flieger zurück nach Deutschland. Ich hoffte so sehr, dass ich noch einmal zu ihm vordringen konnte, dass die Käseglocke inzwischen verschwunden war und ich ein Signal von ihm bekam, dass mein Herzenswunsch in Erfüllung gehen würde – unser gemeinsamer Weg zu zweit.

Während der Massage erzählte ich Eleya von Gordon und mir. Sie hörte mir aufmerksam zu und sagte dann einen Satz, den ich damals beim ersten Hören nicht verstand, nicht verstehen wollte.

»You are joy. With and without him.«

Du bist die Freude. Mit ihm und ohne ihn.

Diesen Satz will man nicht hören, wenn man jemanden von ganzer Seele, von ganzem Herzen und mit seinem ganzen Körper liebt und wegen diesem Menschen gerade einen Wahnsinnsschmerz durchlebt. In so einem Moment hört sich der Satz »You are joy« an, wie wenn man zu einem Künstler, der all seine Kraft und Leidenschaft in seinen Beruf legt, sagen würde: »Du, wenn's mit dem Malen/Musizieren/Schreiben nicht klappt, dann werd halt Maurer oder back Brötchen oder geh zur Bahn!«

Es hat lange gedauert, bis nicht nur mein Kopf verstand, was Eleya meinte, sondern bis die Botschaft auch wirklich in meinem Herzen angekommen war. Bis ich den Satz als wahr *gefühlt* habe. Und es hat fast ein ganzes Jahr lang gedauert, bis ich sagen konnte: »Ich habe diesen Mann sehr geliebt. Ich bin dankbar für unsere Begegnung. Ich habe durch sie sehr viel über mich selbst und meine Art zu lieben gelernt. Ich bin gewachsen. Und ich vertraue darauf, dass eine neue große Liebe in mein Leben kommt.« Was dann auch geschah.

Aber glaub mir, das war eine Reise, bis dahin. Anfangs hätte ich lieber einen Frosch verschluckt, statt diese Sätze zu sagen und zu versuchen, die Freude zu sein! In diesem ganzen Jahr gab es immer wieder Momente, in denen die Wellen mich innerlich übermannten, ich mein Gesicht tränenverschmiert im Spiegel sah und mich fragte: »Warum?«

An solchen Tagen habe ich versucht, ganz bewusst an Eleyas Satz zu denken. Ganz bewusst auf die Suche nach Spuren von Freude in meinem Leben zu gehen. Ich dachte dann zum Beispiel:

Ich sehe meinen Kindern beim Spielen zu, wie sie sich an einer bunt schillernden Seifenblase freuen, die besonders groß geworden ist und zum Himmel aufsteigt, ohne an der Hauswand zu zerplatzen.

Ich sehe ihr Strahlen und höre ihr Lachen, wenn sie lange am Straßenrand auf den Eismann gewartet haben, und endlich – endlich! – ertönt seine Klingel, und sie rennen barfuß über den heißen Asphalt, um sich die ersehnten bunten Kugeln zu kaufen. Mit Streuseln, bitte!

Ich freue mich über den Erdbeerkuchen, den meine Freundin Sandra bäckt und den wir mit einem Glas Prosecco genießen. Ich freue mich über ihre Schulter, an der ich weinen darf, wenn der Alltag viel Stärke fordert und keinen Raum für Schwachsein lässt, und dass sie nicht böse ist, dass am Schluss an ihrem weißen Blusenkragen meine schwarze Wimperntusche klebt, vermischt mit meinen Tränen.

Ich freue mich und bin dankbar für das starke Band zwischen mir und dem Vater unserer Kinder, der diese ganze Wegstrecke mit mir gegangen ist mit einer Charakterstärke, einer Würde und einer

Haltung, die ihresgleichen sucht. Und ich bin dankbar, dass wir Eltern sind und immer sein werden.

Ich freue mich über die letzten Sonnenstrahlen des Jahres, die hier in Deutschland meine Schultern wärmen, auch wenn es nicht ganz so viele sind wie in L. A.

Ich freue mich über die vielen spannenden Projekte auf meinem Schreibtisch, in die ich jeden Tag mein Wissen und meine Kreativität hineingeben darf.

Ich freue mich über das Lächeln eines Mannes, das mir signalisiert, dass ich anziehend bin.

Ich freue mich über mein eigenes Lächeln im Spiegel, das mir signalisiert, dass ich mich mag.

Ich freue mich darüber, dass das Leben ein Abenteuer ist. Dass wir heute nicht wissen, was morgen sein wird. Dass wir nur sicher sein können, dass nichts bleibt, wie es ist, sondern dass sich alles ständig verändert und dass vielleicht darin unsere Chance und unser Glück liegen.

Ja, so habe ich damals versucht, meiner »Nicht-Freude« Herr zu werden und sie in »joy«, in Freude, zu verwandeln. Und wenn es manchmal nur Momente waren, in denen dieses Gefühl hielt.

Heute denke ich: Wenn wir mit unserer tiefen, inneren Freude verbunden sind, dann kann uns nichts in der Welt erschüttern. Wenn wir in Verbindung mit unserer ureigenen Freude sind, dann ist es ganz gleich, ob wir gerade einen Partner haben oder nicht. Denn dann fühlen wir die Freude in jedem Moment unseres Seins – unabhängig von einem anderen Menschen. Dann *sind* wir die Freude. Die reine Freude. Die Freude des Lebens an sich selbst.

So wie ich es inzwischen begreife, ist dieser Satz, den Eleya damals so leicht dahinsagte, der Schlüssel für jede Partnerschaft, die wir in Liebe und in Freiheit führen. Und er ist auch der Schlüssel für unsere Selbstliebe und unsere Verantwortung für uns selbst.

Wenn wir in unserer Freude sind, was kann uns ein anderer anhaben? Ob er anruft oder nicht? Ob er sich mit uns treffen will oder nicht? Ob er uns noch liebt oder nicht? Um wie viel ruhiger und standfester sind wir und gehen wir durchs Leben, wenn wir diese starke Wurzel, diese tiefe innere Freude haben? Damit meine ich nicht, dass wir nicht auch mal Zeiten der Trauer haben, in denen die Tränen fließen und unser Herz weint, doch ich finde es einen interessanten und beruhigenden Gedanken, dass darunter immer, wenn auch nicht immer deutlich spürbar, unsere *Grundfreude* sein kann.

Wie gesagt, so denke und fühle ich heute. Damals wollte ich diesen Satz nicht hören. Damals wollte ich Gordon.

Ich bekam ihn natürlich nicht. Alles, was wir erzwingen wollen, bekommen wir nicht. Alles, was wir erwarten, kann nur enttäuscht werden. Denn die Liebe will immer fließen, wohin sie will, nicht, wohin wir es wollen.

Ich erinnere mich an den Coffee Shop an der Ecke Robertson und Pico Boulevard. Ich erinnere mich an das Buch *Alles inklusive* von Doris Dörrie, das vor mir auf dem Tisch lag. Ich erinnere mich an das Gespräch zwischen Gordon und mir, das natürlich ganz anders verlief, als ich es mir erhofft hatte. Und ich erinnere mich an die Tränen, die hinter meiner großen roten Sonnenbrille über meine Wangen liefen im Bus zurück, den Rodeo Drive hinunter, an dem Teile aus *Pretty Woman* gedreht worden sind. Ich erinnere mich, dass ich am Ozean entlanglief und joggte, bis zur Atemlosigkeit und völligen Erschöpfung und dennoch keine Antwort auf die Frage fand, warum das alles geschehen war. Warum meine Ehe zu Ende war. Und warum sich die Liebe mit dem Mann nicht erfüllte, der zu all diesen Bewegungen den Anstoß gegeben hatte.

Heute weiß ich, dass diese Begegnung und diese Liebe der Auslöser für mich waren, um mich nach Los Angeles zu bringen – die Stadt, in der ich mich meiner Seele ganz besonders nahe fühle und in der ich Leichtigkeit und neue Ideen tanke.

Ein neuer Freundeskreis und ein neues berufliches Netzwerk sind dort gewachsen. Im Oktober 2013 war ich zum ersten Mal eingeladen, auf einer Autorenkonferenz dort zu sprechen und einen Schreibworkshop für Jugendliche des L. A. Boys and Girls Club zu halten. Was für ein Erlebnis! Und jede Menge Herzklopfen vorher, weil ich meine Sache gut machen wollte – auf Englisch. Hinterher schrieben mir viele Menschen und dankten mir für beide Veranstaltungen, die sehr gut gelaufen waren. Und auch ich bin sehr dankbar. So gesehen nahm all dieses Schöne seinen Anfang mit meinem ersten Flug nach L. A. und der Begegnung mit Gordon. Ich bin froh und dankbar, dass ich es geschafft habe, diese beiden Ebenen voneinander zu trennen, die Stadt Los Angeles von meinen Gefühlen zu diesem Mann, und den Ort als das zu genießen, was er für mich ist: ein zweites Zuhause.

»You are joy. With and without him.«

Es war ein langer Weg in meine Freude und in mein Vertrauen, das kannst du mir glauben. Unterwegs habe ich mir oft gewünscht, dass es einen Schalter gibt, den ich einfach hätte einschalten können. Vertrauen – an. Freude – an. Doch diesen Schalter gab es nicht. Es gab nur das Herantasten zurück in meine innere Sicherheit und meine Zuversicht, das mir manchmal besser, manchmal weniger gut gelang. Und manchmal gab es auch eine Stimme in mir, die sagte: »Entscheide dich einfach für das Vertrauen und für die Freude. Entscheide dich dafür!«.

Auch das gelang mir mal mehr, mal weniger gut. Dazu dieser große Abschied, den mein Herz gerade nahm. Genau genommen zwei Abschiede – den von meinem ersten Mann und den von Gordon. Sehr schmerzhaft und sehr herausfordernd war das alles. Realistisch betrachtet wäre es natürlich nicht leicht gewesen, eine Liebe über zwei Kontinente zu leben. Ich hatte ja zwei kleine Kinder und wollte sie nicht einfach ihrem Vater entreißen, sondern wäre sicherlich alle paar Monate gependelt. Es wäre nicht einfach gewesen. Dennoch war ich damals bereit dazu.

Heute denke ich: Meine Seele hat das alles gewusst. Sie hat es von Anfang an gewusst, dass diese Liebe nur ein Auslöser war, der Auslöser für eine Bewegung größeren Ausmaßes. Unsere Seele weiß alles. Sie weiß um unsere Sehnsüchte und Herzenswünsche. Sie weiß um unsere Karriereziele. Sie weiß um unseren Gesundheitszustand. Sie weiß, warum sie hier ist. Und sie weiß, wann sie eines Tages gehen wird.

»Ja, aber warum sagt sie mir nicht, was sie weiß? Warum muss ich durch den Schmerz und das ganze verdammte Zeug hindurch?«, fragst du dich vielleicht. Ich denke, das ist so, weil wir sonst die vielen wichtigen Erfahrungen nicht machen würden, die zu unserem Weg gehören.

Ich habe oft darüber nachgedacht, warum wir überhaupt heiraten, wenn unsere Seele schon von Anfang an weiß, dass wir mit diesem Mann oder dieser Frau keine hundert Jahre alt werden. Lohnt sich der Aufwand – die große Party, das teure Kleid, all das Schöne –, wenn sowieso alles von vornherein begrenzt ist?

Ja, er lohnt sich! Unsere Seele will das alles erleben. Und die Seelen der anderen Menschen um uns herum auch! Wir alle wollen diese »Party«, wir genießen sie in vollen Zügen. Und jeder Moment ist wichtig.

Aus diesem Blickwinkel heraus empfinden wir viel weniger Groll und stattdessen mehr Zuneigung, Liebe und Dankbarkeit für das, was wir mit den Menschen in unserem Leben teilen – ob sie noch an unserer Seite sind oder ob sich unsere Wege getrennt haben. Und ich möchte gern mit diesem Blick der Zuneigung, Dankbarkeit und Liebe durch die Welt gehen – ich möchte kein Leben in Groll und Bitterkeit!

Wenn dir diese Gedanken nicht gefallen oder du Schwierigkeiten hast, die Dinge auch so zu sehen, dann findest du bestimmt deinen eigenen Weg, da bin ich mir sicher. Ich erwarte nicht, dass du alle meine Gedanken teilst und gutheißt. Was ich mir wünsche und warum ich dieses Buch schreibe, ist, dass wir alle es schaffen, uns unsere Gedanken-Gerüste zu bauen, unsere Leitplanken und Geländer, die uns Halt und Ruhe geben. Dass wir dieses Leben in Leichtigkeit leben und nicht im Kampfanzug.

Ich glaube auch daran, dass es hinter den Dingen eine Realität gibt, in der niemand Groll empfindet. Auf der Seelenebene, das ist mein tiefer Glaube, gibt es keinen Groll, keine Wut, keinen Zorn, keine Angst, keine Trauer. Auf der Ebene der Seele wissen wir alle, dass es uns hier um die Gesamtheit der Erfahrungen geht – darum, das Leben in all seinen Facetten auszukosten, alles auszuprobieren. Auf der Seelen-Ebene wird uns niemand nachtragen, dass wir uns von ihm getrennt haben. Und wir werden es auch niemandem nachtragen, dass er uns verletzt hat. Es wird der Tag kommen, an dem wir uns bewusst sind, dass alles so in Ordnung war, wie es war. Daran glaube ich. Und es ist mein Ziel, dies jetzt schon zu schaffen, jetzt, wo ich noch lebe! Ich glaube, dass darin unsere ganze Freiheit liegt.

Schmerzhaft werden die Dinge immer dann, wenn wir uns einschränken, weil wir denken: »Das kann ich nicht. Das darf ich nicht. Das steht mir nicht zu!« Oder wenn wir den anderen einschränken wollen: »Das kannst du nicht. Das darfst du nicht. Das steht dir nicht zu!« Dann wird es schwer und unerträglich, denn dann beginnen die Machtspielchen: Wer geht hier als Sieger draus hervor? Keiner geht als Sieger draus hervor! Wir gehen diesen Weg alle gemeinsam. Wir sitzen alle in diesem Boot, das Leben heißt! Und je eher wir anfangen, in die gleiche Richtung zu rudern, umso leichter wird es für uns alle.

Ein sehr altes Paar, das seit vielen Jahrzehnten zusammen ist, beide inzwischen über achtzig, wurde einmal nach dem Geheimnis ihrer langen Liebe befragt. Ihre Antwort lautete: »Jeder von uns hatte immer die Freiheit zu gehen.«

Sie sind noch zusammen. Keiner von beiden hat die Chance genutzt. Beide sind geblieben! Interessant, oder?

Dem anderen die Freiheit geben, jeden Tag zu gehen. Mir

selbst die Freiheit nehmen, jeden Tag zu gehen. Und natürlich auch andersrum: Mir die Freiheit nehmen zu bleiben! Die Wahl zu treffen und zu sagen: »Ich bleibe. Ich probier das jetzt noch mal. Ich vertraue darauf, dass das, was uns zusammengeführt hat, stark genug ist, um uns jetzt über diese Klippe zu helfen!«

Ich glaube, dass diese Freiheit aus einer ganz wichtigen Eigenschaft resultiert: aus unserer Vollständigkeit. Wer sich selbst und anderen Freiheit schenken kann, der weiß, dass es nichts zu verlieren gibt – weder Menschen noch materielle Dinge. Ein solcher Mensch ruht in sich und schöpft alles aus sich selbst heraus. Er ist in seiner Mitte angekommen und fühlt sich mit sich selbst wohl und sicher. Das meine ich mit Vollständigkeit. Ein vollständiger Mann, eine vollständige Frau braucht niemand anderen, um die Liebe und Anerkennung für sich selbst zu spüren und aufrecht durch den Tag zu gehen, klar in den eigenen Entscheidungen, leicht im Herzen trotz Alltagsherausforderungen und offen für all das Schöne und die Möglichkeiten, die dieses Leben bringt.

Ich habe dieses Vollständigsein erst lernen dürfen und lerne immer noch dazu. Wenn ich zurückschaue, dann war dies auch eine wichtige Erfahrung der letzten Jahre. Ich *dachte* immer, ich sei vollständig, doch mir fehlten entscheidende Teile. Und inzwischen habe ich erkannt, dass auch die Liebe zweier Menschen, wenn sie auf Freiheit basieren soll und keine Bedingungen an den anderen stellt (»Wenn du nicht … dann …!«) nur dann funktioniert, wenn beide Partner wirklich vollständig sind.

Vollständig sein

Auch das Vollständigsein ist, wie das Vertrauen, kein Gefühl, für das es einen Schalter gibt. Es wächst in uns. Wir können Vollständigkeit in den verschiedensten Bereichen unseres Lebens anstreben: in Bezug auf uns selbst und unsere Partnerschaften, in Bezug auf unser Geld und unsere finanzielle Freiheit und in Bezug auf unseren Körper und seine Gesundheit.

Jeder Mensch geht diesen Weg hin zur Vollständigkeit ganz individuell, in seinem Tempo. Und wir alle kommen an, davon bin ich fest überzeugt. Es gibt kein »Erster!«, es geht nicht um den Wettlauf zwischen uns und anderen Menschen. Es ist überhaupt nicht nötig, dass wir uns mit anderen vergleichen! Ob wir ein paar Jahre, Jahrzehnte oder dieses ganze Leben brauchen, um uns vollständig zu fühlen, oder ob wir Hunderte von Leben brauchen … was macht das? Geht es nicht einfach darum, uns Stück für Stück selbst näher zu kommen, uns selbst besser kennenzulernen, uns unserer selbst »bewusst« zu werden? Unseren Wurzeln. Unserer Schöpferkraft. Unserer Talente. Unserer Verbundenheit mit allem, was »ist«. Unserem Beitrag, den wir leisten zum großen Ganzen. Und unserer Erfahrungen, die wir in diesem Leben machen. Und – wenn wir an Wiedergeburt glauben – an die Summe aller Erfahrungen aus allen Leben. Zusammengenommen ergibt sich ein großes, vieldimensionales und beeindruckendes Mosaik, das sich kein Künstler auf der Welt besser ausdenken kann.

Die Vorstellung, vollständig zu sein, schenkt mir eine tiefe

Ruhe. Das bedeutet nicht, dass ich mich jetzt schon hundertprozentig vollständig fühle in allen Bereichen meines Lebens. Ich spüre meine Vollständigkeit momenteweise: für Momente, die manchmal länger, manchmal kürzer andauern. Ich freue mich auf den Tag, an dem ich das Gefühl habe: »Jetzt habe ich alle Puzzlesteinchen meines Lebens zusammen!«

Gleichzeitig versuche ich, mich immer in diesem einen Moment so vollständig wie möglich zu fühlen. *Complete*, wie es Eleya nennen würde. Denn sonst warte ich ja wieder auf ein Ziel in der Zukunft – was wiederum das Gefühl des Mangels hervorruft. Mich vollständig fühlen, in diesem einen Moment, ist ein unvergleichliches Gefühl, das mein ganzes Sein durchdringt und mir tiefes Vertrauen schenkt. Probier es mal aus! Und zwar nur mit dir selbst – nicht mit einem anderen Menschen zusammen! Denn oft sind wir ja gerade dann, wenn ein geliebter Mensch (unser Partner oder ein Freund) keine Zeit für uns hat, dazu verführt, uns unvollständig zu fühlen, einsam, allein. Als fehlte ein wichtiger Part. Und Zeit mit einem anderen Menschen, den man liebt, zu verbringen, ist natürlich auch etwas Wunderbares. Doch wirklich vollständig werden, das fängt zunächst bei uns selbst an. Und nur bei uns selbst. Es ist unabhängig davon, ob ein anderer Mensch, den wir gerne bei uns hätten, da ist oder nicht. Ob er heute schon angerufen hat oder nicht. Ob er uns heute schon gesagt hat, dass er uns liebt oder nicht.

Viele Menschen – und ich selbst kenne das gut! – nehmen, wenn der Partner nicht da ist, eine »Wartehaltung« ein. Sie warten, bis er wieder da ist. Sie warten auf den Anruf oder die nächste SMS. Sie warten, warten, warten, manchmal Stunden,

Tage oder auch mehrere Wochen, bis … Ja, bis was eigentlich geschieht? Worauf warten sie? Darauf, nicht mehr allein zu sein? Geliebt zu sein? Aufmerksamkeit zu bekommen? Nähe zu erfahren? Das ist ja auch alles legitim, doch diese Sehnsucht darf nicht in eine Sucht ausarten – und interessanterweise steckt sie ja schon in dem Wort drin, die Sucht nach dem, was gerade nicht da ist. Womit wir wieder bei der Kraft unserer Gedanken sind: Richten wir den Fokus auf das, was gerade NICHT da ist, dann erleben wir auch nur das, was nicht da ist! Denn unsere Gedanken erschaffen unsere Realität. Sie erschaffen das, worauf wir unsere Aufmerksamkeit richten. Denken wir an das, was NICHT ist, erzeugen wir noch mehr von dem, was NICHT ist. Das ist das Gesetz der Resonanz. Esther und Jerry Hicks haben mehrere interessante Bücher dazu geschrieben.

Wie gesagt, ich kenne all diese Gedanken und Gefühle nur zu gut. Ich bin eine Meisterin im »Vermissen« und brauche auch heute noch immer eine Weile, wenn ich mich von meinem Partner verabschiedet habe und an meinen anderen Wohnsitz fahre, um den Fokus nicht auf den Schmerz zu legen, sondern auf die Vorfreude. Auf das Wiedersehen. Auf den ersten Kuss.

Damit will ich nicht sagen, dass Vermissen etwas ist, das man nicht fühlen sollte. Doch die Frage ist: Was tut mir gut? Tut es mir gut, mich stundenlang oder tagelang in meinem eigenen Schmerz zu baden? Oder tut es mir gut, wenn ich den Schmerz wahrnehme, dann aber liebevoll die Aufmerksamkeit auf das Positive richte? Schlicht und einfach aus dem Grund, damit ich mich wieder meinen Alltagsaufgaben widmen kann und nicht wie ein paralysiertes Kaninchen auf dem Sofa oder am Schreibtisch sitze?

Eleya hatte ein schönes Bild dafür bei einem unserer Strandspaziergänge. Sie wirkte auf mich immer so, als wäre sie völlig frei von Unsicherheiten, Ängsten und emotionalem Schmerz. Sie lächelte, als ich sie direkt darauf ansprach. »Doch«, sagte sie, »auch ich habe manchmal Ängste und negative Gedanken. Aber ich gebe den negativen Gedanken keinen Landeplatz mehr. Ich nehme sie wahr, wenn sie kommen, gebe ihnen aber nicht die Möglichkeit, in meinem Geist zu landen und dort anzudocken.«

Dieses Bild finde ich so großartig, dass ich es unbedingt mit dir teilen wollte. Den negativen Gedanken, unseren Sorgen, unserem Schmerz ... keinen Landeplatz mehr geben. Wie viel Freiheit schenkt uns das! Und gibt es uns nicht auch das Gefühl wieder, selbst das Ruder in der Hand zu haben – statt den Dingen hilflos und machtlos ausgeliefert zu sein?

Damit sind wir bei einem ganz wichtigen Punkt. Denn was kann ich tun, wenn mich die Welle aus Schmerz, Sehnsucht oder Einsamkeit überrollt?

Dann kann ich etwas ganz Entscheidendes tun. Dann kann ich das Ruder in die Hand nehmen – und gut für mich selbst sorgen.

Gut für dich selbst sorgen. Kannst du das?

Ich konnte es lange Zeit nicht. Und ich lerne auch heute noch immer dazu. Gut für mich selbst zu sorgen – und zwar genau in den Momenten, in denen ich mich alleine fühlte oder in denen nicht das geschah, was ich mir gerade von Herzen wünschte – war eine essenzielle Erfahrung für mich in den letzten Jahren. Wie fand ich dahin?

Ich habe mich in solchen Augenblicken gefragt: Was könnte ich jetzt Schönes mit mir allein unternehmen? Mir einen Film anschauen, der schon ganz lange im Regal steht? In die Badewanne gehen? Mir die Fußnägel türkis lackieren? Ein neues Buchprojekt beginnen? Spazieren gehen? Einen leckeren Kaffee trinken? Einen Kurztrip an den See oder ans Meer machen? Den Kleiderschrank ausmisten? Die Steuererklärung machen? Das Auto waschen? Zum Friseur gehen? Ins Kino? Zum Eislaufen? Durch die abendliche Stadt laufen und die bunten Lichter bestaunen? Durch viele fremde Fenster schauen und sehen, wie andere Menschen wohnen und es sich schön machen? Feststellen, wie schön *ich* es selbst habe?

Und dann habe ich mir aus den vielen Antworten eine herausgepickt, die mir Spaß machen würde – und wenn es nur eine Tasse Tee mit mir selbst war!

Natürlich könntest du jetzt einwenden: »Wenn X keine Zeit für mich hat, dann rufe ich halt Y an oder treffe mich mit Z!«

Selbstverständlich ist das auch eine Lösung. Doch mir geht es hier beim Gedanken der Vollständigkeit darum, dieses Gefühl wirklich mit dir allein zu erleben. Denn wenn wir uns auch ohne andere Menschen vollständig fühlen, umso schöner und freier werden die Begegnungen mit anderen, du wirst sehen!

Vielleicht ist dir der Gedanke gar nicht vertraut, dass du allein bist. Vielleicht lässt dein Alltag gar nicht viel Zeit mit dir selbst zu, weil du beruflich oder privat sehr stark eingespannt und bis in die letzte Sekunde »ausgebucht« bist. Wo könntest du Zeiten für dich allein einplanen, um zu lernen, mit dir allein zu sein? Es muss kein halber Tag sein oder eine ganze Stunde, auch 15 Minuten sind ein guter Start!

Und du wirst merken: Deine Vollständigkeit macht dich frei.

Sie macht dich unangreifbarer und weniger verletzlich. Es ist plötzlich nicht mehr so schlimm, wenn der geliebte Mensch oder ein Freund sich längere Zeit nicht meldet. Denn du bist nicht allein – du hast dich selbst immer dabei, wo du gehst und stehst!

Gut für uns selbst zu sorgen ist *ein* Schlüssel für unsere Vollständigkeit. Der zweite ist unsere liebevolle innere Haltung zu uns selbst: Kann ich mich annehmen, so wie ich bin? Nehme ich mich als vollkommen wahr – oder voller Makel? Wie würde es sich anfühlen, wenn ich mich ab jetzt einfach »in Ordnung« finde?

Dass es in Ordnung ist, wenn ich mich freue und lache. Dass es in Ordnung ist, wenn ich weine oder vor Wut mit der Faust auf den Tisch haue. Dass es in Ordnung ist, wenn ich neugierig bin und lebenshungrig. Dass es in Ordnung ist, wenn ich heute mal nichts vom Rest der Welt wissen mag. Dass es in Ordnung ist, wie mein Körper beschaffen ist. Dass es in Ordnung ist, wenn ich leise bin. Dass es in Ordnung ist, wenn ich laut bin. Dass es in Ordnung ist, wenn ich mit dreißig oder vierzig oder fünfzig noch mal komplett den Beruf wechsle und was ganz Verrücktes machen will. Dass es in Ordnung ist, wenn ich jeden Tag mehrmals Sex habe. Dass es in Ordnung ist, wenn ich überhaupt keinen Sex mehr haben will. Dass meine Berufswahl in Ordnung ist. Dass es in Ordnung ist, dass ich überhaupt keinen Schulabschluss habe. Dass es in Ordnung ist, wenn ich reich werde und mehr Geld habe, als der Rest der Familie seit Generationen gehabt hat …

Ergänze die Reihe für dich selbst. Wo fühlst du dich schon jetzt in Ordnung? »In divine order«, in göttlicher Ordnung, wie Eleya es nennt. Wo *könntest* du dich ab jetzt einfach in Ordnung fühlen – ohne zu hinterfragen, ob andere das auch so empfinden oder nicht? Denn du BIST in Ordnung, schon jetzt! Du warst es immer, jeden Tag, seit du auf der Welt bist!

Möglicherweise gab oder gibt es Menschen in deinem Leben, die dir signalisiert haben, dass du nicht in Ordnung bist. Dass du anders sein solltest. Dass du erst noch ... tun/sein/haben musst, um o.k. zu sein. Lass alle diese Menschen stehen. Sie sind Teil deiner Reise. Auch sie sind nicht ohne Grund in deinem Leben!

Die Menschen, die dich an dir selbst haben zweifeln lassen, gehören genauso in dein Leben wie die Menschen, die dir gezeigt haben, wie sehr sie dich lieben. Sie alle gehören zu dir – und deiner Schöpfung. Und damit sind wir beim dritten Schlüssel zur eigenen Vollständigkeit: bei der Fähigkeit, unsere eigene Schöpfung anzunehmen. Das Leben, das wir uns geschaffen haben.

Ich weiß, vieles schreibt und liest sich hier scheinbar so leicht. In Wirklichkeit ist es natürlich ein Prozess, ein Werden. Das wissen wir beide. Hier, in diesem Buch, gebe ich dir die Essenz meiner Gedanken aus mehreren Jahren an die Hand. Mehrere Jahre, in denen ich manchmal das Gefühl hatte, dass es doch nun wirklich genug sei. Dass ich genug geheult hatte. Dass ich doch nun endlich angekommen sein müsse. Eleya hat gelacht, als ich ihr bei unserer letzten Begegnung davon erzählt habe.

Sie meinte: »Ich lebe hier seit mehr als 30 Jahren. Und ich habe eine ganze Menge richtig guter Heulmomente gehabt.«

Der Weg in unsere Vollständigkeit ist eine Reise, wie die Reise ins Vertrauen. Beide sind miteinander verbunden. Denn wenn ich vertraue, dass ich vollständig bin, dann nehme ich mich an, wie ich bin. Jetzt. Hier! Nicht erst morgen oder übermorgen, wenn ich zehn Kilo weniger wiege oder die Beförderung erhalten habe. Nicht erst, wenn die Kinder größer sind. Nicht erst, wenn ich weiß, ob dieser Mann oder diese Frau mich will, ob es zu einem gemeinsamen Weg kommt oder nicht. *Vollständigkeit ist immer jetzt.* Und wenn ich mich annehme, wie ich bin, und mich als vollständig wahrnehme, dann erst kann ich auch einen anderen Menschen als vollständig erkennen und ihn so annehmen, wie er ist: meinen Partner, mein Kind, meinen Vater, meine Mutter ... alle Menschen, die ich kenne oder denen ich im Laufe eines Lebens begegne!

Und ich gehe so gar so weit zu sagen: Dann nehme ich auch all das an, was ich mir in diesem Leben geschaffen habe – an Beziehungen und an Umständen.

Die eigene Schöpfung annehmen

Eckhart Tolle, ein spiritueller Lehrer und Bestsellerautor, der ursprünglich aus Deutschland kommt und in Kanada lebt, sagt:

»Whatever the present moment contains, accept it as if you had chosen it.« Das bedeutet: Was auch immer der gegenwärtige Moment beinhaltet, nimm es an, als hättest du es selbst gewählt.

Dieses Zitat hängt an der Wand neben meinem Schreibtisch. Ich finde, das ist ein interessanter Gedanke. Auch wenn er in Momenten, in denen wir sehr viel Schmerz, Angst oder Unruhe verspüren, nur schwer begreiflich ist. Wenn wir gerade Höhenflüge erleben, in der Liebe, im Beruf, in anderen Dingen ... ja, dann ist es einfach zu sagen: Juhu, das hab ich selbst so gewählt! Aber wenn uns die schiere Verzweiflung packt und wir nicht vorwärts und rückwärts wissen, wer ist dann für die ganze Misere verantwortlich? Unsere Eltern? Unsere Partner? Unser Chef? Die Politiker? Dann suchen wir doch ganz gerne im Außen nach dem »Verursacher«, oder?

Auch ich muss mir Eckhart Tolles Satz immer wieder vergegenwärtigen, und es gibt Tage, da nicke ich ihn leichter ab, und an anderen würde ich ihn am liebsten von der Wand reißen und zerknüllen. Noch hängt er.

Wie ist das, wenn wir uns einmal vorstellen, dass wir unser Leben »geplant« haben? Dass es möglicherweise eine Ebene gibt vor dieser irdischen Welt hier, in der wir uns überlegt haben, welche Erfahrungen wir in diesem Leben gerne machen möchten?

Robert Schwartz spricht in seinem Buch *Jede Seele plant ihren Weg* von einer Art Konferenz bzw. einem Treffen, das wir vor unserer Geburt mit Menschen haben, die uns in diesem Leben begegnen, zum Beispiel unseren Eltern. Ich erinnere mich an ein Beispiel, in dem ein junger Mann in diesem Leben sehr unglücklich war. Er wurde von seinen Eltern verstoßen, weil er homosexuelle Neigungen hatte. Die Kommunikation zwischen ihm und seinen Eltern war gestört, es gab keine Verbindung mehr. Auf der Suche nach Wegen, wie er wieder in sein Glück finden konnte, befragte er ein Medium, das Verbindung zu seiner eigenen Seele aufnahm und ihm die Botschaften übermittelte. Dabei erfuhr er, dass er selbst sich die Erfahrung gewünscht hatte, von seinen Eltern verstoßen zu werden. Er wollte diese Erfahrung durchleben, und seine Eltern erfüllten ihm diesen Wunsch.

Dieses Wissen im Hier und Jetzt zu haben befreite den jungen Mann. Plötzlich sah er in seinen Eltern nicht mehr die »Bösen«, die ihn verstoßen hatten und die ihm das Leben und seine Liebesbeziehungen schwer machten. Plötzlich konnte er sie als das sehen, was sie wirklich waren. Als seine Eltern, die ihm einen großen Wunsch erfüllt hatten. Von da an nahm er die Verbindung zu ihnen wieder auf. Hier konnte Heilung geschehen, weil der junge Mann eine ganz entscheidende Information bekam: dass er der Schöpfer dieser Situation war, die ihn so lange gequält hatte.

In dem Buch von Robert Schwartz sind viele beeindruckende und berührende Beispiele von Menschen, die ihre Umstände für unerträglich und unlösbar hielten. Die sich nicht imstande fühlten, irgendetwas an ihrem Leben zu verändern. Doch durch die Informationen der Seelen-Ebene wird dies möglich.

Wir können so vieles verändern. Doch zunächst müssen wir wissen, warum die Dinge sind, wie sie sind. Und dabei hilft der Blick auf die Seelen-Ebene. Ich habe dir am Schluss dieses Buches die Namen und Websites von Menschen zusammengestellt, die dich dabei unterstützen können.

Ich bin ganz bei dir, wenn du den gedanklichen Ansatz gewöhnungsbedürftig findest, dass wir alles in unserem Leben selbst erschaffen. Mich selbst hat er anfangs auch überrascht, dann aber ziemlich schnell in eine tiefe, innere Ruhe gebracht. Und natürlich ist die Frage berechtigt: Warum sollten wir unser Leben vorher planen?

Mir persönlich stellt sich die Frage allerdings eher anders herum: Warum sollten wir es *nicht* planen? Warum sollte dies alles ein großer Zufall sein, ein überdimensionales, völlig sinnloses Chaos, dem wir seit Millionen von Jahren ausgeliefert sind?! Ganz ehrlich, der erste Gedanke gefällt mir besser! Ich mag es, wenn Dinge einen Sinn haben, ein Konzept.

Ich denke auch nicht, dass wir unser Leben bis auf den Tag und auf jede einzelne Minute genau durchplanen. Ich denke, wir legen eher die Meilensteine fest. Das ist für mich zumindest ein sehr beruhigender Gedanke, zu wissen, da gibt es jemanden, der hat den Überblick. In dem Fall meine Seele. Die hat eine Landkarte. Die hat den Plan. Und ich kann mit ihr Verbindung aufnehmen und sie um Rat fragen, wenn ich nicht weiterweiß.

Ich habe sie im Rahmen eines spirituellen Coachings selbst erleben dürfen, die Verbindung zu meiner Seele, den Austausch mit ihr, und seitdem ist in meinem Leben eine ganz neue Ruhe eingekehrt. Ich kann dir sehr empfehlen, dies einmal auszuprobieren. Es ergänzt sehr hilfreich die Informationen und Gefühle, die uns unser Herz und unser Verstand vermitteln, und erleichtert Entscheidungen sehr. Wie gesagt, im Anhang findest du Menschen, die dich professionell dabei begleiten.

Ich erwarte nicht, dass du alles für wahr oder möglich hältst, was ich hier schreibe. Lass dich von deiner Intuition zu eigenen Denkwegen und zu den Menschen und Informationen führen, die dich in deine Ruhe bringen, in dein persönliches Vertrauen.

Für mich schließt sich hier ein Kreis zu unserer Selbstannahme. Wenn ich mich selbst und alle Umstände und Beziehungen, in denen ich lebe, selbst kreiert habe, welchen Grund sollte es dann geben, dass ich das alles nicht mag oder vielleicht sogar verabscheue? Wenn es einen Sinn hinter allem gibt, was mich umgibt, ein Lernen, eine Erfahrung, die wichtig für mich ist – warum sollte ich dann mit Widerstand auf sie reagieren? Wäre es dann nicht viel einfacher zu fragen: »Was genau ist es, das ich hier gerade erfahren und lernen will?« – und mich dann auf die Suche nach Lösungen zu machen, so wie der junge Mann mit seinen Eltern?

Dass ich etwas selbst erschaffen habe, heißt nicht, dass ich es jubilierend gutheißen muss. Nicht jeder Kuchen, den ich backe, gelingt mir. Und zu jedem Buch, das ich schreibe, gehört eine ganze Reihe Wörter und Sätze, die ich wieder lösche. In jedem Leben gibt es Dinge, die wir gern anders hätten. Situationen, die leichter sein dürften. Umwege, die wir gern vermieden hätten ... Doch ich finde, unser Blick wird sofort liebevoller, wenn ich sage: »Aha, das habe ich selbst so erschaffen. Warum wohl? Was könnte der Grund gewesen sein? Brauche ich diese Situation noch – oder kann ich jetzt etwas Neues erschaffen?« Das ist doch eine ganz andere Haltung, als wenn ich den ganzen Tag auf Gott und die Welt schimpfe oder mich hilflos fühle, ohnmächtig, meinem Leben ausgeliefert?

Dieser Blick, dass ich der Schöpfer meiner Dinge bin, meiner Wirklichkeit, er lässt auch zu, dass ich sagen kann: »Wow, was ich schon alles geschafft habe! Was ich schon alles geleistet und gemeistert habe!« Menschen, die viel erlebt haben in ihrem Leben und sich durch die schlimmsten Schlamassel gekämpft haben – das sind ganz mutige Seelen!

Ist das nicht ein schöner Blick auf die Dinge? Ein leichterer, versöhnlicherer?

Wenn wir alles erschaffen haben – uns selbst, unseren Körper, unsere Beziehungen –, welchen Grund sollte es dann noch geben, dass wir uns selbst nicht als liebenswert empfinden, als Wesen von unschätzbarem Wert? Wir sind Künstler, alle!

Und auch Künstler stehen mal vor einer Leinwand oder einem Block Marmor und sagen: »Na ja … das ist mir schon mal besser gelungen.« Aber dann schauen sie, wie sie es besser hinbekommen! Denn wenn sie den ganzen Tag lang nur mit Kritik an sich selbst und ihren Unfähigkeiten verbringen – was meinst du, wo sie am Abend stehen? Sie stehen immer noch schimpfend vor der Leinwand oder dem Marmorblock und sind keinen Schritt weiter.

Wenn sie hingegen sagen: »Wie könnte ich es anders machen? Dieser Weg hat mich hierhin geführt – wohin führt es, wenn ich …?« Und wenn sie diesem Impuls einfach folgen und schauen, wohin er sie trägt, frei von Angst, frei von Bewertungen und vorschneller Kritik, dann kommen ihre Fantasie und ihre Kreativität wieder in Fluss.

Ich bin gut so, wie ich bin. Ich habe in der Vergangenheit Entscheidungen getroffen, die mich zu dem gemacht haben, was ich heute bin. Und heute habe ich die Möglichkeit, andere Entscheidungen zu treffen und andere Erfahrungen zu machen.

Das ist es, worum es geht. Darin steckt auch das Vertrauen, dass wir in jedem Moment unseres Lebens unser Bestes gegeben haben – und weiterhin unser Bestes geben. Wie auch immer das Ergebnis aussieht!

»Jeder gibt immer sein Bestes«, sagte Eleya einmal zu mir. »In dem jeweiligen Moment«, fügte ich noch hinzu. Und in dem Moment dachte ich: Dieser Satz stimmt auch für unsere Beziehungen! Dieser Satz, wenn ich ihn auf die Partnerschaft übertrage (und auch auf die Familie und den Beruf), nimmt vielen Konflikten den Nährboden, er räumt auf!

Ich gebe mein Bestes. Du gibst dein Bestes. Wir alle geben unser Bestes, das uns in diesem Moment möglich ist.

Verändert sich da nicht gleich die Energie, mit der ich an andere Menschen denke? Wird nicht auch hier mein Blick gleich viel offener, freier und liebevoller?

Das heißt nicht, dass ich alles dulde, was andere Menschen tun, wenn es mir oder anderen Schmerz bereitet. Doch dafür gibt es die Kommunikation. Und ich kann in ein Gespräch mit meinem Partner, meinen Kindern oder meinen Kunden doch viel liebevoller und offener hineingehen, wenn ich zuerst einmal annehme, dass jeder sein Bestes gegeben hat, statt ihn von Grund auf zu verdächtigen, dass er nur das Schlimmste mit mir im Sinn hat, oder?

Um noch einmal das Beispiel von vorhin zu nehmen: Der Mann, den wir lieben, ruft drei Tage lang nicht an. Du liebe Zeit! Hat er uns vergessen? Oder liebt er inzwischen jemand anderen? Oder, viel schlimmer, ist er zu seiner Exfrau zurückgegangen, der &%?*«?!!

Nein. Er ist vielleicht einfach nur beschäftigt. (Männer müssen jagen und Beute ranschaffen, auch heute noch.) Ein Termin hat viel länger gedauert als gedacht. Sein Handy-Akku ist leer. Oder er hat einen alten Freund wiedergesehen, und die beiden sind in einer Bar versackt. Er vermisst uns vielleicht genauso wie wir ihn – aber er stillt die Sehnsucht in *Gedanken* an uns, nicht durch einen Anruf.

Es kann auch sein, dass er spürt, wie sehr wir auf seinen Anruf hoffen – und ruft erst dann an, wenn wir innerlich loslassen. Das passiert mir ganz oft: In dem Moment, wo ich den Gedanken an den Anruf meines Partners loslasse, klingelt das Telefon. Vorher tut sich über Stunden nichts. Unsere mentale Verbindung ist so stark, dass er spüren kann, wie es mir geht, auch über Hunderte von Kilometern. Neulich sagte er: »Ich hab kurz reingespürt – und gedacht, ich ruf dich lieber später an!«

Das Tückische ist: Je mehr wir darauf fokussiert sind, dass dieser Mensch jetzt anruft bzw. warum er *nicht endlich* anruft, umso mehr bringt uns das aus unserer Liebe heraus. Es trägt uns heraus aus dem Gefühl, dass alles immer sein darf, wie es ist. Und dass alles zur rechten Zeit geschieht.

Das Ergebnis davon ist, dass wir verärgert sind, stinkwütend und auch die gut gemeinten Dinge dann nicht mehr annehmen können. Ruft mich mein Partner über Stunden hinweg nicht an, obwohl er doch gesagt hatte, er klingelt gleich noch mal durch, und schreibt mir stattdessen kurz vor Mitternacht eine SMS mit vielen Gutenachtküssen – wie reagiere ich darauf? Kann ich die Worte und Küsse dann noch liebevoll annehmen und aufnehmen? Oder bin ich so wütend, dass sich mein Herz ganz verschlossen hat und ich nichts mehr an mich heranlasse?

Auch hier sind wir wieder Schöpfer unserer Wirklichkeit: Der Gedanke »Warum ruft er nicht an?!« erschafft, dass unser Partner weiterhin nicht anruft.

Wie wäre es stattdessen mit: »Ich lasse los. Er (sie) wird im richtigen Moment anrufen.« Oder: »Ich vertraue darauf, dass er (sie) mich liebt und mich genauso gern wiedersehen möchte.«

Oder, ganz einfach: »Ich liebe dich!« Eine Welle schöner, warmer Gefühle von Herz zu Herz schicken. Was glaubst du, welche Signale führen schneller zu deinem gewünschten Ergebnis?

Jeder Gedanke ist ein Puzzlesteinchen im großen Mosaik unserer Realität.

Wir haben immer die Wahl: Vertrauen oder Angst? Wut oder Liebe? Im Großen wie im Kleinen. Ein täglicher »Surfkurs« ist die Liebe, wenn man es so betrachtet. Viele Wellen bietet sie uns jeden Tag, um zu üben, auf dem Brett zu bleiben. Und jedes Mal schaffen wir es vielleicht ein kleines bisschen länger. Oder auch nicht.

»Ich möchte ja gerne versuchen, mich für das Vertrauen zu entscheiden, aber es klappt nicht, ich habe zu viele Ängste!«, sagen manche Menschen.

Ja, das stimmt. Die Liebe bringt auch Ängste mit sich. Die Angst, wieder verlassen zu werden. Allein zu sein. Die Angst, uns zu verändern, weil wir dann vielleicht nicht mehr so sehr gemocht werden. Die Angst vor Ablehnung. Vor Verachtung. Davor, enterbt zu werden, hintergangen, aus der Familie verstoßen zu werden ... Manche Ängste sind eher kleiner Natur. Und manche scheinen riesig, sie scheinen uns zu überragen wie der Schatten eines Berges. Hoch türmen sie sich über uns auf, bereit, uns zu verschlingen. Bei solchen Ängsten scheint die Entscheidung für das Vertrauen tatsächlich schwierig.

Doch es gibt einen Weg, trotzdem ins Vertrauen zu kommen, und zwar, indem wir die Angst auflösen. Und dafür möchte ich dir auf den folgenden Seiten eine Übung an die Hand geben.

Übung: Adieu, Angst!

Ich bitte dich, beim Lesen dieses Buches gut auf dich selbst zu achten. Das gilt für dieses Kapitel und für das gesamte Buch. Ein Buch kann keinen Therapeuten oder Arzt ersetzen. Wenn du daher spürst, dass du Ängste hast, bei denen du persönliche Begleitung brauchst, dann sorge gut für dich und hol dir Hilfe.

Wenn die folgende Übung nicht oder nicht auf Anhieb bei deinem Anliegen klappt, dann ist das nicht schlimm. Probier es einfach ein andermal noch mal. Schon das Ausprobieren bringt dich weiter!

Übung

Was ist deine größte Angst? Schreib sie auf ein Blatt Papier. Fallen dir mehrere ein? Notier sie alle. Du kannst die Übung immer wieder machen. Wie bei einer Zwiebel kannst du dich Schicht für Schicht durch alle deine Ängste vorarbeiten.
Was macht dir jetzt gerade am meisten Angst? Schreib es auf, und dann fühl dich einmal ganz intensiv in diese Angst hinein. Wie fühlt sie sich an, diese Angst?
Sei dir gewiss, dass wir in diesem Leben nicht mehr auferlegt bekommen, als wir bewältigen können. Was immer du gerade erlebst, du kannst es bewältigen. Deine Seele weiß, was du gerade durchmachst, und sie ist an deiner Seite.

Stelle dir dann einmal vor, dass du selbst darum gebeten hast, genau diese Angst in diesem Leben erlösen zu dürfen. Du hast sie bewusst gewählt, weil du sie überwinden wolltest.
Und dann schau sie dir genau an: Welche Form hat die Angst? Wie sieht sie aus? Wie groß ist sie? Ist sie so groß wie eine Erbse, ein Fußball oder ein Heißluftballon? Hat sie viele Kanten oder Zacken, oder ist ihre Oberfläche eher glatt? Ist sie hart oder weich?
Tritt näher an die Angst heran und werde aktiv. Agiere, statt zu reagieren, das ist jetzt ganz wichtig! Spiel mit deiner Angst, verschaffe dir Zugang zu ihr: Schneide, klopfe oder säge sie auf! Nutze alle Werkzeuge, die dir spontan einfallen.
Dann geh hinein in die Angst. Wie sieht es in ihr drinnen aus? Was siehst du? Was fühlst du? Was ist zu tun? Tu es!
Möchte die Angst vielleicht kleiner gemacht werden, indem du von außen ein Loch hineinpikst wie in einen Luftballon? Oder könntest du sie mit einer Flüssigkeit übergießen, die sie auflöst? Sie verbrennen? Tu alles, was dir richtig erscheint, um die Angst kleiner zu machen, bis sie schließlich ganz verschwindet.
Bedanke dich für diese Erfahrung. Und dann dreh dich um und geh aus dieser Szene heraus, zurück an den Platz, an dem du gerade bist.

Ich selbst habe die Übung mit der Angst durchgeführt, »von Gott und der Welt verlassen zu werden«. Sie erschien mir, als ich mich noch einmal intensiv in sie hineinfühlte, wie eine riesige Weltkugel, die über mir schwebte. Ich stand auf einer Wiese und ließ sie langsam vor mir auf dem Erdboden aufsetzen. Ich betrachtete sie. Sie war viel größer als ich. Ich fand eine Türklinke und ging hinein. Drinnen war – nichts. Gar nichts. Meine Angst war komplett leer! Ich ging wieder hinaus und pikste ein Loch hinein. Sofort schrumpelte sie zusammen wie ein Ballon, dem alle Luft entweicht. Klein und krumpelig lag sie vor mir im Gras. Dieses kleine, harmlose Etwas hob ich auf und warf es in einen Mülleimer, der an einem Laternenpfahl neben mir hing. Dann ging ich. Ich habe diese Angst seitdem nie wieder gefühlt.

Ängste bieten uns manchmal Schutz, zum Beispiel vor körperlichen Gefahren. Doch es gibt auch Ängste, die uns daran hindern, zu unserer vollen Größe heranzuwachsen. Und manchmal sind unsere Ängste gar nicht unsere eigenen, sondern wir haben sie von jemandem aus unserem Umfeld übernommen. Höchste Zeit, sie wieder loszuwerden! Es ist nicht wichtig, dass wir alles bis ins Letzte verstehen. Es ist wichtig, die Angst aufzulösen und endlich in die Freiheit zu gehen.

Ich habe eine Postkarte, auf der sich eine hellrote Mohnblüte entfaltet. Darunter steht ein Zitat von der französischen Schriftstellerin Anaïs Nin (1903–1977):

»Und es kam der Moment, wo das Risiko, in der Knospe zu verharren, schmerzlicher war als das Risiko zu blühen.«

Es ist Zeit, die alten Ängste loszulassen, in Liebe und Dankbarkeit dafür, dass sie da waren und uns zu dem gemacht haben, wer wir heute sind. Und die Liebe, Dankbarkeit und Vorfreude auf all das zu spüren, was jetzt in unser Leben kommen darf!

Übung: Fülle deine Zellen mit Liebe

Hier ist noch eine Übung, die dir gefallen könnte. Sie eignet sich gut in Momenten der Unruhe, wenn wir uns unsicher fühlen und wieder in die eigene Mitte kommen wollen.

Übung

Schließ die Augen und spür in deinen Körper hinein. Wie fühlst du dich gerade? Welche Körperteile sind locker und entspannt? Wo möchtest du noch ein bisschen loslassen? Und dann stelle dir vor, du könntest jede deiner Zellen mit Liebe auffüllen. Randvoll mit Liebe. Stelle dir vor, sie saugen sie auf wie ein Schwamm, der zunächst trocken und hart ist und, nachdem er sich voll Wasser gesogen hat, ganz weich und beweglich wird.
Fülle alle Zellen deines Körpers mit dieser Liebe auf. So, wie sich Liebe für dich anfühlt. Vielleicht siehst du sie in einer Farbe oder in einer bestimmten Temperatur oder Konsistenz. Fülle damit alle deine Organe auf. Fülle damit deine Blutbahnen auf. Dein Herz. Dein Gehirn. Fülle dich von Kopf bis Fuß auf mit diesem wunderschönen Gefühl.
Verweile in diesem »erfüllten« Zustand, solange du möchtest. Du kannst jederzeit dorthin zurückkehren. Wenn es für heute

genug ist, dann komm in aller Ruhe und in deiner Zeit ins Hier und Jetzt zurück.
Bedanke dich bei der Liebe, dass sie da ist. Dass sie immer da war, auch wenn du sie nicht bemerkt hast. Und dass sie immer da sein wird.

Der Hintergrund dieser Übung ist folgender: Wenn du alle deine Zellen mit Liebe auffüllst, dann ist kein Platz mehr für die Angst. Wo Liebe ist, haben alle anderen Gefühle wie Sorgen, Kummer, Ängste, Zweifel, Trauer ... keinen Raum mehr zur Verfügung.

Diese Übung kannst du auch gut im Anschluss an das Ängste-Auflösen ausführen.

Probier es aus. Übe dich darin, dich immer wieder selbst mit genug Liebe aufzufüllen. Dann bist du vollkommen »erfüllt« und wirst auch immer unabhängiger von der Liebe anderer Menschen. Wenn dir dann ein Mann oder eine Frau ihre Liebe schenkt, ohne dass du darum gebeten oder gebettelt hast, dann wird es sich noch viel schöner anfühlen!

Ich wünsche dir ganz viel Freude und erhebende Momente in einem Leben, in dem die Angst immer weniger Raum einnimmt – bis sie eines Tages ganz verschwindet.

Ein himmlisches Pflaster aufs Herz

Als ich meine Angst, von Gott und der Welt verlassen zu sein, auflöste, merkte ich, dass ich gar nicht allein sein *kann*. Wir sind nie allein. Niemals. Unser Partner ist vielleicht für ein paar Tage verreist, oder wir führen eine Fernbeziehung. Vielleicht haben wir im Moment auch keinen Partner. Die Kinder sind möglicherweise schon aus dem Haus. Wir haben aber immer noch uns und unsere innere Stimme!

Wenn ich ganz mit mir allein bin und nichts anderes anliegt bzw. ich das Bedürfnis habe, innerlich »aufzuräumen«, setze ich mich hin – und schreibe. Ich nehme mir einen Stift und eine Kladde und schreibe die »Morgenseiten« von Julia Cameron, Autorin des wertvollen Buches *Der Weg des Künstlers*: Drei Seiten am Morgen (oder Abend, wann immer es passt) nur darüber, wie es mir gerade geht, was ich denke, was ich fühle, was mich freut, was mich bewegt. Diese Morgenseiten klären meinen Geist und mein Herz, ich werde ruhiger mit jeder Zeile, die ich schreibe, und es tauchen Lösungen auf für Berufliches und Privates, neue Ideen, auch Figuren für neue Bücher! Ich habe schon in meinem Buch *Verführung mit Worten* über die sensationellen Wirkungen und Nebenwirkungen dieser drei Seiten geschrieben.

Wenn dir das Schreiben nicht liegt, möchtest du vielleicht malen, singen, tanzen oder einfach auf der Couch liegen bzw. spazieren gehen. Wir sind nie allein, es ist immer jemand da, der sich durch uns ausdrücken will: unsere Seele. Sie jubelt, wenn wir ein paar Takte Zeit mit uns allein verbringen. Weil wir sie dann endlich wieder hören können! Neulich bin ich eine Dreiviertelstunde mit dem Auto bis nach Wiesbaden gefahren, um mit mir selbst spazieren zu gehen. Zwei Freundinnen schüttelten den Kopf darüber, dass ich so weit gefahren war. Wir haben Weinberge direkt im Ort, und ich bräuchte nur um die Ecke zu gehen ... Ich lächelte. Ich wollte ganz für mich sein, niemandem begegnen, den ich kenne, wollte nur mit mir und meiner Seele kommunizieren in einem schönen Wald in der Nähe eines Jagdschlosses. Nach zwei Stunden kam ich wieder nach Hause, frisch aufgetankt und erholt, als hätte ich einen ganzen Tag Wellness gemacht! Gekostet hat mich das Ganze nur ein paar Tropfen Diesel und eine Tasse Tee in einem schönen Café!

Diese Verbindung zu unserer Seele ist immer da. Wie elektrischer Strom, der durch unsere Leitungen fließt und den wir erst bemerken, wenn wir das Licht anschalten oder die Waschmaschine. Wie unser Radio, das dann auf Empfang geht, wenn wir die Frequenz unseres Lieblingssenders reindrehen. Vorher ist da nur Stille oder unschönes Rauschen. Sobald wir die Stimme unseres Lieblingsmoderators hören oder ein schönes Lied, werden wir ruhig und heiter. Alles wird ganz leicht.

Man sagt, dass Kinder bis zum Alter von sieben Jahren einen ganz natürlichen Draht zur feinstofflichen Welt haben. Dass sie Verstorbene »sehen« können und dass sie Kontakt mit ihren Schutzengeln und anderen Wesen haben können, die uns Erwachsenen (Entwachsenen?) fremd erscheinen und uns vielleicht sogar ängstigen. Weil wir vergessen haben, dass auch wir diesen Draht einst hatten. Und weil es uns vielleicht lächerlich, verrückt oder unmöglich scheint, ihn wieder aufzunehmen.

Was ist denn eigentlich lächerlich, verrückt oder unmöglich? Ist unser Hamsterrad, das wir uns kreiert haben, nicht in Wahrheit lächerlich? Ist es nicht verrückt, wie wir uns jeden Tag abstrampeln und abmühen und bis in den Burn-out oder gar bis zum Tod quälen, weil wir denken, alles allein machen zu müssen, ohne die Unterstützung unserer Familie, unserer Partner, unserer Kollegen, unserer »himmlischen Begleiter«?

Susanne, eine der spirituellen Beraterinnen, die ich dir am Schluss dieses Buches empfehle, hat einmal gesagt: »Wir beklagen uns immer darüber, dass die Arbeitslosigkeit unter den Menschen so hoch ist. Weißt du, die Engel haben einmal zu mir gesagt: Wir sind alle noch viel arbeitsloser! Denn wir Engel dürfen nur eingreifen und euch helfen, wenn ihr uns darum bittet. Ansonsten hängen wir hier oben rum und sind alle arbeitslos!«

Das hat mich zum Lachen gebracht und zum Nachdenken. Seitdem spanne ich »die da oben« ganz schön ein! Was nicht heißt, dass ich dann nur noch die Füße hochlege und nichts mehr mache. Engel sind Boten, keine Dienstboten. Wir haben unseren Teil zum Gelingen beizutragen.

Anfangs war dieser Gedanke für mich ungewohnt. Ich bin Ingenieurin, komme aus der Welt der Zahlen und Formeln, in der alles erklärbar ist. Die Engel um etwas bitten? Das schien mir fremd. Es »passierte« dann einfach. Ich erinnere mich, dass ich in Santa Monica am Ozean stand und über einen Satz nachdachte, den Susanne zu mir gesagt hatte: Ich solle mein Herz »aufmachen«.

Ich stand da, schaute auf das Wasser und dachte: Wie geht das denn, mein Herz aufmachen? Ja, wie geht das, wenn das Herz voller Schmerz ist, sich verkrampft hat und sich eher klein und hart anfühlt, weil es so viele Verletzungen und Enttäuschungen erlitten hat? Ich stellte mir vor, wie ich mit beiden Händen meinen Brustkorb auseinanderzog, das Herz freilegte und es mit den Händen weitete … Es funktionierte nicht! Mein Herz fühlte sich an wie ein schwerer Klumpen, den man mit Paketschnur umwickelt und mit mehreren Knoten gesichert hatte, die sich auf keinen Fall lösen sollten.

Dann hatte ich eine Idee. Ich dachte: »Das hier ist doch die Stadt der Engel. Wo, wenn nicht hier, kann ich mit ihnen Kontakt aufnehmen?« Und ich sagte: »Bitte, liebe Engel, könnt ihr mir nicht ein großes Pflaster auf mein Herz machen? Es tut alles so weh und ist so schwer!«

Tatsächlich schien in den kommenden Stunden und über die folgende Nacht etwas an mir zu arbeiten. Als ich am nächsten Tag wieder an den Strand ging, fühlte sich mein Herz deutlich leichter an. Heiler. Nicht, dass der Schmerz schon hundertprozentig verschwunden war. Das nicht. Ich war immer noch sehr im Schmerz darüber, dass sich die Liebe zwischen Gordon und mir nicht erfüllt hatte. Doch mein Herz war leichter, und ich konnte wieder freier atmen. Und das war ein spürbarer Fortschritt.

Probiere es aus, bitte die Engel um Hilfe, bei welchem Anliegen auch immer. Ich persönlich bitte die Engel gerne, wenn ich aus meiner Balance geraten bin, in Gedanken zu viel schwarzmale und mir die Zuversicht fehlt, wie Dinge zu einer Lösung kommen könnten. Ich bitte sie darum, mir zu helfen, all das Negative von mir abfließen zu lassen, aus mir heraus, damit ich mich wieder beruhige und wieder in mein Vertrauen komme. Es funktioniert. Und die Engel freuen sich, weil sie was zu tun haben! Die Autorinnen Diana Cooper und Doreen Virtue haben sehr hilfreiche Bücher und CDs zu diesem Thema verfasst.

Die Engel »mit ins Boot zu holen« ist eine schöne Ergänzung zum Ängste-Auflösen und zum Zellen-mit-Liebe-Füllen. Ich finde es immer gut, mehrere Werkzeuge im Koffer zu haben. Nimm den Weg, der dir am meisten zusagt.

Dieses innere Loslassen, Abfließenlassen erinnert mich an das Sakrament der Beichte, das ich das letzte Mal als Kind erfahren habe. Ich glaube, damals habe ich die Bedeutung der Beichte gar nicht in ihrer Tiefe erfasst. Ich fand es nicht besonders angenehm, meine angeblichen »Sünden« dem Pfarrer anzuvertrauen, einem Menschen, der mir fremd war, obgleich ich ihn von der Kanzel her kannte. Ich erinnere mich, dass ich immer dachte: Erkennt er mich hinter diesem kleinen, siebartigen Fensterchen? Erkennt er meine Stimme? Vorsichtshalber beichtete ich nur die »kleinen« Sünden, die für mich darin bestanden, dass ich meinen Eltern Widerworte gegeben oder nicht auf sie gehört hatte. Den Kaugummiautomaten, den ich zusammen mit meinem Freund Oliver mit selbst angefertigten Pappmünzen geknackt hatte, sodass die bunten Kugeln in Hülle und Fülle in einen von uns mitgebrachten Plastikbeutel kullerten, beichtete ich nicht.

Für die kleinen Sünden gab es drei »Vater unser« und drei »Gegrüßet seist du, Maria«, die schnell erledigt waren auf der

Kirchenbank. Die tatsächliche Bedeutung dieses Aktes, das Offenbaren, das Freisprechen und den damit verbundenen »Neustart« habe ich damals kaum wahrgenommen. Nach der Beichte sprang ich wieder auf mein Fahrrad, und das Leben ging weiter.

Ich bin heute keine regelmäßige Kirchgängerin mehr. Meinen Glauben und meine Verbindung zum Schöpfer erlebe ich im Alltag, in der liebevollen Verbundenheit zu mir selbst und zu anderen Menschen. Im Staunen, was alles möglich ist, welche Ziele wir erreichen können, was wir bewegen können, allein und gemeinsam mit anderen. Und ich erlebe sie auch in meiner Verbindung zu Engeln und anderen himmlischen Helfern. Doch auch wenn ich nicht in die Kirche gehe bzw. ganz selten, halte ich den Akt der Befreiung und des Neustarts für wichtig – ganz gleich, ob jemand ihn lieber im Beisein eines Pfarrers durchführt oder für sich allein.

Deshalb möchte ich dir heute eine Alternative zum Beichten vorstellen, die ähnlich wirkt wie ein himmlisches Pflaster aufs Herz: Sie macht uns freier und leichter und hilft uns zurück in die liebevolle Verbindung zu uns selbst und anderen. Ich spreche von der Vergebung.

Übung: Vergebung – Reset für ein reines Gefühl

Kennst du die Geschichte von dem Mann, der ein Bild aufhängen will? Sie stammt aus dem Buch *Anleitung zum Unglücklichsein* von dem österreichisch-amerikanischen Psychotherapeuten, Philosophen und Autor Paul Watzlawick (1921–2007):

> *Ein Mann will ein Bild aufhängen. Den Nagel hat er, nicht aber den Hammer. Der Nachbar hat einen. Also beschließt unser Mann, hinüberzugehen und ihn auszuborgen. Doch da kommt ihm ein Zweifel: Was, wenn der Nachbar mir den Hammer nicht leihen will? Gestern schon grüßte er mich nur so flüchtig. Vielleicht war er in Eile. Aber vielleicht war die Eile nur vorgeschützt, und er hat etwas gegen mich. Und was? Ich habe ihm nichts angetan; der bildet sich da etwas ein. Wenn jemand von mir ein Werkzeug borgen wollte,* ich *gäbe es ihm sofort. Und warum er nicht? Wie kann man einem Mitmenschen einen so einfachen Gefallen abschlagen? Leute wie dieser Kerl vergiften einem das Leben. Und dann bildet er sich noch ein, ich sei auf ihn angewiesen. Bloß weil er einen Hammer hat. Jetzt reicht's mir wirklich – Und so stürmt er hinüber, läutet, der Nachbar öffnet, doch noch bevor er »Guten Tag« sagen kann, schreit ihn unser Mann an: »Behalten Sie sich Ihren Hammer, Sie Rüpel!«**

* aus: Paul Watzlawick, *Anleitung zum Unglücklichsein*. Piper Verlag, München, 2013.

Vielleicht hattest du auch schon solche Momente, in denen deine Fantasie mit dir durchgegangen ist. Ich war früher ziemlich gut darin: Mein Partner konnte friedlich neben mir schlafen und vor sich hinschnarchen – und ich stellte mir Dialoge vor, in denen ich ihm alles sagte, was ich ihm schon immer mal sagen wollte. Während er im Traum andere Welten bereiste, ein leichtes Lächeln auf den Lippen, kochte ich neben ihm vor Zorn, sonderte schwarzgrünen Qualm aus Ohren und Nasenlöchern ab und malte mir schon die Trennung in allen Farben aus (bis auf Grün und Schwarz, die brauchte ich für den Qualm). Das ganze Schlafzimmer war voller Qualm – und der Gute bemerkte es nicht!

Kennst du das auch? Kennst du diesen inneren Kampfstand, dieses Drama, diesen Action-Film, der sich wie von selbst in deinem Kopf einschaltet und sich nur schwer beenden lässt?

Er ist pures Gift. Denn er verunreinigt nicht nur deine eigenen Gedanken und Gefühle. Er vergiftet auch die Energie zwischen euch beiden, zwischen dir und deinem Partner, deinem Kind, deiner Mutter, deinem Vater … um wen auch immer es gerade in dieser Situation geht. Stopp diesen Film, wann immer er auftaucht. Nimm gedanklich die nächste Abfahrt aus diesem Kreisel!

Du reinigst dadurch deine Gedanken und Gefühle, und du bereinigst dadurch auch die Situation im Hier und Jetzt. Und du verhinderst, dass sich weitere negative Situationen erschaffen! Denn was machen deine heftigen Gedanken und Gefühle des Zorns und des Schmerzes? Sie erzeugen nur wieder neue Situationen, in denen du verletzt wirst oder dich selbst verletzt!

Übung

Wenn deine Gedanken weiter »kreiseln«, dann nimm ein Blatt Papier und schreib auf, was dich gerade ärgert. Schreib alles auf, benutze alle Worte, die du sagen willst, die dir auf der Zunge liegen, vielleicht schon jahrelang oder jahrzehntelang. Aber lass sie nicht in ihrer Ungebremstheit als gesprochenes Wort hinaus. Sie haben in den seltensten Fällen etwas mit der Person zu tun, von der du glaubst, sie hätte dich verärgert!

Das gesprochene Wort ist der stärkste Einfluss, den wir haben. Ein gesprochenes Wort holen wir nicht zurück. Eine Verletzung, verursacht durch ein gesprochenes Wort, sitzt tief. Hilde Domin (1909–2006), meine Lieblingsdichterin, hat ein Gedicht darüber geschrieben. Es heißt »Unaufhaltsam«. Sie sagt darin: *»Besser ein Messer als ein Wort. Ein Messer kann stumpf sein. Ein Messer trifft oft am Herzen vorbei. Nicht das Wort.«*

Bevor du Worte sagst, die verletzen, nimm lieber ein Stück Papier und folge der Spur, die deine Wut, dein Schmerz, deine Trauer, deine Enttäuschung und deine Angst legen. Folge ihnen entlang bis zu ihrer Ursache. Fülle Seite um Seite und frage dich: Worüber ärgere oder ängstige ich mich, um was trauere ich? Um was geht es hier eigentlich? Welches meiner Bedürfnisse war oder ist jetzt gerade nicht erfüllt? Wie kann ich es erfüllen, zum Beispiel, indem ich jetzt und hier gut für mich sorge?

Nimm diesen Momenten das Gift. Atme tief ein und aus. Schreibe alles nieder, nur für dich. Schreibe es in ein Notizbuch, das nur dir zugänglich ist. Und dann tu etwas, das du vielleicht noch nie getan hast:

Vergib diesem Menschen.

Vergib ihm, dass er dich verärgert oder verletzt hat. Und vergib dir selbst. Vergib dir selbst, dass du dich so verletzt hast.

Vergebung ist die stärkste Heilkraft, die wir haben, stärker noch als die Liebe. Glaubst du das? Möchtest du es mal versuchen?

Hier ist eine Anleitung für die Vergebung, die dir die Chance gibt, wieder in deine reinen, klaren Gefühle für dich und die Menschen um dich herum zu kommen.

Die Vergebung läuft in drei Schritten ab, von denen jeder einzelne wichtig ist. Wähle Worte, die tief aus deinem Herzen kommen und die so klingen, als würdest du sie dem anderen persönlich sagen, in deiner Sprache. Bleib ganz bei dir. Du kannst nichts falsch machen. Fühle das, was du aussprichst. Fühle die Vergebung, vielleicht zum ersten Mal in deinem Leben. Trau dich und erlaube dir, das Vergeben zu üben, wir haben es nicht gelernt, auch dafür gab und gibt es kein Schulfach!

Vertraue darauf, dass du die richtigen Worte findest, um alles zu vergeben, was geschehen ist oder nicht geschehen ist, gedacht wurde oder nicht gedacht wurde, gesagt wurde oder nicht gesagt wurde, getan wurde oder nicht getan wurde.

Bringe dich selbst wieder zurück in den Ursprung, in den Zustand deines reinen Gefühls, der reinen Liebe. Es ist wie der Reset eines technischen Geräts, das sich aufgehängt hat. Starte dich neu. Versetze dich in den Energiezustand zurück, mit dem du hier auf dieser Erde angeliefert wurdest. Es ist nie zu spät dafür. Jetzt ist der richtige Moment. Wandle den Inhalt der Sätze ab, wie es für dich passt, doch bleibe bei dieser Struktur. Und genieße die Heilung, die in dem Moment passiert, in dem du aus tiefstem Herzen vergibst.

Ich gebe dir ein Beispiel.

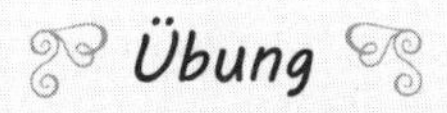

Schritt 1: Ich vergebe dir

»Liebe/r ..., ich vergebe dir alles, was du gesagt oder getan hast, in diesem Leben oder in einem anderen. Anfangs war ich sehr verletzt. Jetzt bin ich bereit, dir zu vergeben und erweise dir meine Gnade.«

Schritt 2: Ich bitte dich um Vergebung

»Ich bitte auch dich um Vergebung für das, was ich gesagt oder getan habe, in diesem Leben oder einem anderen. Ich bitte dich um Vergebung für alles, womit ich dich verletzt habe, in Worten und in Taten, bewusst und unbewusst. Ich bitte um deine Gnade.«

Schritt 3: Ich vergebe mir selbst
»Ich vergebe mir selbst für das, was ich gesagt habe, in diesem Leben oder in einem anderen. Ich vergebe mir die Wut, den Schmerz, die Grausamkeit, die ich an den Tag gelegt habe und mit der ich es uns und mir selbst so schwer gemacht habe. Ich vergebe mir und bitte um die göttliche Gnade. Ich bin jetzt bereit, sie zu empfangen!«

Dann danke dir und diesem Menschen, der an der Situation beteiligt war, dass du diese Erfahrung mit ihm machen konntest. Und dann starte von diesem Punkt aus einfach neu. Und wenn dir noch mehr ins Bewusstsein kommt, was vergeben werden möchte, dann vergib auch das. Immer in diesen drei Schritten und mit der Bitte um bzw. dem Erweisen der Gnade.

Ich möchte noch ein paar Worte zur Gnade sagen. Gnade, das bedeutet die Zuwendung, die wohlwollende emotionale Hinwendung eines Menschen zu einem anderen, und auch die *Zuneigung* von Gott zu uns. Viele von uns assoziieren mit diesem Wort in erster Linie die göttliche Gnade, doch sie kann genauso gut und leicht von Mensch zu Mensch fließen im Sinne von: »Ich neige mich dir wieder zu. Ich wende mich wieder zu dir hin, nicht mehr länger von dir ab. Ich kann dich wieder als der annehmen, der du bist.« Das ist das Gefühl, das ich mit Gnade assoziiere. Auch der Schöpfer wendet sich uns zu, wobei ich daran glaube, dass ER uns immer liebevoll zugeneigt ist, egal, was wir tun oder lassen. Er wendet sich nie ab.

Auch vor Gericht werden Menschen »begnadigt«, das meint, sie werden nicht bestraft, sondern können wieder frei ihrer Wege gehen. Ich hoffe, ich kann dir mit dieser Hilfestellung eine Brücke zu einem Wort bauen, das in seiner Bedeutung viel umfassender und »menschenmöglicher« ist, als wir es vielleicht bisher gekannt haben oder es uns beigebracht wurde.

Ich wünsche dir viel Freude beim »Resetten« und ein neues, tiefes Gefühl der Reinheit und Klarheit in dir und mit anderen!

Den heiligen Raum sauber halten

Ich sprach anfangs schon über den heiligen Raum. Ich weiß nicht, wie ich auf diesen Begriff kam. Ich sprach das Wort einmal aus, als ich mich mit meinem Partner über eine erfüllte Sexualität unterhielt. Ich sagte ihm, wie wichtig ich es fände, den heiligen Raum zwischen zwei Liebenden sauber zu halten von Ärger, Groll oder unausgesprochenen Vorwürfen. Alles Unausgesprochene zu klären und aus diesem Raum wieder hinauszubefördern, was sich über den Tag oder über die Jahre darin eingeschlichen hat. Für mich ist dies ein wichtiger Schlüssel, um mich ganz hingeben zu können, im Herzen und auf körperlicher Ebene.

Der heilige Raum ist der Raum, der dich und deinen Partner oder deine Partnerin verbindet. Den nur ihr beide spüren könnt und der auch nur euch etwas angeht, keine Kinder, keine anderen Familienmitglieder, keine Freunde. Der heilige Raum ist unsichtbar, er ist das Energiefeld zwischen euch beiden und um euch herum, in dem ihr immer wieder in eure Liebe zurückfindet. Natürlich kann dies auch ein »materieller« Raum sein, ein Zimmer, das nur für euch beide gedacht ist. In Ratgebern für die erfüllende Sexualität ist die Rede von einem »Spielzimmer«, das sich Paare parallel zum Schlafzimmer einrichten. In dieses Spielzimmer hat niemand anderes Zutritt. Ich finde das eine tolle Idee! Hier in diesem Zusammenhang meine ich den inneren Raum, in euch selbst und das Energiefeld zwischen euch beiden.

Und in diesem Energiefeld schwirrt im Laufe der Zeit so einiges herum, was da gar nicht hineingehört – oder nicht mehr. Es hängt darin fest wie in einem klebrigen Spinnennetz, und nur wenige Paare schaffen es, diese alten Spinnweben samt ihren verklebten Anhängseln wirklich zu entfernen. Ich persönlich glaube, dass dies mit ein Grund dafür ist, warum die sexuelle Spannung nachlässt und sich die Partner einander nicht mehr ganz öffnen können.

Vergebung ist für mich das Mittel, die Medizin, die uns dabei helfen kann, unseren heiligen Raum wieder sauber und strahlend zu machen. Und wir tun es nur für uns, wir vollziehen die Vergebung in erster Linie nur für uns, brauchen niemandem davon zu erzählen, wenn wir es nicht wollen. Die befreiende und für alle Beteiligten tief heilsame Wirkung bleibt die gleiche.

Grenzgänge: Die Liebe am seidenen Faden

Es gibt Wellen, die unser Vertrauen in die Liebe und in unseren Partner schwer auf die Probe stellen. Mein schwerster Moment, an den ich mich erinnere, war der, an dem mir ein Mann gestand, dass er mit einer anderen Frau geschlafen hatte, während wir beide schon in Verbindung waren. Wir saßen gerade beim Frühstück während einer kurzen Urlaubsreise. Mir blieb die Luft weg, und die Monsterwelle erwischte mich an den Füßen und wirbelte mich so arg herum, dass ich nicht mehr wusste, wo oben und unten war. Manche Frauen gehen damit vielleicht lockerer um. Für mich war es eine absolute Grenzerfahrung, physisch und psychisch.

Ich glaube, dass damals die Engel den Atem angehalten haben. Zumindest fühlte es sich so an. »Wie werden die beiden damit umgehen? Wird sie ihren Koffer packen und gehen?«, haben sie bestimmt geflüstert.

Ich ging nicht. Ich erlebte die zwei entsetzlichsten Tage meines Lebens, die sich anfühlten, als wäre ich untergegangen und kurz vor dem Ertrinken gerade noch gerettet worden. Mein Herz und meine Seele husteten und spuckten Wasser. Gleichzeitig konnte ich – und vielleicht war das mein Glück, mein Segen – die Situation von zwei Ebenen betrachten: Ich war die Frau, die sich hintergangen fühlte, erniedrigt, beleidigt, zutiefst verletzt. Und ich war die Frau, die sich selbst beobachtete und sich selbst immer wieder gut zuredete: Bleib ruhig. Atme. Atme. Atme. Und gerade das Atmen fiel mir so schwer! Es war, als wären meine

Lungen randvoll mit Wasser gefüllt und als ginge nichts mehr hinein. Doch ich atmete weiter, tapfer, gegen den Widerstand in meiner Brust. Und ich weinte, weinte, weinte. Immer wieder stiegen die Tränenströme auf, unendlich schienen sie, wie blutende Wunden, die sich einfach nicht schließen wollten. Heute erscheinen mir diese Tage wie ein Wunder. Ich glaube, ich habe intuitiv etwas getan, was unsere Liebe damals gerettet hat: Ich habe diesem Mann weiter vertraut. Trotz allem. Ich habe ihm in die Augen geschaut, und ich habe seine Liebe zu mir gesehen und ich habe sie tief in meinem Herzen gefühlt. Ich habe auch den Schmerz gefühlt, den ihm diese Situation selbst bereitet hat. Und ich konnte ihn weiterhin lieben.

Wochen später, Monate später kamen immer noch Rest-Wellen des Schmerzes hoch. Dann sagte ich mir immer wieder einen Satz, den eine Freundin mit mir geteilt hatte und an dem ich mich festhielt: »Bleib immer in der Liebe, dann kann dir nichts geschehen.«

Wie Recht sie hatte! Und wie schwer und weit weg uns die Liebe gerade in solchen Momenten erscheint! Und trotzdem ist es machbar, und darum habe ich dir diese Geschichte anvertraut. Ich war mit einer Situation konfrontiert, die ich schon in den Erzählungen anderer immer schrecklich fand. Schließlich zerbrechen unzählige Partnerschaften und Ehen daran, jeden Tag. Doch ich habe es durchlebt. Ich habe es überlebt. *Wir* haben es überlebt. In Liebe. Im Vertrauen.

Natürlich gehören dazu immer zwei Menschen. Es gehört dazu auch ein Partner, der in diesem Moment selbst stark genug ist, um sich und dich zu halten. Es gehört eine Kommunikation der Herzen dazu. Es gehört eine innige Verbindung der Körper dazu, die weiterhin offen bleiben und den heiligen Raum dadurch nicht verunreinigen lassen. Die Versuchung liegt nahe, nie habe ich es deutlicher gespürt. Wie schnell steht hier die Tür weit offen für an den Kopf geworfene Wut, Enttäuschung, Beleidigungen! Und nie war ich den Frauen näher, die Ähnliches erlebt haben und in ihrem Zorn, ihrer Ungnade stecken geblieben sind. Alle hatten in diesem Moment mein vollstes Verständnis. Ich war und bin allen himmlischen Mächten tief dankbar, dass sie uns durch diese Tage getragen haben, uns gehalten und beschützt haben, sodass wir die Liebe damals fortsetzen konnten, die reine, unberührte Liebe.

Ich wünsche dir, dass, was immer dir schon geschehen ist in der Liebe und was immer noch geschieht, du diesen inneren Halt erfahren darfst. Durch dich, durch den Partner oder die Partnerin an deiner Seite und auch durch Helfer aus der geistigen Welt. Du hast an meinem Beispiel gesehen, dass Dinge möglich werden und die Liebe heil bleiben kann, auch wenn das scheinbar Unmögliche geschieht und die Monster an unsere Tür klopfen, Monster, von denen jeder von uns seine ganz eigenen hat. Es lohnt sich, in der Liebe zu bleiben, wenn unser Herz noch JA sagt. Es lohnt sich.

Wenn die Liebe sich nicht blicken lässt

Und was mache ich, wenn ich seit Jahren keinen Partner habe und auch keiner in Sicht ist? Wo, bitte schön, geht's da ins Vertrauen?«, fragst du dich vielleicht.

Ich vertraue darauf, dass die Liebe zur rechten Zeit zu dir findet. Und ich wünsche dir, dass es bald geschieht!

Jede Seele geht ihren eigenen Weg, von daher gibt es hier keine Antwort, die auf alle Menschen passt. Alles, was ich erfahren durfte über die Liebe, ist, dass alles einen Grund hat. Dass wir darauf vertrauen dürfen, dass auch die Zeiten des Alleinseins einen Grund haben. Dass wir uns in dieser Zeit intensiv selbst kennenlernen und uns selbst lieben lernen. Denn erst wenn wir in der Lage sind, uns selbst zu lieben, dann sind auch andere fähig, uns zu lieben. Und dann sind auch wir erst fähig, eine andere Seele wirklich zu lieben!

Es hat mit Resonanz zu tun. Jeder Gedanke, den wir denken, erzeugt eine Schwingung einer bestimmten Frequenz. Liebe schwingt auf einer anderen Frequenz als die Angst. Und es ist ein universelles Gesetz, dass Gleiches Gleiches anzieht. In der Schwingung der Liebe ziehen wir Liebe an. In der Schwingung der Ablehnung ziehen wir Ablehnung an usw. Manchmal ist die Liebe auch schon da, und wir nehmen sie nicht wahr, weil wir unser Herz nicht öffnen.

Erst als ich von Gordon wirklich Abschied genommen hatte, kam ein neuer Mann in mein Leben. Ein wunderbarer Mann, mit dem ich sehr besondere Erfahrungen mache. Zwei Augenpaare, die sich treffen. Zwei Seelen, die sich erkennen und sich zuzwinkern … So geht das mit der Liebe. Sie fließt dorthin, wo sie frei fließen darf. Wo zwei Menschen vollständig sind, gut für sich selbst sorgen können und ihr Herz weit, weit öffnen.

»Vielleicht geht es im Leben einfach nur ums Loslassen«, sagt der Hauptdarsteller in dem Film *Life of Pi: Schiffbruch mit Tiger*.

Ich habe das Gefühl, dass das stimmt. Und dieses Loslassen ist das, was vielen Menschen am schwersten fällt. Das Loslassen vergangener Erfahrungen und Verletzungen. Das Loslassen von Wünschen und Träumen. Das Loslassen von Erwartungen, die sich nie erfüllen *können*. Das Loslassen aller Ängste, Zweifel und starren Vorstellungen, dass es nur den Einen oder die Eine gibt. Es gibt nicht den Einen oder die Eine! Es gibt ganz viele Misters und Misses Right! Und mit jedem machen wir andere Erfahrungen!

Wusstest du, dass unsere *Erwartungen* das Eintreffen und Erreichen unserer Wünsche und Resultate verzögern oder gar ganz verhindern? Erwartungen beeinflussen den gesamten Prozess. In der Physik sagt man, dass ein Beobachter ein Experiment nur durch seine bloße Anwesenheit und sein Beobachten beeinflusst.

Was passiert, wenn ich etwas erwarte? Dann male ich mir gedanklich aus, wie es sein soll. Sehr wahrscheinlich stecke ich dem Ganzen einen Zeitrahmen, bis wann es genauso eintreffen soll. Ich stecke die Situation und die beteiligten Menschen also schon von vornherein in ein Korsett. Ich lasse keinen Raum mehr für Überraschungen und Wunder, für Wege, die nur das Universum kennt und für die mein Verstand gar nicht genügend Fantasie hat.

Wenn ich etwas erwarte, bin ich in der Haltung von »Es ist

noch nicht da«. Ich signalisiere meinem Unterbewusstsein damit ständig, dass ich noch nicht da bin, wo ich sein will (»Warum ruft er nicht an?!«). Nach dem Gesetz der Resonanz kreiere ich dadurch nur noch mehr davon.

»Und was ist mit meinen Zielen? Überall lese ich, ich soll Ziele haben, ich soll meinen Wunschzustand visualisieren, ich soll Affirmationen aussprechen«, fragst du jetzt vielleicht. Ja, es ist gut und wichtig zu wissen, was wir wollen und was nicht. Was uns guttut und was uns schwächt. Was uns erfüllt und wachsen lässt und was uns unbefriedigt und klein hält. Wir dürfen uns auch den neuen Job, das neue Auto oder das neue Haus, das wir suchen, in allen Farben ausmalen. Aber dann dürfen wir auch wieder loslassen und sagen: »Es wird das geschehen, was am besten für mich ist.«

Es geht einfach darum, dass wir unser Herz öffnen für die *Möglichkeiten* und nicht nur auf *eine* Lösung fixiert sind. Nur darum geht es.

Letztes Mal in Santa Monica rief mich Eleya in meinem Lieblingscafé an, dem Urth Caffé auf der Main Street. Die Kellner kennen mich inzwischen alle. »You are part of the family«, haben sie mal zu mir gesagt, was ich sehr schön fand. Du bist Teil der Familie. Ein junger Mann, der mir kurze Zeit vorher meinen Tee serviert hatte, kam noch einmal zurück und brachte mir einen Zettel an den Tisch. Eleya habe für mich angerufen, ich möge sie bitte zurückrufen. Was ich auch gleich tat.

»Ich habe heute am Strand eine Nachricht für dich und deine neue Beziehung erhalten!«, rief sie freudig aufgeregt in den Hörer. »Willst du sie hören?«

Natürlich wollte ich sie hören. Der neue Mann und ich befanden uns damals noch in einer Phase, in der nicht sicher war, wie alles mit uns werden würde. Ich klammerte mich an jeden Strohhalm. Mein Vertrauen in den Lauf der Dinge war noch reichlich angekratzt durch die Erfahrung mit Gordon. Doch Eleyas Botschaft war eine ganz andere, als ich erwartet hatte. Sie sagte:

»Deine Beziehung wird nur überleben, wenn es in Ordnung für dich ist, dass sie nicht überlebt.«

Autsch, das tat beim ersten Hören richtig weh! Ich wollte hören, dass alles gut war, ich wollte nichts von »überleben« und schon gar nicht von »nicht überleben« hören! Ich dankte Eleya, verabredete mich mit ihr für den frühen Abend und legte auf.

Es dauerte mehrere Tage und Wochen, bis ich verstand, was sie meinte. Meine Liebe zu meinem neuen Partner und alle Beziehungen, die ich in diesem Leben noch führen werde, sei es zu meinen Kindern oder meinen Kunden oder anderen Menschen, würden immer nur lebendig bleiben und auf Freiheit basieren, wenn ich mich von der Vorstellung löste, dass sie unbedingt und um jeden Preis bestanden. Wenn ich vollständig, *complete,* war, auch ohne dass diese Menschen und Projekte in meinem Leben waren. Und wenn ich in meiner Freude war, völlig grundlos und ohne äußeren Anlass!

Du siehst, auch ich habe immer wieder Momente, an denen ich nachdenke. Prüfsteine, die mir vom Himmel geschenkt werden und die mich herausfordern, noch stärker ins Vertrauen zu gehen. Loszulassen. Immer wieder loszulassen. Und zu atmen. Atmen. Atmen. Vertrauen. Vertrauen. Vertrauen. Die gleiche Geschichte, bei jedem von uns. Die gleichen Wellen, jeden Tag, jede Nacht.

Es gibt großartige, berührende Geschichten, die zeigen, dass genau das Loslassen uns wieder in die Liebe führt – manchmal sogar in eine alte Liebe zurück! Gitta, eine Kundin von mir, erzählte mir Folgendes: Sie und ihr Mann waren schon im Studium ein Paar und heirateten recht früh. Ein paar Jahre lang waren sie zusammen, doch es gab immer wieder große Konflikte. Gitta bezeichnete es so: »Wir verschmolzen so sehr miteinander, dass wir als Einzelne nicht *werden* konnten.« Eines Tages beschlossen die beiden, sich zu trennen, und ließen sich scheiden. Sie verloren sich nicht aus den Augen, hatten aber auch nicht allzu regen Kontakt. 18 Jahre später intensivierte sich der Kontakt plötzlich wieder, sie telefonierten öfters, lachten viel miteinander, tauschten sich aus über alles, was in den vergangenen Jahren passiert war. Eines Tages bemerkten sie beide: Ich denke ständig an den anderen. Ich will wieder mit ihm/ihr zusammen sein! Sie sprachen dies aus – und wurden wieder ein Paar. Und sie heirateten erneut – nach 18 Jahren Trennung! Jetzt waren sie so weit, sich gegenseitig die Freiheit zu geben, vollständig zu sein – jeder für sich.

Robert, ein Freund und Autorenkollege aus San Diego, erzählte mir auf einer Veranstaltung, bei der wir beide einen gemeinsamen Büchertisch hatten, dass er und seine jetzige Frau früher im Kindergarten das Bettchen teilten. In jeder Mittagspause lagen sie eng aneinander gekuschelt und schliefen selig. Jahrelang waren sie befreundet, geheiratet haben sie beide jemand anderen. Robert lebte mehrere Jahre in München zusammen mit seiner deutschen Frau. Jetzt ist er zum zweiten Mal verheiratet und lebt wieder in San Diego – mit der Frau, neben der er schon im Kindergarten eingeschlafen ist!

Sind diese Geschichten wundervoll? Ich finde, sie sind es. Ich sammle solche Geschichten, liebe sie, halte sie mir vor Augen in Momenten, in denen auch bei mir mal wieder die Fragen größer und zahlreicher sind als die Antworten. Sammle auch du Geschichten in deinem Umfeld, die dir Kraft geben und dich zurück ins Vertrauen bringen, wenn es dich mal aus der Bahn wirft!

Und auf diese positiven und erhebenden Geschichten empfehle ich dir, den Fokus zu legen, wenn du gerade in einer herausfordernden Situation bist. Denn Horrorvorstellungen kreieren wir uns alle schon genug. Sie helfen uns kein bisschen weiter, sondern schwächen uns zusätzlich. Und es müssen nicht mal Horrorvorstellungen sein. Schon Annahmen reichen, wie wir gleich sehen werden.

Schein und Sein: Was ist real?

Sehen wir einen Menschen zum ersten Mal, bilden wir uns ein Urteil. Ganz schnell gehen in unserem Inneren ein paar Schubladen auf: Wir ziehen Schlüsse aus seiner Kleidung, seinem Haarschnitt, seinem Gesichtsausdruck, der Art, wie er oder sie die Worte wählt beim Sprechen. Wir ziehen Schlüsse aus seiner Stimme, Stimmlage und seiner Stimmung. Wir ziehen Schlüsse aus seiner Geschichte oder den Situationen, die er oder sie mit uns teilt.

Wie schnell das geht. Manchmal liegen wir damit richtig. Und manchmal liegen wir voll daneben! Manchmal entdecken wir erst nach Jahren, wie sehr wir uns vertan haben, wie sehr wir den anderen »verkannt« haben (statt erkannt), wie sehr wir nur sehen und hören *wollten,* statt wirklich zu sehen und zu hören. Möglicherweise haben wir dann schon gemeinsame Kinder, ein gemeinsames Haus, gemeinsame Kredite ...

Auf der Konferenz damals in Los Angeles machte einer der Referenten eine interessante Übung mit uns. Wir sollten unseren Übungspartner für eine Weile intensiv betrachten: Welche Kleidung trägt unser Gegenüber? Wie ist sein Gesichtsausdruck? Was hat er oder sie mir schon erzählt, seit wir uns begegnet sind?

Diese »Fakten« notierten wir. Dann zogen wir Schlüsse daraus. Und diese teilten wir unserem Partner mit.

Gordon und ich machten diese Übung gemeinsam, da wir nebeneinander saßen. Er sagte zum Beispiel zu mir:

»Du trägst türkisfarbene Ohrringe. Daraus schließe ich, dass Türkis deine Lieblingsfarbe ist.«

Das stimmte.

Er sagte: »Du hast schöne Fingernägel. Daraus schließe ich, dass du jede Woche zur Maniküre gehst.«

Stimmte nicht. Ich gehe einmal im Monat zur Maniküre.

Er sagte weiterhin: »Alles, was du trägst, passt so toll zusammen. Daraus schließe ich, dass du dir vor der Reise beim Kofferpacken lange überlegt hast, was du mitnimmst.«

Stimmte nicht. Ich hatte in den letzten Jahren ein gutes Gespür für meine Farben entwickelt, die mir standen und in denen ich mich wohlfühlte. Kofferpacken geht bei mir sehr schnell, weil in meinem Schrank nur noch das hängt, was mir gefällt und mir wirklich steht. Alles, was ich besitze, passt in einen Schrank. Wenn ich etwas Neues kaufe, darf etwas anderes gehen.

Das sind nun auf den ersten Blick »Kleinigkeiten« und auch Äußerlichkeiten, an denen wir diese Übung spielerisch geprobt haben. Ich fand die Übung aber in einem übertragenen Sinn sehr hilfreich und wertvoll: »Was nehmen wir an einem Menschen wahr? Was spinnen wir in unserer Vorstellung darum herum?« Interessant ist in diesem Fall die englische Formulierung, die wir in dem Workshop verwendeten: »I notice.« *»I notice you are wearing turquoise earrings.«* Ich nehme wahr, dass du türkise Ohrringe trägst. »Therefore I imagine that …« war die Schlussfolgerung. Wörtlich übersetzt: »Demnach stelle ich mir vor, dass …«

Das trifft es auf den Punkt. Wir nehmen etwas wahr – und *imaginieren* dann, malen uns ein *Bild* vom anderen, das höchstwahrscheinlich gar nicht existiert, weil es unserer Fantasie entspringt!

Ich trage zum Beispiel keinen Ehering, während ich dieses Buch schreibe. Fakt ist aber, dass ich noch nicht geschieden bin. Sieht mich ein Mann auf der Straße, könnte er meinen, ich wäre unverheiratet. Umgekehrt tragen jede Menge Männer und Frauen da draußen ihre Eheringe – und sind vielleicht in ihrem Inneren gar nicht mehr mit dem Menschen an ihrer Seite verheiratet, fühlen sich ihm gar nicht mehr verbunden!

Wir sehen etwas – und ziehen daraus eine Schlussfolgerung. Diese Übung werde ich nicht mehr vergessen. Weder im privaten Bereich noch in meinem Geschäftsleben.

Schauen wir genau hin. Hören wir genau hin. Fühlen wir genau hin. Was ist da? Und was *wollen* wir nur, dass es da ist? Es ist auf lange Sicht wesentlich weniger schmerzhaft und weniger enttäuschend, wenn wir lernen, die Realität wahrzunehmen und anzunehmen. Es öffnet uns den Blick für die Liebe, die schon da ist, wo wir sie vielleicht vorher nicht erkannt haben. Sie zeigt sich vielleicht nicht in dem Wort, auf das wir warten, in dem Brief, der E-Mail, dem Heiratsantrag. Sie zeigt sich vielleicht stattdessen in einer Geste, einer guten Tat, einer Hilfestellung im Alltag, einem *inneren* Ja.

Erwartungen und Annahmen. Beide können nur enttäuscht werden. Beide verhindern, dass das eintreten kann, was in Wahrheit *vollkommen* ist für alle Beteiligten. Oder wie es der Hauptdarsteller in einem meiner Lieblingsfilme, *Best Exotic Marigold Hotel*, sagt:

»Everything will be alright in the end. And if it's not alright, it's not yet the end.« Alles wird am Ende gut. Und wenn es noch nicht gut ist, dann ist es noch nicht das Ende.

Das Steuer in die Hand nehmen

Ich glaube, wir müssen einfach immer das Ergebnis loslassen«, sagte Verena neulich zu mir am Telefon und klang damit wie PI in *Schiffbruch mit Tiger*. Wir haben uns auf einem Kongress in der Nähe von Frankfurt kennengelernt. Da wir uns erst am Kongressende so richtig wahrgenommen haben, haben wir uns zum Telefonieren verabredet. Vom ersten Moment an herrscht großes Vertrauen zwischen uns. Sie erzählt mir, dass sie mit einem verheirateten Mann befreundet ist, der sich noch nicht klar dazu entschieden hat, seine Ehe zu beenden und mit ihr zusammen zu sein. Ich entdecke viele Parallelen zu meiner eigenen Geschichte. Manchmal, erzählt Verena weiter, fällt es ihr ganz leicht, das Ergebnis loszulassen, an anderen Tagen überhaupt nicht. Das kann ich so gut nachfühlen!

Und gerade in diesen Momenten und Beziehungssituationen, die noch ungeklärt sind, haben wir die große Chance zu wachsen. Vielleicht ist der Mensch, den wir lieben, noch an einen anderen Partner gebunden. Vielleicht wurde bei jemandem in unserem Umfeld eine Krankheit mit ungewissem Ausgang diagnostiziert. Vielleicht sind große räumliche Entfernungen zu überbrücken, oder andere Gründe geben uns das Gefühl, nicht zu wissen, ob und wie lange diese Liebe gelebt werden kann. Dann rufe dir in Erinnerung, dass deine Seele daran wachsen möchte. Dass es irgendetwas an dieser Situation gibt, das sie lernen möchte, etwas, das sie voranbringt. Auch wenn dieser Moment gerade sehr schmerzhaft ist und dich an alle deine Grenzen bringt.

»Aber ich will nicht immer wachsen. Ich will einfach mal glücklich sein!«, sagt vielleicht eine Stimme in dir.

Dann sei glücklich! Jetzt, in diesem Moment! Sei die Freude, egal, was gerade um dich herum passiert oder nicht passiert, *entscheide* dich für sie!

Sei die Freude. Ich meine es liebevoll. Ich habe selbst so lange gebraucht, um dorthin zu kommen. Doch genau darum geht es!

Stell dir vor, du gehst ins Kino und möchtest einen Film sehen. Neben dir steht ein Mann oder eine Frau, die dir schon in der Warteschlange an der Kasse den kompletten Film von Anfang bis Ende erzählen. Würdest du dann noch eine Karte kaufen? Wäre es dann noch der volle Genuss für dich?

Ist es nicht viel schöner, nur den Titel des Filmes zu kennen, die Hauptdarsteller, den Ort und den groben Rahmen – und sich dann auf zwei Stunden spannende Unterhaltung zu freuen?

Warum wollen wir immer unbedingt wissen, was morgen ist und übermorgen und überübermorgen? Weil es uns ein Gefühl von Sicherheit gibt, stimmt's? Das Gefühl der Sicherheit, dass wir dann wissen: a) wen wir lieben und wer uns zurückliebt, b) mit wem wir zusammenleben, eine Wohnung oder ein Haus mieten oder kaufen, c) wie viele Kinder wir haben, d) welchen Beruf wir ausüben und wie viel wir verdienen ... Und dann? Was hilft es uns, all das heute zu wissen? Und wenn es dann »morgen« ist und wir alles, was wir uns gewünscht haben, erreicht haben: Wer sagt uns, dass es »übermorgen« noch genauso ist?

Es gibt keine Sicherheit. Niemand gibt uns Sicherheit. Wir hätten immer so gern die Dinge unter Kontrolle, wir hätten gern das ganze Leben unter Kontrolle, die ganze Liebe! Dabei können wir gar nichts unter Kontrolle haben! Wir können nur darauf vertrauen, dass alles gut wird oder dass alles gut *bleibt.* Alles, was wir tun können, ist immer wieder loslassen, die Zügel locker lassen. Kontrolle funktioniert nicht, sie schwächt uns nur in den Momenten, in denen wir spüren, dass wir (wieder mal) nichts unter Kontrolle haben. Unser Leben ist eine einzige große Veränderung, und Kontrolle kommt darin einfach nicht vor. Wir können sie und die Illusion davon also getrost aufgeben.

Ich weiß, das sagt sich so leicht und das liest sich so leicht. Sätze wie »Das einzig Konstante im Leben ist der Wandel« brauchen ihre Zeit, bis wir sie wirklich verstehen, sie wirklich begreifen und die Bedeutung dahinter fühlen. Das ist ein großes Wegstück auf dieser Reise. Es ähnelt einer Bergwanderung. Und wie erfüllend, wenn wir endlich auf dem Gipfel angekommen sind, noch ganz atemlos, und dürfen für einen Moment verschnaufen, schauen ins Tal – und begreifen. Und wenn es nur für ein paar Sekunden oder Minuten ist.

Unsere einzige Sicherheit, wenn es überhaupt sinnvoll ist, dieses Wort zu benutzen, ist unsere Fähigkeit, *vertrauensvoll mit Veränderungen umzugehen.* Und zwar wirklich »voller« Vertrauen, dass was immer um mich herum geschieht, in Ordnung ist. Auch wenn sich mir das Verstehen dieser Ordnung in diesem Moment entzieht!

Es ist nicht wichtig, dass wir die Ordnung sofort erkennen. Aber es ist wichtig für unsere Herzensruhe, dass wir erkennen, dass es eine Ordnung gibt. Und dass wir den Fokus darauf legen, was bereits alles in Ordnung ist in unserem Leben. Dass wir leben. Dass wir atmen. Dass wir gewiss sein können, dass dieser Tag ein Ende hat wie jeder Tag zuvor. Dass der Schmerz ein Ende hat wie eine Welle, die sich bis zum Scheitelpunkt aufbäumt und dann wieder flacher wird. Dass es Nacht wird. Und dass nach dieser Nacht, egal wie viele Tränen kommen und egal, wie einsam wir uns fühlen, ein neuer Tag beginnt. Meine Freundin Sandra sagt immer: »Ich glaube fest daran, dass am Ende jedes Tunnels immer ein Licht steht.« Dieser Satz hat mir schon in vielen Situationen geholfen. Danke dafür!

Es geschieht das, was geschehen soll. Es geschieht das, was richtig ist für unseren Weg. Es geschieht das, woran wir am meisten lernen und reifen. Es geschieht das, womit wir letzten Endes am glücklichsten sind, auch wenn wir das in diesem einen Moment nicht glauben und fühlen können. Lass das Ergebnis los. Lass es einfach los. Entscheide dich dafür, es jetzt loszulassen, Schritt für Schritt.

Und hab bitte Geduld mit dir. Manche Dinge brauchen ihre Zeit. Vieles ist tief in uns verwurzelt. Jeden Tag darf ein Stückchen mehr gehen von den alten Gedanken, der alten Angst, dem alten Zweifel, der unser Herz eingeschnürt und am Atmen gehindert hat. Eines Tages ist es Zeit, dass all das gehen darf. In Liebe. In Geduld. Im Vertrauen. Vertrau dir selbst, dass dein Körper, dein Geist und dein Herz mit all dem umgehen können. Dass du stark genug und deinem Leben *gewachsen* bist. Du bist es. Lass dir von niemandem etwas anderes erzählen.

Lass die Erfahrungen der anderen bei den anderen. Es ist gut, wenn jemand positive und stärkende Erfahrungen mit dir teilt. Bei den anderen sage oder denke: »Danke, dass du es mit mir teilst. Das ist deine Geschichte. Ich erlebe meine eigene.« Nimm dein Herz und deine Gefühle in die Hand und sei der Steuermann oder die Steuerfrau. Kapitäne großer Schiffe haben ihre Ausbildung auch nicht an einem Tag gemacht. Und auch ein erfahrener Kapitän gerät mal in ein Unwetter oder sieht eine Monsterwelle auf sich zurasen, die ihn am ganzen Körper erzittern lässt.

Wie PI in *Schiffbruch mit Tiger* stehen wir manchmal auf unserm Boot, das schon lange kein Segel mehr besitzt und uns keinen Schutz bietet, kein Dach über dem Kopf. So hoch, so schwer und so grausam schlägt der Sturm manchmal die Wellen und die Wassermassen auf uns hernieder. Wir stehen da, halb verhungert, halb verdurstet ... und mit uns ein Tiger an Bord, der uns am liebsten fressen würde.

Achte an solchen Tagen besonders gut auf dich. Umgib dich mit ausgesuchten Menschen, die dir guttun, dich in deine Kraft bringen. Lies an solchen Tagen bewusst ausgewählte Texte. Höre an solchen Tagen bewusst ausgewählte Musik. Medien haben Wirkung. Worte haben Wirkung. Musik hat Wirkung. Doch nicht immer hat das, von dem wir uns »berieseln« lassen, eine stärkende Wirkung auf uns. Ich stelle fest, dass gerade Liebeslieder meine Stimmung und mein Vertrauen massiv beeinflussen können – unabhängig von dem, was tatsächlich zwischen mir und meinem Partner geschehen ist!

Höre genau hin, wenn du Musik hörst, wenn du den »einen« Song in Dauer-Repeat-Schleife wieder und wieder anschaltest, hör hin und spür hin, ob er dir wirklich guttut. Ob er dich frei macht und leicht und heiter, ob er dich ins Vertrauen bringt, in die tiefe innere Ruhe, dass alles gut ist, wie es ist, oder ob er es nicht tut. Ob er dich stattdessen traurig, schwer und voller Zweifel werden lässt. Ob er dein Herz eher noch mehr zerreißt oder ob er es ein Stück heiler macht und wie ein himmlisches Pflaster wirkt.

Ich stelle fest, dass es ganz wenige Lieder gibt, die das erfüllen können. Und manchmal schalte ich das Radio bewusst ab, so sehr ich Musik liebe, weil es meine Stimmung in eine Richtung bringt, die mir nicht guttut.

Achte gut auf dich. Sei wachsam, womit du dich umgibst. Sei sorgsam in der Auswahl der Menschen, mit denen du über dich und deine Liebe sprichst. Wer hat welche Erfahrungen gemacht? Vergleiche nicht. Keine Liebesgeschichte ist wie die andere. Keine Zwillinge haben den gleichen Lebenslauf, obwohl sie dem gleichen Mutterleib entstammen und die ersten Jahre im gleichen Umfeld verbringen!

Lass dir nicht sagen, was *nicht* funktioniert. Suche dir die Geschichten und Vorbilder, die funktionieren, die es *geschafft* haben. Es mögen wenige sein, vielleicht nur einer auf der Welt. Doch wenn dieser Mensch oder dieses Paar es geschafft hat, dann kannst es auch du, dann könnt es auch ihr!

Achte auf deine Gedanken. Entwickle einen inneren Sensor, ein Feingespür dafür, wann die schweren und dunklen Gedanken kommen. Nimm sie wahr. Verurteile dich nicht dafür. Sie dürfen kommen. Nimm sie wahr und lass sie wieder gehen, lass sie weiterziehen, durch dich hindurchziehen, so wie Wolken am Himmel. Gib ihnen keinen Landeplatz!

Wenn du es nicht aus eigener Kraft schaffst, sie weiterziehen zu lassen, lass dir helfen. Bitte andere Menschen, dass sie dich unterstützen. Bitte die Engel, diese Ängste und Zweifel und die Dunkelheit und Schwere von dir zu nehmen, sie abzusaugen wie mit einem großen Sauger. Spüre die Erleichterung, wenn diese Gefühle deinen Körper und dein Herz verlassen. Und dann lass dich mit reinem Vertrauen auffüllen. Vielleicht golden und warm wie Honig? Urvertrauen, so sagte man mir, hat die Farbe Orange. Magst du orange?

Ich vertraue darauf, dass die Liebe in dein Leben kommt, wenn sie nicht schon da ist. Ich vertraue darauf, dass du die Erfahrung der Liebe bereits gemacht hast oder noch machen wirst. Du bist liebenswert. Du bist es wert, so geliebt zu werden, wie du bist. Dein ganzes Sein ist ein einziger Grund, dass sich eine andere Seele zu dir hingezogen, von dir angezogen fühlt und gemeinsam mit dir wachsen, lachen, liebevolle Zärtlichkeit und Leidenschaft mit dir erleben will. Vertraue darauf, dass du nur deinen Teil beizutragen brauchst: Dich selbst zu lieben, dein Herz weit aufzumachen und das Ende offen zu lassen. Der Rest passiert auf höheren Ebenen.

Deine Seele lächelt gerade bei dem Gedanken, kannst du es spüren?

Der kleine Unterschied

Du hast es geschafft. Du liebst dich selbst. Du hast einen Partner, der dich liebt. Du denkst, jetzt ist alles in Ordnung. Da stellst du fest: Es gibt da noch einen klitzekleinen Unterschied.

Männer sind nicht wie Frauen. Frauen sind nicht wie Männer. Beide erleben die Liebe unterschiedlich! Du hast das sicher auch schon erlebt. Zum Thema Mann-Frau-Beziehung gibt es sehr viel zu sagen. Mir sind heute zwei Punkte wichtig, die ich in den letzten Jahren erfahren habe:

Männer zeigen ihre Liebe durch das Tun.
Frauen zeigen ihre Liebe durch Worte.

Männer erfahren die Liebe durch das Getrenntsein.
Frauen erfahren die Liebe im Zusammensein.

Das ist natürlich stark vereinfacht, es gibt, wie immer, Mischformen, und nicht jeden Tag verhalten wir uns so wie am Tag zuvor. Dennoch zeigen diese beiden Prinzipien gut den Unterschied im männlichen und im weiblichen Denken und Handeln. Wie äußern sich die beiden?

Vielleicht kennst du das Gefühl als Frau, dass dein Partner dir schon lange nicht mehr gesagt hat, dass er dich liebt oder wie sehr er dich schätzt. Ich habe meinen Partner früher regelmäßig gefragt: »Sind wir noch Liebende?« Und er schaute mich immer ganz überrascht an und sagte: »Natürlich, das weißt du doch!«

Ich wusste es nicht. Oder sagen wir so: Ich spürte es zwar, aber mir war die Bestätigung durch das gesprochene Wort wichtig. Er aber meinte dann oft: »Ich brauche es dir doch nicht zu sagen, ich *zeige* es dir doch!«

Das stimmte. Er tat jeden Tag, was er konnte, gab sein Bestes, beruflich und privat, um uns das Leben zu ermöglichen, das wir führten, um ein guter Vater zu sein und um mir zu ermöglichen, mein Unternehmen aufzubauen und weiterzuführen, als unsere Kinder kamen. Er zeigte es mir, jeden Tag. Doch ich wollte auch die Worte hören!

Auch mein neuer Partner sagt ganz offen, dass er Worte nicht so sehr braucht, um Gefühle auszudrücken. Seitdem denke ich: Ob wir die Liebe in Worten oder Taten ausdrücken, ist letztlich egal. Die Liebe fehlt nicht, nur weil sie nicht ausgesprochen wird. Das war für mich ein ganz wichtiger Punkt der Erkenntnis. Vielleicht war ich deshalb so empfindsam auf diesem Gebiet, weil ich als Autorin jeden Tag intensiv mit dem Wort arbeite und Sprache für mich eine große Bedeutung hat.

Es ist eine Sache der *Wahrnehmung* – und ja, es ist auch eine Sache des Vertrauens: Vertraue ich darauf, dass der andere mich liebt, auch wenn er es mal ein paar Tage oder Wochen nicht sagt? Vertraue ich darauf, dass die Liebe trotzdem noch da ist?

Und was hat es mit dem Getrenntsein und der Gemeinsamkeit auf sich? Eine Psychologin sagte mir einmal: »Frauen fühlen die Liebe, wenn sie mit einem Mann *zusammen* sind. Männer fühlen die Liebe, wenn sie von der Frau *getrennt* sind.«

Sie meinte damit: Männer spüren erst, was ihnen fehlt und wie sehr sie die Frau lieben, wenn sie nicht da ist. Das kann ich bestätigen.

Zum kleinen Unterschied kommt hinzu, dass jeder auch noch sein eigenes Leben hat bzw. haben sollte. Männer (zumindest die, die ich kenne) wollen ab und zu einfach mal unter Männern sein. So wie Frauen ab und zu einfach mal unter Frauen sein wollen. Ein Freund erzählte mir, dass sich sein Sohn im Moment vehement gegen eine Beziehung wehrt. Der Sohn ist Anfang Zwanzig. Er hatte eine sehr nette Freundin, als er 17 war. Doch eines Tages fing diese Frau an zu klammern und ließ ihn nichts mehr mit seinen Freunden unternehmen. Das machte ihn ganz verzweifelt, denn wo er ging und stand, wollte dieses Mädchen dabei sein. Er konnte nicht mal mehr mit seinem besten Freund und seinem Vater ein Bier trinken oder eine Runde Kartenspielen gehen – die junge Frau ließ ihn nicht los. Seitdem hat er keine Beziehung mehr gehabt. Denn was er erlebt hat, bestätigt sich in seinem Freundeskreis jeden Tag: Auch seine Altersgenossen haben Freundinnen, die nicht loslassen können und die ihren Jungs die Hölle heiß machen, wann immer sie den Versuch starten, ein Stück eigenes Leben zu leben, und sei es nur für ein paar Stunden.

Wovon zeugt das? Was tun diese Mädchen (und natürlich gibt es auch Jungen, Frauen und Männer, die so denken und handeln)? Von wem haben sie dieses Verhalten »gelernt«? Wer hat ihnen diese Art zu denken und zu handeln vorgelebt?

Dahinter stecken sicher auch Ängste. Und dahinter steckt das Gefühl, nicht vollständig zu sein, über das wir ja schon sprachen. Sein eigenes Leben und Sein nicht als vollwertig wahrzunehmen, wenn wir ohne den anderen sind.

Wir alle tun gut daran, unser eigenes Leben zu leben. Uns unsere Räume zu schaffen (Hobbys, Interessen, Freundeskreise). Und uns, wenn wir gerade nicht mit dem Menschen unseres Herzens zusammen sind, in diesen Räumen aufzuhalten und uns darin wohl und sicher zu fühlen – ohne permanent an den anderen zu denken und wie schön es wäre, wenn er jetzt hier wäre!

Wie viel schöner ist es, wenn man nach einer Weile wieder zusammenkommt und sich ganz viel Neues und Erlebtes erzählen kann, etwas miteinander teilen kann!

Das wünschen wir uns doch auch von unserem Partner: Dass er ein eigenes Leben hat, in dem er ohne uns existiert und etwas erlebt, von dem er uns dann berichtet, oder?

Lernen wir die Gemeinsamkeiten zu schätzen, die es in einer Paarbeziehung neben den Unterschieden natürlich auch gibt. Und nehmen wir die Unterschiede als das an, was sie sind – spannende Erfahrungen, an denen wir wachsen. Wir werden nie sein wie der andere – und der andere wird nie sein wie wir. Wir sind und bleiben zwei ganz verschiedene Menschen, zwei Seelen, die hier auf der Erde ihre Erfahrungen machen. Je eher wir dies akzeptieren, umso freier und liebevoller kann unser Umgang miteinander sein.

Hermann Hesse sagt:

> *»Es ist nicht unsere Aufgabe, einander näher zu kommen, so wenig wie Sonne und Mond zueinanderkommen oder Meer und Land. Unser Ziel ist es, einander zu erkennen und einer im anderen das zu sehen und ehren zu lernen, was er ist: des anderen Gegenstück und Ergänzung.«*

Macht das nicht alles viel einfacher?

An die Liebe glauben

Nicht jede große Liebe hat auch ein Happy End«, singt Reinhard Mey in einem Song.

Nicht immer *erkennt* eine andere Seele uns und die Chance auf das Leben, das sie mit uns führen könnte. Nicht immer ist der von uns geliebte Mensch bereit, sich weiterzuentwickeln oder die nötigen Veränderungen vorzunehmen. Nicht immer löst sich ein Mann oder eine Frau aus einer bestehenden Partnerschaft, um die Liebe mit uns zu leben. Das sind Momente, die sehr, sehr schmerzhaft sind, wenn wir erkennen, dass der Weg zu Ende geht, sei es in einer bestehenden Partnerschaft oder in einer, die noch gar nicht gelebt werden durfte.

Ich habe über ein Jahr lang an die Liebe zwischen mir und Gordon geglaubt, und das, obwohl wir nie eine Beziehung hatten. Mein Wunsch hat sich nicht erfüllt. Und auch wenn der Schmerz inzwischen abgeklungen ist, gibt es einen Teil in mir, der denkt: »Ich hätte es gerne probiert. Ich hätte diese Liebe gerne gelebt.« Und das ist okay. Wir dürfen diesen Wunsch haben. Und er darf so stehen bleiben. Gleichzeitig ist es möglich, wie ich selbst erfahren habe, dass wir unser Herz bereit machen für eine neue, große Liebe zu einem anderen Menschen.

Die letzten Jahre haben mich mit ihren Abschieden und Ungewissheiten sehr gefordert und an meine Grenzen gebracht. Auch in Bezug auf die neue Partnerschaft war ich mir lange nicht sicher, wie alles werden würde. Und doch habe ich immer an die Liebe geglaubt. Zum Glück, denn sonst hätte ich sicher das eine oder andere Mal das Handtuch geworfen und wäre an mir und der Welt verzweifelt. Alles, was ich hatte, waren mein Glauben und mein Vertrauen, dass ich auf dem richtigen Weg war. Dass mein Herz die richtigen Entscheidungen traf. Dass dieser Schritt, der sich noch so unsicher anfühlte, nur ein weiterer Schritt war, hin zu etwas Größerem, Leichterem, Lichtvollerem.

Dieses Leichte und Lichtvolle war lange nicht in Sicht. Manchmal schien mir alles übermächtig und unmenschlich, wenn die Kräfte aufgebraucht waren, die körperlichen und die im Herzen. Dann flüsterte ich mir selbst zu: Bleib, bleib. Alles ist gut. Bleib auf deinem Weg!

Meine Reise hat sich gelohnt. Ich bin ein großes Stück gewachsen in den letzten Jahren. Wenn es einen Zollstock für die Seele gäbe, wären es sicherlich einige Seelen-Meter.

Ich möchte dir Mut machen. Ich möchte dir Mut machen, an die Liebe zu glauben, wo immer du gerade stehst. Ich möchte dir Mut machen, hinzuschauen: Worum geht es gerade, in meiner Partnerschaft und bei mir selbst? Geht es um das Bleiben oder um das Gehen? Geht es um eine Veränderung, und wenn ja, wie soll sie aussehen, damit alle wieder in der Liebe sind und nicht im Leid? Schau tief in dein Herz. Es weiß alle Antworten. Auch wenn der Verstand meckert und ungeduldig ist und herumhüpft wie Rumpelstilzchen. Dein Herz und deine Seele wissen, dass hier und heute alles in Ordnung ist, wie es ist. Dass der Schmerz und die Enttäuschung darüber, dass die Dinge vielleicht noch nicht so sind, wie du sie gern hättest, nur *ein* Schritt auf deinem Weg zum Ziel sind – sie sind nicht das Ziel! Und dass sie, aus einem anderen Blickwinkel betrachtet, auch eine gute Seite haben können:

Sie sind ein Zeichen dafür, dass du den Glauben an die Liebe noch nicht verloren hast. Tief in deinem Inneren weißt du, wie sich die wahre Liebe anfühlt, und glaubst ganz fest daran. Wenn du es nicht tun würdest, würdest du gleichgültig und abgestumpft reagieren, oder?

Ich möchte dich ermutigen: Liebe weiter heiß und innig! Werde der Mensch, den du heiß und innig lieben würdest! Werde der Mann und die Frau, die du gerne zum Partner hättest. Und bleib in der Liebe, egal, was passiert. Die Liebe war immer in deinem Leben. Und sie wird immer da sein. Schalte den Kanal ein, lass ihre Schwingung in dein Leben kommen. Lass sie fließen, fließen, fließen, dorthin, wo sie es will, dorthin, wo du von Anbeginn deiner Tage sein wolltest. Welcome home, willkommen zu Hause!

Kinder, Kinder! Eltern, Eltern!

Ich möchte hier, am Ende dieses ersten Teils des Buches, noch kurz auf die Liebe zu unseren Kindern und zu unseren Eltern zu sprechen kommen. Das ist ein großes Thema, und ich gebe dir heute ein paar Impulse im vollen Vertrauen, dass du das, was ich auf den vorigen Seiten über die Paarbeziehung gesagt habe, selbstständig auf deine Kinder und Eltern übertragen kannst.

In einem Blog-Artikel über Trauerbegleitung hat eine Mutter einmal den schönen Satz geschrieben: »Wir Eltern sind nur die Startbahn, damit unsere Kinder fliegen lernen.« Was für ein schönes Bild! Es spricht mir aus der Seele.

Wir halten den Rahmen für unsere Kinder, sichern den Alltag, sorgen für ihre Nahrung, Kleidung und ihren Schutz. Sie lernen laufen – ganz allein. Sie lernen essen und verdauen – ganz allein. Sie lernen sprechen – ganz allein. Sie sind so großartig, neugierig, wissbegierig und können so viel, ganz ohne uns!

Ich habe einen Wunsch und ein Ziel für mich als Mutter: Meine Kinder das Vertrauen spüren zu lassen, das ich in sie habe, in ihren Weg. Wie auch immer dieser Weg aussieht. Ich werde sie so lieben und annehmen, wie sie sind. Wie auch immer sie sich entscheiden, für welchen Partner, für welchen Beruf, für welchen Wohnort auf dieser Welt. Ich habe sie mal abends beim Schlafengehen gefragt: »Wisst ihr eigentlich, dass ihr meine Schätze seid?«

Johannes, damals sechseinhalb, sagte leicht gelangweilt: »Klar, das wissen wir doch schon, seit wir auf der Welt sind!« Und Nike, gerade fünf geworden, bekräftigte: »Das wissen wir schon, seit wir in deinem *Bauch* waren!«

Das hat mich beruhigt. Ich bin eine Mutter, die sich dazu entschieden hat, eine *working mum* zu sein, eine Mutter, die das Leben mit Kindern und einem Beruf, in meinem Fall meiner Berufung, verbindet. Und die natürlich auch die Liebe leben will. Das alles unter einen Hut zu bekommen in den letzten Jahren war nicht immer einfach. Meine Tage waren lang, die Nächte kurz. Ich war oft an den Grenzen meiner Kraft. Dennoch denke ich, wenn ich zurückschaue, dass ich mein Bestes gegeben habe. Dass meine Kinder wohlgeraten sind, dass mein Unternehmen einen guten Stand hat. Und dass ich eine erfüllte Partnerschaft lebe, eine reine, bedingungslose Liebe.

Auch in das Leben meines Mannes hat eine neue Liebe gefunden, die ich ihm von Herzen gewünscht habe. Unsere Kinder erleben etwas, das bislang noch selten gelebt wird: Vater und Mutter unter einem Dach, beide mit neuen Partnern. Manche halten das für unmöglich, doch wir zeigen, dass es möglich ist. Viele Menschen, die uns kennen, bringen uns großen Respekt für diese Lebensart entgegen. Und letztendlich ist es ganz egal, was andere denken und sagen: *Wir* empfinden es derzeit als die optimale Lösung. Wie lange wir so leben werden? Ich weiß es nicht. Die Veränderungen werden dann kommen, wenn sie an der Zeit sind.

Lisa, eine der Rednerinnen auf der Konferenz in Los Angeles, sagte damals: »Unsere Familie hat sich verdoppelt.« Sie erzählte uns davon, dass sich ihr Mann von ihr getrennt hatte, als sie beruflich auf dem Höhepunkt ihrer Karriere war. Als sie eines Tages von einer Vortragstour zurückkam, war er ausgezogen. Obwohl sie sich räumlich trennten, blieben sie eine Familie. »Wir sind eine Familie unter zwei Dächern.« Nie hätte ich gedacht, dass ihre Worte für mich einmal so wichtig werden könnten. Danke, Lisa!

Unsere Familie ist größer geworden, so sehe ich es auch. Und sie wächst immer weiter. Neue Partner haben eigene Kinder, eigene Familien, einen eigenen Freundeskreis. Alles darf zusammenwachsen mit der Zeit, was zusammenwachsen möchte. Alles darf sich verändern.

Ich kenne Menschen, die sind trotz ernsthafter Ehekrise zusammengeblieben – wegen der Kinder. Ich akzeptiere solche Entscheidungen. Ich könnte so nicht leben. Welches Vorbild liefern wir ihnen damit? Ich glaube, dass Kinder spüren, was zwischen Eltern läuft (oder nicht mehr läuft). Ihre Antennen sind so fein, wie es die sensibelsten Seismografen nicht sein könnten. Ich wollte meinen Kindern nie etwas vorspielen. Mein Wunsch ist es, ihnen zu zeigen, dass es nicht darauf ankommt, dass das Leben möglichst konstant läuft, sondern wie man auf Veränderungen reagiert. Wie wichtig unsere geistige, körperliche und emotionale Wendigkeit ist. Ich denke, dass dies Eigenschaften sind, die sie nicht nur in ihren Beziehungen, sondern auch in ihrem Berufsleben brauchen. Wir Erwachsenen brauchen sie heute schon!

Unsere Berufsbilder und Tätigkeitsbereiche ändern sich so schnell, wir werden technologisch immer flexibler, unsere Denk- und Arbeitsweisen werden immer globaler … An früheren Modellen starr festzuhalten kann sich kaum noch jemand leisten. Gleichzeitig haben wir viel mehr Freiheiten als früher, viel mehr Möglichkeiten. Das ist es, was ich meinen Kindern gerne zeigen und beibringen möchte, diesen Blick auf die unendlichen Möglichkeiten. Und das Vertrauen, dass darunter genau die Möglichkeiten sein werden, die für sie passen.

Wenn ich mit Müttern spreche, die Angst um die Zukunft ihrer Kinder haben, dann sage ich: »Ich habe keine Angst. Ich bin fest davon überzeugt, dass unsere Kinder ihren Platz finden.« Wenn sie Umwege machen – was soll's? Ich habe auch Umwege gemacht und erfinde mich noch heute immer wieder neu! Ich habe das Vertrauen, dass meine Kinder über alles verfügen, was sie im Leben brauchen. Sie sind gesund, sie haben einen wachen Geist, sie sind mit ihren Händen geschickt. Und sie haben Humor. Es wird sich die richtige Schulform für beide finden, und wenn wir dafür woanders hinziehen oder ich sie persönlich jeden Tag dorthin fahre. Und es wird sich der richtige Beruf für sie finden. Ich bin im vollen Vertrauen, dass sie sich selbst versorgen können – dass sie eines Tages von der Startbahn abheben und fliegen.

Was die Liebe und das Vertrauen zwischen Eltern und Kindern angeht, gelten die gleichen Prinzipien, die ich in diesem Buchteil in Bezug auf die Paar-Beziehung dargestellt habe:

- Gut für uns als Eltern zu sorgen, als Mutter und Vater. Wir wollen unseren Kindern später nicht vorwerfen, was wir ihretwegen alles versäumt haben, oder?
- Uns selbst so anzunehmen, wie wir sind, auch wenn wir mal nicht die vollkommene Mutter, der vollkommene Vater sind. Wir tun unser Bestes, jeden Tag.
- Unsere Kinder so anzunehmen, wie sie sind. Auch sie tun ihr Bestes, jeden Tag.
- Uns und unseren Kindern zu vergeben und den heiligen Raum sauber zu halten.
- Loszulassen. Jeden Tag, mit jedem Schritt, den die Kinder größer und reifer werden, mit jeder neuen Fähigkeit, die sie erlernen und die sie vorbereitet auf ihr eigenes Leben. Wie dieses Leben einmal im Detail aussieht, darf offen bleiben.

Was passiert, wenn wir in der Angst bleiben? Wir blockieren unsere Kinder damit, wir lähmen sie richtiggehend! Unsere Gedanken wirken nicht nur auf unser Leben – sie wirken auch auf das derjenigen, die uns umgeben!

Wie sehr quälen wir unsere Kinder und uns selbst, weil wir uns für sie einen guten Schulabschluss erhoffen, ein sensationelles Studium, eine steile Karriere? Was tun wir ihnen an, nur damit *unsere* Angst aufhört?

Niemand kann uns unsere Angst nehmen. Das können nur wir selbst. So wie wir die Angst in uns erschaffen haben, so können wir sie auch wieder auflösen oder Schritt für Schritt umwandeln in Vertrauen. Ich habe dir in der Übung zum Ängste-Auflösen gezeigt, wie es geht. Wandle deine Angst um in die tiefe Ruhe und Zuversicht, dass wir alle beschützt sind und getragen vom Leben. Dass sich Türen zur rechten Zeit öffnen. Dass sich Menschen finden, die zusammen großartige Ideen, Produkte und Unternehmen schaffen – und das ganz unabhängig von einem Schulabschluss oder Bildung!

Alles, was wir tun können, ist, in unsere eigene Kraft zu kommen und unseren Kindern helfen, in ihre Kraft zu kommen. Uns alle mit der Kraft zu verbinden, die uns in dieses Leben gerufen hat. Die schon im Mutterleib ganz genau wusste, welches Ohr an welche Seite unseres Kopfes musste, wie viele Augen und Nasenlöcher wir haben und wie diese Augen und Nasenlöcher aussehen sollten. Die Kraft, die uns hat wachsen lassen, bis wir reif waren, in die Welt zu kommen (nicht, weil ein Computerprogramm unseren »Geburtstermin« berechnet hatte, sondern weil wir wussten, wann der richtige Tag sein würde). Die Kraft, die uns gelehrt hat, Hunger zu empfinden, Durst und das Bedürfnis nach Streicheleinheiten. Die Kraft, die uns geholfen hat, den Kopf zu heben, uns an einem Stuhlbein hochzuziehen und schließlich frei zu stehen, strahlend über unseren Erfolg. Die Kraft, die uns das Laufen beigebracht hat, das Fahrradfahren, das Schwimmen, das Begreifen und Einsetzen von Zahlen und Buchstaben. Die Kraft, die uns vorantreibt, jeden Tag. Das LEBEN. Das Leben selbst.

Unsere Kinder haben uns als Eltern ausgesucht, weil sie von uns lernen wollen. Und wir haben uns unsere Kinder ausgesucht, weil wir von ihnen lernen wollen. Daran glaube ich, und daran denke ich, gerade in Momenten, die herausfordernd sind. Was habe ich meinen Kindern zu geben? Warum könnten sie darauf Lust gehabt haben, mich als Mutter zu wählen? Was kann ich von ihnen lernen?

Sylvia Grotsch, eine bekannte Psychologin und Astrologin aus Berlin, erstellt Geburtshoroskope für Kinder (übrigens auch Partnerschaftshoroskope für Paare und vieles Wertvolle mehr). Ich fand es inspirierend und beruhigend zu hören, welche interessanten »Seelchen« da unter unserem Dach zusammengefunden haben! Und dieser Satz mit der bewussten Wahl hat auch meinen Blick auf meine eigene Kindheit und meine eigenen Eltern vor langer Zeit ruhig werden lassen. Meine eigenen Eltern wurden beide schwer krank, als ich 12 Jahre alt war. (Was ist eigentlich krank? Dazu kommen wir in Teil drei des Buches.)

Ich habe mich oft gefragt, warum mein Leben als Kind und als Jugendliche so verlief und nicht anders. Ich war liebevoll behütet, keine Frage, und war immer mit allem versorgt, was ich brauchte, wofür meine Eltern und später meine Großeltern, Tanten und Onkel tatkräftig gesorgt haben. Auch dafür bin ich sehr dankbar. Dennoch fragt man sich als Teenager, warum die Dinge so sind, wie sie sind. Und im Rückblick hat man die Wahl, in die Anklagebank zu gehen und zu fragen: »Warum ist das alles passiert? Warum wart ihr nicht da, als ...?« Oder man kann fragen: »Was habe ich daraus gelernt? Welche Fähigkeiten habe ich mir genau dadurch erworben?«

Und wenn ich so liebevoll zurückschaue, kann ich sagen: Ich habe schon als Teenager gewusst, wie man einen Haushalt führt. Ich habe schon in ganz jungen Jahren mit Behörden und Ärzten telefoniert. Mit dem Resultat, dass ich später, als mein Studium begann, selbstbewusst und organisiert war. Mein Alltag lief in geordneten Bahnen – auch ohne die Anwesenheit (oder die Kreditkarte) von Mami oder Papi.

Damit wir uns richtig verstehen: Ich gönne es jedem von Herzen, der in anderen Umständen aufwächst. Wir alle treffen unsere Wahl, und jede Wahl ist für jeden von uns genau richtig. In einer Meditation bekam ich einmal eine sehr schöne Antwort auf die Frage, warum meine Eltern und ich die Zeit meiner Kindheit so erlebten, wie wir sie erlebten. Die Antwort, die ich erhielt, lautete:

»Wir wollten, dass du in deine eigene Stärke kommst.«

Ist das wunderbar? Ich finde es wunderbar. Mir liefen die Tränen die Wangen runter, als ich das hörte und die Liebe meiner beiden Eltern in dieser Begegnung spürte. Mein Vater ist vor einigen Jahren verstorben, doch unsere Verbindung steht.

Und damit schließt sich der Kreis zur Startbahn. Wir sind die Startbahn für unsere Kinder. Und wir selbst haben unsere Startbahn gehabt, die uns auf all das vorbereitet und mit genau den Dingen versorgt hat, die wir für unseren Weg brauchten und brauchen. Wir hatten und haben die vollkommenen Eltern für unseren Weg. Und wir haben – wenn wir selbst Eltern sind oder es werden wollen – die vollkommenen Kinder. Wie schwer oder leicht eine Lebensgeschichte auch verläuft: Wir sind immer am richtigen Ort und haben alles, was wir dafür brauchen. Alle Ängste, die wir diesbezüglich noch haben, dürfen wir jetzt auflösen.

Unser Kind ist schwer krank oder wird sterben? Unser Kind ist ein Ass in der Schule, möchte aber ein Jahr vor dem Abi alles hinschmeißen? Unser Kind ist »auf die schiefe Bahn« geraten? Das sind schwere Momente. Sie fordern unsere ganze Kraft und Aufmerksamkeit. Es sind genau diese Wachstumsstufen, die uns einen irrsinnigen Schmerz bereiten, sodass wir mehr als einmal am Tag verführt sind zu denken (oder tatsächlich denken): »Ich kann nicht mehr. Mehr geht nicht. Ich gebe auf!« Gerade die Themen, an denen wir am meisten wachsen, haben eine Intensität, die oft nicht zu überbieten ist. Alles, was wir in diesen Momenten haben oder auf jede nur erdenkliche Weise zusammenkratzen müssen, ist unser Vertrauen, dass auch diese Situation vorübergeht. Und dass am Ende dieses Tunnels, so lang er auch sein mag, ein Licht steht.

Was ich über die Liebe zu unseren Kindern schrieb, gilt natürlich auch für die Liebe zu unseren Eltern:

- Sie anzunehmen, wie sie sind.
- Davon auszugehen, dass sie immer ihr Bestes geben und gegeben haben, was ihnen möglich war. Im jeweiligen Moment.
- Loszulassen!
- Vergeben!

Ich glaube, dass sich auch zwischen Eltern und Kindern im Laufe der Jahre viel Unausgesprochenes und Unverziehenes ansammelt. Teils, weil man denkt, man kann nicht darüber sprechen. Teils, weil einem manche Dinge nicht bewusst sind. Vergebung ist unsere Medizin, die Heilung bringt und alle in eine neue Freiheit.

Neulich fand ich diesen Spruch: *»Es ist nie zu spät für eine glückliche Kindheit.«*

Schön, oder? Rücken wir all das in den Fokus, was gut war. Halten wir es in Ehren. Seien wir von Herzen dankbar.

Vertrauen wir, dass wir alle, als Paar und als ganzer Familienverbund, so zusammengehören und so gemeinsam wachsen, wie es für uns gut und richtig ist. Dass Wachstum immer auch Veränderungen mit sich bringt und dass es nur darauf ankommt, wie wir darauf reagieren. Mit *faith* oder mit *fear*, mit Vertrauen oder mit Angst.

Der Lauf der Sonne

Meine wunderbare, kluge Freundin Uli sagte bei einem unserer Gespräche auf ihrer Couch (die ich während der Geschichte mit Gordon mehrmals mit meinen Tränen ertränkt habe):

»Weißt du, wir kämen nie auf den Gedanken, den Lauf der Sonne beeinflussen zu wollen. Uns mittags hinzustellen, an der Sonne zu zerren und zu sagen: Los, werd jetzt endlich Abend! Aber in der Liebe tun wir das ständig. Ständig wollen wir irgendwas beeinflussen!«

Wie Recht sie hat. Danke, liebe Uli, für diesen Augenöffner und für so viele andere! Wie oft versuchen wir, die Liebe oder den geliebten Menschen zu manipulieren und die Dinge zu beschleunigen, damit sie endlich so sind, wie wir sie haben wollen. Dabei hat die Liebe ihren ganz eigenen Lauf. So wie die Sonne. Sie hat ihren eigenen, natürlichen Rhythmus, den sich kein Mensch ausgedacht hat. Wir können die Liebe nicht beeinflussen, wir dürfen es nicht. Die Liebe will immer fließen, wohin sie will. Dann ist sie wirklich frei und erreicht ihre volle Größe.

Wenn man es so betrachtet, ist die Liebe doch eigentlich ganz leicht: Wir öffnen unser Herz und lassen diese wundervolle Energie einfach fließen. Und sind innerlich ganz ruhig, weil wir wissen und darauf vertrauen, dass alles geschieht, was geschehen soll.

Susanne aus Berlin, die mir mit ihrer spirituellen Beratung bei vielen Fragestellungen geholfen hat, sagt: *»Wir können nicht ver-*

lieren, was zu uns gehört. Und wir können nicht versuchen zu halten, was nicht mehr zu uns gehört.«

Das gilt für alles im Leben: für unsere Liebsten, für unsere Kinder, unsere Eltern und, davon bin ich fest überzeugt, auch für berufliche Dinge. Dazu mehr im zweiten Teil des Buches.

In der Gewissheit, dass das, was zu uns gehört, bleiben wird, können wir uns entspannen und Atem holen. Von Tag zu Tag ruhiger werden, vertrauens*voller*. Die Liebe ist immer da. Und sie ist immer rein. Es ist nicht die Liebe, die uns wehtut. Es sind die Gedanken, die wir uns über sie machen. Die Liebe selbst ist immer da und immer ganz klar.

Wählen wir liebevolle Gedanken, werden wir jeden Tag ein bisschen besser darin, in der Liebe zu bleiben, was immer auch geschieht.

Auf meinem Schreibtisch liegt ein Kristall-Anhänger in Form eines Herzens. Er ist ganz durchsichtig. Manchmal, wenn mein Herz in Wallung gerät, nehme ich ihn in die Hand und erinnere mich daran, dass die Liebe immer transparent ist, durchsichtig wie ein Bergsee, durch den wir die Steine und Fische und Wasserpflanzen wahrnehmen können – und unser eigenes Spiegelbild. Die Liebe spiegelt uns immer selbst: Wo stehe ich in der Liebe, zu mir selbst und zu anderen? Wie reagiere ich auf die Liebe anderer, wie reagieren die anderen auf meine Liebe? Was denke ich über die Liebe? Bewerte ich immer noch, vielleicht ohne es zu bemerken? Was erwarte ich eigentlich von der Liebe, vom Leben? Kann ich diese Erwartungen loslassen? Was kann ich tun, um ab jetzt mehr Liebe zu fühlen, mich in den Strom der Liebe zu stellen, nur für mich selbst?

Meine Freundin Ulla erzählte mir, dass bei ihrer Scheidung die Richterin sagte:

»Sie dürfen sich jetzt selbst küssen. Sie dürfen sich jetzt in sich selbst verlieben!«

Ist das nicht großartig? Wir dürfen uns in uns selbst verlieben. Wir dürfen uns selbst küssen. Dazu müssen wir doch wohl nicht erst bis zu unserer Scheidung warten, oder?!

Es ist nie zu spät für eine glückliche Kindheit. Und es ist nie zu spät für die große Liebe. Zu dir selbst und zu anderen!

Verlieb dich und lass dich lieben. Bleib liebeshungrig auf all das Schöne und Wundervolle, das jeden Tag passieren kann. Zwei Augenpaare. Zwei Seelen, die sich erkennen und zuzwinkern … Ich weiß, dass du es erleben wirst. Wenn nicht in diesem, dann in vielen anderen Leben. Ich weiß es, und du weißt es auch, tief drinnen. Stimmt's?

Stärkende Gedanken

- Ich bin dankbar für die Liebe in meinem Leben.
- Jeder Partner, jede Partnerin auf meinem Weg war immer der vollkommene Begleiter für die jeweilige Zeit.
- Meine Liebe zu mir selbst fließt frei. Sie heilt alle meine Verletzungen aus Vergangenheit und Gegenwart.
- Ich bin in der Lage, alle Ängste aufzulösen, die ich jemals in Bezug auf mich und die Liebe hatte.
- Alles, was zu mir gehört, bleibt bei mir. Und alles, was nicht mehr zu mir gehört, darf jetzt gehen.
- Ich gehe meinen Weg voller Freude und Vertrauen. Ich bin die Freude! Ich bin das Vertrauen!
- Ich reinige den heiligen Raum zwischen mir und meinem geliebten Partner, meiner geliebten Partnerin.
- Ich nehme mich an, wie ich bin.
- Ich nehme meinen Partner, meine Partnerin an, wie er/sie ist. Ich weiß, dass wir beide unser Bestes geben.
- Ich lasse alle Erwartungen los. Auch die Erwartung, dass dieser Mann oder diese Frau mein Seelenpartner sein *muss*. Unsere Liebe darf sich in Freiheit entwickeln, wohin sie will. Und sie darf uns dorthin führen, wo wir beide hinwollen.

- Durch Vergebung heile ich alle Verletzungen, die ich mir selbst und anderen zugefügt habe. Und durch Vergebung heile ich alle Verletzungen, die andere mir zugefügt haben.
- Ich darf glücklich sein!
- Ich erlaube mir jetzt, die Liebe meines Lebens zu leben. Ich erlaube mir, so viele »Lieben« zu leben, wie ich es möchte!
- Ich vertraue darauf, dass ich die vollkommene Mutter, der vollkommene Vater für meine Kinder bin.
- Ich vertraue darauf, dass ich meine Kinder bewusst gewählt habe und sie mich bewusst gewählt haben, weil wir voneinander lernen.
- Ich vertraue darauf, dass meine Kinder genau den Weg gehen, den ihre Seelen gewählt haben.
- Ich vertraue darauf, dass der Weg meiner Eltern vollkommen ist, dass sie der vollkommene Vater und die vollkommene Mutter für mich waren und sind.
- Ich vertraue darauf, dass ich mich immer selbst mit genügend Liebe versorgen kann und die Liebe anderer Menschen einfach als Geschenk annehmen darf.
- Ich vertraue darauf, dass alles im Leben seine Zeit hat und dass ich Teil dieses ewigen, vollkommenen Rhythmus bin. So wie der Lauf der Sonne und des Meeres.
- Alles ist vollkommen. Ich bin vollkommen.
- Alles in meinem Leben ist Liebe.
- Ich bin Liebe!

Teil 2: Vertrauen in unseren Beruf und unseren Geldfluss

»Hören Sie auf, alles mit dem Verstand
lösen zu wollen.
Damit kommen Sie nicht weit.
Vertrauen Sie auf die Gesetze der Intuition
und Inspiration
und lassen Sie zu, dass Ihr gesamtes Leben
zum Abenteuer wird.«

Eileen Caddy (1917–2006)

Den Fuß in die Luft setzen

»Normal ist es, sich Klamotten anzuziehen, die du dir für die Arbeit kaufst, und durch den Verkehr zu fahren in einem Auto, das du immer noch abbezahlst – um zu dem Job zu kommen, den du brauchst, um die Klamotten und das Auto bezahlen zu können und das Haus, das den ganzen Tag leer steht, damit du es dir leisten kannst, darin zu leben.«

Dieses Zitat stammt im Original von Ellen Goodman, einer amerikanischen Journalistin und Kolumnistin, die 1980 den Pulitzer-Preis gewann. Ich habe es frei übersetzt.

Seine Aussage ist für viele Menschen Realität. Für dich auch? Hast du auch manchmal das Gefühl, dass du unverhältnismäßig viel arbeiten musst, um dann »gerade so« über die Runden zu kommen? Dass du den überwiegenden Teil des Monats dem Geld eher hinterherrennst, als dass es von selbst zu dir kommt und gerne bei dir bleibt?

Das Thema Geld beschäftigt viele Menschen und ist für viele eine ernste und »existenzielle« Angelegenheit. Ist das nicht merkwürdig? Es wurde doch erfunden mit dem Zweck, ein reines Tauschmittel zu sein, oder nicht? Es wurde eingeführt, damit man nicht mehr halbe Schweine oder ganze Kühe oder fünf Laibe Brot bzw. säckeweise Kartoffeln oder Mehl eintauschen musste. Leichter sollte er gehen, der Tausch von Waren und Dienstleistungen.

Heute könnte man meinen, dass unser ganzes Glück, unsere Zufriedenheit und unser Wohlbefinden davon abhängen – ja, oft auch unsere Beziehungen und unsere Gesundheit! Viele Partnerschaften werden nur aufrechterhalten, weil man finanziell voneinander abhängig ist. Auch Gesundheit bzw. Genesung sind ein wertvolles Gut geworden – immer weniger wird von den Krankenkassen übernommen. Überall in unserem Leben ist das Geld mit im Spiel. Ebenso mit von der Partie sind unsere Ängste rund ums Geld: Wenn ich keins habe – wird welches zu mir kommen? Wenn ich viel davon habe – wie kann ich es schützen, um zu verhindern, dass ich es wieder verliere?

Die Fragen ähneln interessanterweise denen, die wir uns rund um die Liebe stellen. Tatsächlich löst das Geld, das doch eigentlich reine Materie ist und nichts Menschliches an sich hat, sehr starke Emotionen bei uns aus: Glück, Trauer, Schmerz, Verlustängste, Wut, Zorn, Vergeltungssucht, Neid, Eifersucht …

Warum ist das so? Warum lassen wir das Geld dermaßen über unser Dasein bestimmen, geben ihm einen so großen Stellenwert, machen uns von ihm abhängig, lassen uns von ihm gängeln und in unseren Entscheidungen beeinflussen? Weil wir – wie in der Liebe – so oft nicht *vertrauen.*

Darauf vertrauen, dass wir immer mit allem versorgt sind, was wir brauchen. Darauf vertrauen, dass wir frei sind. Darauf vertrauen, dass wir es wert sind, dass wir das Geld oder den Erfolg *verdienen.* Darauf vertrauen, dass wir uns verändern dürfen, wenn uns das tägliche Tun nicht mehr erfüllt oder wir neue Ideen haben. Und darauf vertrauen, dass unser Einkommen uns erhalten bleibt oder zur rechten Zeit da ist, damit wir unsere Grundbedürfnisse stillen können: Nahrung, Kleidung, ein Dach über dem Kopf ... Jeden Tag geht es genau um dieses Vertrauen.

Wie stark ist dein Vertrauen in deine finanzielle Freiheit und den stetigen Geldfluss in deinem Leben?

Glaubst du, dass du frei bist und dass dir dein Geld durch einen erfüllenden Beruf oder aus anderen Quellen zufließt? Oder gehörst du zur Mehrheit derer, die sich unfrei fühlen? Denen sich beim Thema Geld der Hals zuschnürt? Die nicht wissen, wie sie über den Monat kommen sollen? Die sich übernommen haben mit dem Hausbau oder anderen Krediten? Die sich eigentlich gerne verändern möchten oder es einem Familienmitglied gerne erlauben würden, sich zu verändern, aber nicht wissen, wie sie das bezahlen sollen?

Wer von uns hat nicht schon oft einen Traum, einen Herzenswunsch auf die lange Bank geschoben oder ihn nie verwirklicht, weil er dachte, es sei nicht genug Geld dazu da? Kennst du jemanden, oder kennst du es von dir selbst? Ich kenne solche Momente, ich habe sie erlebt.

Der Text, den meine Freundin Alexandra schrieb, während ich an diesem Buch arbeitete, dreht sich genau um dieses Thema. Ich fand ihn so schön und so passend, dass ich sie gebeten habe, ihn mit ins Buch aufnehmen zu dürfen. Er bringt einige der großen Ängste auf den Punkt, die viele von uns von der Verwirklichung unserer Träume abhalten. Alexandra hat etwas vollbracht, das sich nur ganz wenige trauen: Sie hat den Fuß in die Luft gesetzt, wie es die Dichterin Hilde Domin (1909 – 2006) so schön gesagt hat: *»Ich setzte den Fuß in die Luft, und sie trug.«**

Die Luft, das ist das Ungewisse, die Zukunft, die wir nicht kennen, der Raum, der sich öffnet, wenn wir das Gewohnte verlassen. Alexandra hat erfahren, was in diesem Raum passiert:

Ich erinnere mich, wie die Schneeflocken auf meinem Gesicht mit meinen Tränen verschmolzen, und ich durch diesen salzigen Flockenschleier die Straßenbahn wieder und wieder an mir vorbeifahren sah. Ich stand nur da und konnte nicht einsteigen. Die Bahn würde mich in mein Fotostudio bringen, wo ich seit Jahren meiner Rente entgegenarbeitete. Ich hatte schon lange das Gefühl, dass wir kein »Paar« mehr waren, die Fotografie und ich. Immerhin hatte diese Liebe fast zwanzig Jahre gehalten. Irgendwann wurde jeder Arbeitstag zur Qual, und ich träumte davon, etwas völlig anderes zu machen.

Wie viele Menschen mit einem »normalen« Realitätssinn ignorierte ich das, was mein Herz und mein Bauch von mir wollten. Ich schenkte meinem Frust und meinen neuen Sehnsüchten keine Beachtung. Wenn ich mich doch einmal traute, darüber zu sprechen, hörte ich Sätze wie: »Du hast diesen Weg gewählt, jetzt musst du ihn auch zu Ende gehen«, oder: »Dein Gehalt ist voll in die Hausfinanzierung eingebunden. Du kannst doch jetzt nicht

* Hilde Domin hat es auch als Grabspruch für sich und ihren Mann gewählt: *»Wir setzten den Fuß in die Luft / und sie trug.«* Die beiden haben ihre letzte Ruhestätte auf dem Heidelberger Bergfriedhof.

einfach aufhören!« Ich sollte also in meiner gewohnten Bahn bleiben. Was aber, wenn unser Leben plötzlich so nicht mehr funktioniert? Wir aus der sprichwörtlichen Bahn herauskatapultiert werden?

Ich wäre niemals ausgebrochen, wenn mir Christine nicht eines Tages dieses wundervolle Zitat aus einem Gedicht geschrieben hätte: »Ich setzte den Fuß in die Luft, und sie trug.« Ich habe erst nicht begriffen, was sie damit meinte. Den Fuß in die Luft setzen und hoffen, dass sie hält?

Ich sollte aus meinem bisherigen Leben springen, ohne Netz und doppelten Boden?

Einfach in ein anderes Leben, ohne zu wissen, was morgen ist?

»Bleib im Urvertrauen, dass alles an seinen Platz fällt. Deine Welt sorgt für dich«, hat sie damals zu mir gesagt. Das Wort »Urvertrauen« hat etwas mit mir gemacht. Ich erinnerte mich an ein Gefühl. Ein sehr frühes Gefühl. Als Kind hatte ich dieses Urvertrauen, dass alles wieder gut werden würde, egal wie traurig ich war. Ich musste nur fest daran glauben, und das Problem würde sich auflösen wie Zuckerwatte in heißem Wasser. Ich habe niemals nach dem Wie gefragt. Das Wie kam von selbst und mein kindliches Vertrauen war unerschütterlich. Irgendwann auf dem langen Weg zum Erwachsensein ist es mir abhandengekommen. Aber die Erinnerung an dieses fast vergessene kindliche Vertrauen machte mir Mut.

Ich bin gesprungen, ohne Netz und doppelten Boden. Die Landung war weicher, als ich gedacht hatte. Mein Urvertrauen hat mich nicht im Stich gelassen. Ich habe meinem einst geliebten Beruf »Adieu« gesagt. Ich wollte schreiben und Bücher vorlesen.

Ich lernte während der Sprecherausbildung und den Schreibseminaren Menschen kennen, die mein Leben bereichert haben und von denen mich manche immer noch begleiten. Wo immer ich in den letzten Jahren hingekommen bin, ich habe mich niemals fehl am Platz gefühlt. Alles ist gut, ich habe mein altes Leben losgelassen. Ich bin dankbar für jeden Tag, an dem ich vorankomme. In kleinen Schritten meinen Träumen entgegen.
Ich habe eine Postkarte an meiner Pinnwand. Darauf steht: »Aus Sehnsucht wird Mut geboren. Ohne Sehnsucht machen wir uns nicht auf den Weg.« Mut und Urvertrauen gehen seitdem Hand in Hand mit mir durchs Leben. Sie sind der Boden, auf dem ich aufkomme.
Die Menschen in meiner Umgebung sagen oft zu mir, dass ich mich verändert habe. Ich sei »ganz in meiner Mitte«.
Vor allem habe ich wieder gelernt, dem Leben zu vertrauen. Geholfen hat mir die Freundin und Autorin, die endlich ein Buch über dieses wichtige Thema »Urvertrauen« geschrieben hat. Sie hat es vorgelebt und weiß, worüber sie schreibt. Ich werde dieses Buch verschenken, wenn ich Menschen treffe, von denen ich glaube, sie könnten dieses Urvertrauen so gut gebrauchen wie ich damals, als ich die Füße in die Luft setzte und nicht in den Abgrund fiel.

Alexandra Link im Januar 2014

Danke, liebe Freundin, für diesen Text, der mich, als ich ihn zum ersten Mal las, so berührt hat, dass mir die Tränen über die Wangen liefen. Sie liefen und liefen, weil du genau das beschreibst, was so viele von uns jeden Tag beschäftigt: die Angst um unsere Existenz, gepaart mit der tiefen Sehnsucht, einfach nur wir selbst zu sein. Danke, liebe Alexandra, für dein Vertrauen in mich und meine Worte! Danke, dass ich an deiner Seite sein und deinen Weg begleiten darf, so wie du an meiner Seite bist und meinen Weg begleitest!

Alexandra hat das Extrem gewählt und den freien Fall gewagt. Aus der Geschäftsführer-Position eines Fotostudios, das sie selbst mit gegründet hatte, ins »zunächst Nichts«. Es müssen nicht immer diese Extreme sein. Auch andere Alltagssituationen im Büro oder rund ums Geld fordern unser Vertrauen, in der Selbstständigkeit wie im Angestellten-Dasein. Zu oft haben wir Angst vor der »Luft«, die uns umgibt, in die wir uns nicht trauen, einfach den Fuß hineinzusetzen. Wollen wir es auf den folgenden Seiten vielleicht einfach mal in Gedanken versuchen?

Danke, Kunden, dass ihr meine Rechnungen nicht bezahlt!

Zu jedem Buch gibt es einen Ursprungsmoment. Der Ursprungsmoment zu diesem Buch ereignete sich in Santa Monica vor ein paar Jahren. Es war an einem Freitagmorgen im Juli, ich saß im Schlafanzug auf meinem Bett und schaute auf den Ozean und den Strand, den die Morgensonne rosa eingefärbt hatte. In einer Stunde würde der Sand goldgelb sein. Ich war eine Woche zuvor in Los Angeles gelandet und genoss den freien Blick bis zum Horizont.

In den Monaten zuvor hatte ich sehr viel gearbeitet, meine Kunden glücklich gemacht, alle Projekte sorgfältig abgeschlossen, alles Private geregelt und freute mich sehr, wieder hier zu sein in der Sonne, in meiner Seelenheimat. In diesem Jahr und auch in den Jahren zuvor hatte ich große Ausgaben für unternehmerische Investitionen gehabt, die meinen Kontostand und meine Rücklagen deutlich reduziert hatten. Davon ausgehend, dass die ausstehenden Beträge für alle frisch abgeschlossenen Projekte zeitnah eintreffen würden, hatte ich die Rechnungen ein paar Wochen vor meiner Abreise geschrieben und versendet.

Doch nichts geschah. Keine. Der. Rechnungen. Wurde. Bezahlt. Nicht vor meiner Reise. Und auch nicht, als ich schon eine Woche in Santa Monica war. Eine weitere Woche wollte ich noch bleiben. Mein Kontostand sank immer tiefer, denn die laufenden Kosten wurden abgebucht. Täglich loggte ich mich in mein Onlinebanking ein. Keine Bewegung auf der Haben-Seite. Stattdessen wurden aus den vormals schwarzen Zahlen rote und immer rötere. Das Minus war mittlerweile so hoch, dass es nicht mehr lange dauern würde, bis das Ende meines Dispokredits erreicht war. Ich fing an zu rechnen. Mein Flug und Appartement waren bezahlt, und ich hatte noch knapp 80 Dollar bar im Portemonnaie. Wie lange würden die reichen in einer Stadt wie dieser? Würden meine Kreditkarten funktionieren, wenn auf dem Konto ein Minus war? Ich hatte keine Ahnung, ich war noch nie in einer solchen Situation gewesen, schon gar nicht im Ausland!

Es ist kein schönes Gefühl, wenn man am anderen Ende der Welt sitzt und kein Geld hat. Vor allem, wenn man eigentlich Geld haben *müsste.* »Müsste« ist keine Buchstabenkombination, die man in einen Geldautomaten eintippen kann. Tippt man M-Ü-S-S-T-E, kommt nichts, wenn nichts auf dem Konto drauf ist, auch nicht, wenn man es auf Englisch eintippt!

Mit diesen Gedanken saß ich an jenem Julimorgen auf dem Bett und schaute auf den Ozean. Einerseits glücklich, weil ich an dem Ort war, den ich liebte. Andererseits ohne einen blassen Schimmer, wie ich in den nächsten Tagen an Geld kommen sollte. Denn selbst wenn ich meinen Partner oder Freunde in Deutschland angerufen hätte, um mir per Blitzüberweisung Geld zu schicken, wäre es dort bereits nach 17 Uhr gewesen – und wer arbeitete in einer deutschen Bank an einem Freitag noch nach 17 Uhr? Ich musste irgendwie über das vor mir liegende Wochenende kommen.

Ein Gespräch mit meiner Freundin Eleya fiel mir ein, die auch in Santa Monica lebt, nur wenige Blocks von meinem Appartement entfernt. Ich erinnerte mich daran, wie sie mir bei einem unserer Cafébesuche vom Glasbläser erzählt hatte. Sie nannte ihn »den Alchemisten«:

»Der Alchemist muss genau den richtigen Moment abpassen, in dem er das Glas aus dem Feuer zieht. Zieht er es einen Moment zu früh heraus, ist es ruiniert. Zieht er es einen Moment zu spät heraus, ist es ebenfalls ruiniert. Er muss den exakt richtigen Moment abpassen, in dem er es herauszieht.«

Sie sah mich mit ihren klaren, strahlenden Augen an. »Woher er weiß, welches der richtige Moment ist? Er weiß, dass es der richtige Moment ist, wenn er seine eigene Spiegelung im Glas erkennt. Das ist der Moment, in dem er das Glas aus dem Feuer holen muss. Keine Sekunde früher. Keine Sekunde später!«

Eleya sprach weiter, und es war spannend und auf einer tiefen Ebene beruhigend, ihr zuzuhören, während wir uns gleichzeitig köstliche Eier-Omelettes, Mandelcroissants und Lavendel-Zitronen-Tee auf den Zungen zergehen ließen:

»Genauso ist es mit Gott. Gott holt uns in dem Moment aus dem Feuer, in dem er sich selbst in uns gespiegelt sieht. Keine Sekunde früher. Keine Sekunde später!«

Als ich an dieses Bild dachte, an jenem Freitagmorgen, wusste ich: Es nützt nichts, wenn du jetzt wütend bist, frustriert, enttäuscht, ängstlich, weil dein Konto leer ist. Es nützt nichts, wenn du jetzt heulst, weil alles so ungerecht ist und weil du doch alles gegeben hast in den letzten Monaten. Weil du zu Zeiten gearbeitet hast, in denen andere längst Feierabend hatten und in Bars saßen oder schon schliefen. Weil du zwei Tage nach einer OP noch schnell ein Kinderbuchkonzept auf einen dringenden Termin hin umgeschrieben hast, obwohl du eigentlich ruhen und heilen solltest. Weil du beruflich wie privat so viel gestemmt hast, obwohl du eigentlich am Rand deiner Kräfte warst. Es nützt auch nichts, dass du dich jetzt generell darüber aufregst, welche Nachteile die Selbstständigkeit mit sich bringt: dass man oft wochen- oder monatelang Angebote und Konzepte schreibt, ohne zu wissen, ob ein Auftrag daraus wird. Dass man weniger Urlaub hat als andere Menschen. Dass man kein Weihnachtsgeld überwiesen bekommt. Dass man seine Altersvorsorge und seine Krankenversicherung selbst bezahlt. Und, und, und.

Es hatte keinen Sinn, dass ich mich in diesem Moment darüber aufregte. Ich hatte mich über vieles aufgeregt in den Jahren, seit ich mich selbstständig gemacht hatte. Ich war über vieles wütend gewesen, genervt, frustriert, traurig, enttäuscht. Und ich war über vieles sehr, sehr glücklich gewesen und sehr, sehr erfüllt. Es war meine Wahl, die ich getroffen hatte, diesen Weg zu gehen, und ich allein war dafür verantwortlich.

An diesem Morgen war etwas anders als in früheren Jahren. Es war, als schob sich in meinem Kopf ein Vorhang zur Seite, und ich hörte den Satz:

»Danke, Kunden, dass ihr meine Rechnungen nicht bezahlt habt!«

Danke, dass Ihr meine Rechnungen nicht bezahlt habt? War ich jetzt völlig übergeschnappt? Würde ich jetzt auch bald am Venice Beach sitzen wie die letzten Überlebenden der Hippie-Ära, die nichts mehr hatten außer ihren Kleidern am Leib und einem Schild um den Hals, auf dem stand: »More love«, mehr Liebe? Auf meinem Schild würde stehen: »More money!«, mehr Geld! Ich hatte eine eigene Firma. Ich war zweifache Mutter. Besser, ich bekam meinen Verstand ganz schnell wieder zurück!

Doch der Satz kam wieder und wieder: *»Danke, Kunden, dass ihr meine Rechnungen nicht bezahlt habt!«* Und mit ihm kam plötzlich ein tiefes Gefühl des Vertrauens, das mich von Kopf bis Fuß durchströmte: das Vertrauen, dass ich das bevorstehende Wochenende überleben würde und auch die Woche, die ich hier bleiben wollte. Das Vertrauen, dass ich genug zu essen und zu trinken haben würde. Dass ich ein Zuhause hatte. Und dass alles gut werden würde, auch wenn ich im Moment keinen blassen Schimmer hatte, wie es gehen sollte. Allein die Taxifahrt zurück zum Flughafen kostete 40 Dollar, das war die Hälfte von dem, was ich noch in der Tasche hatte.

»Danke, Kunden, dass ihr meine Rechnungen nicht bezahlt habt!«

Plötzlich verstand ich, was mir dieser Satz sagen wollte. Alle die Kunden, die meine aktuellen Rechnungen nicht bezahlt hatten, hatten mich an diesen Punkt geführt. Sie waren Teil dieser Erfahrung, dass ich vertraute, vertrauen musste, weil mir gar nichts anderes übrig blieb! Dafür war ich diesen Menschen dankbar, so verrückt das klingt, doch genau das war mein Gefühl.

Früher, wenn sich ein Zahlungseingang ungewöhnlich lang hinzog, war ich »nur« verärgert gewesen. Ich war nie über diesen Punkt hinausgekommen. Ich war in dem negativen Gefühl stecken geblieben und immer froh, wenn der Moment vorbei und alles wieder in Fluss war. Diesmal, allein am anderen Ende der Welt, war es anders als sonst. Ich fühlte mich nackter, es ging um mehr.

Interessant ist: Hätten meine Kunden die Rechnungen sofort bezahlt, nachdem ich die Leistung geliefert hatte, wäre mein Konto noch vor meiner Reise gefüllt gewesen, und ich hätte nicht *einen* Gedanken an meinen Kontostand verschwendet.

Ohne sie wäre ich nie auf diese Erkenntnis gekommen, die ich an jenem Morgen hatte: dass wir Menschen auf der Welt dazu da sind, um uns gegenseitig bei unseren Erfahrungen zu unterstützen. Dass wir letztlich eine Gemeinschaft von *Unterstützern* sind, die sich gegenseitig an ihre Grenzen bringen, damit wir über die Grenzen hinauswachsen. Unsere Partner, unsere Familien, unsere Eltern, unsere Kinder, unsere Verwandten, unsere Kollegen, unsere Chefs … alle Menschen, die uns täglich umgeben oder die uns in der Vergangenheit umgeben haben, sie alle sind beteiligt an unseren Höhen und Tiefen, unseren Erfolgen und scheinbaren Niederlagen und an den Wendepunkten unseres Lebens. Sie alle haben teil an unseren Entscheidungen, und sie halten uns die Hand an guten Tagen und an solchen, an denen wir im Feuer stehen und sagen:

Ich habe nichts mehr. Doch ich vertraue.

Ich finde, diese Vorstellung hat viel Kraft. Ich musste mitten im Feuer stehen, um herausgezogen zu werden, wie in dem Bild vom Glasbläser. In diesem Fall: mich *selbst* herauszuziehen durch meine eigenen Gedanken, die mir wieder Mut machten. Damit dies geschehen konnte, waren alle Menschen der letzten Jahre nötig: alle Kunden, mit denen ich zu tun gehabt hatte, alle Projekte, alle Entscheidungen, alle Honorare, die ich genommen oder nicht genommen hatte. Alle Angebote, die ich geschrieben hatte. Alle Vorträge und Konzepte, die ich mit und ohne Bezahlung gehalten und geschrieben hatte. Alle Vorgespräche, aus denen ein Auftrag geworden war oder nicht. Alle Netzwerke, aus denen wunderbare Freundschaften und große Aufträge erwachsen waren – oder keine. Alles und alle waren daran beteiligt gewesen, um mich an diesen Punkt zu bringen. Jede einzelne Entscheidung, jedes einzelne Ergebnis, jede einzelne Rechnungssumme hatten Auswirkungen auf jenen Tag.

An diesem Julimorgen in Santa Monica wusste ich, dass ich gerade anfing, wirklich zu *glauben*. Wirklich zu *vertrauen*. Wirklich loszulassen und mich in dieses Abenteuer Leben hineinfallen zu lassen, ohne die Sicherheitsnetze, die wir uns so gerne schaffen wollen und die gar nicht existieren außer in unserer Vorstellung. Ich wusste in diesem Moment, dass mich das Leben trug und dass es eine Kraft gab, die größer und sicherer war als alle Währungssysteme und Rentenversicherungen dieser Welt. Das Leben, Gott, oder wie auch immer wir diese Kraft nennen wollen, hatte mich an diesem Freitagmorgen beim Schopf gepackt – in dem Moment, in dem ich daran glaubte, dass mir nichts und niemand etwas anhaben konnte, egal wie viel oder wie wenig ich auf meinem Konto hatte. Ich lebte. Ich atmete. Ich würde gleich aufstehen und frühstücken gehen – ja, frühstücken gehen! –, und der Rest würde sich finden.

Als ich so dachte, breitete sich ein Wohlgefühl in meinem ganzen Körper aus. Ein warmes Prickeln, das vom Kopf bis zu meinen Zehenspitzen reichte. Gleichzeitig umgab mich dieses Gefühl auch von außen, so, als wollte es mich ganz durchdringen und »durchprickeln«. Etwas ordnete sich neu, so fühlte es sich an, in mir und um mich herum, als würde sich eine neue Ordnung bilden, bis in die kleinsten Teilchen, die Atome und Moleküle meines Seins.

Bevor ich das Haus verließ, schrieb ich den Kunden, bei denen meine größten Rechnungen lagen, eine E-Mail mit der Bitte um ein Signal, bis wann sie die ausstehenden Summen begleichen könnten. Einer antwortete sofort: »Habe das Geld schon am Mittwoch überwiesen. Bitte entschuldigen Sie die Verzögerung.«

Eine große Summe war bereits seit 2 Tagen unterwegs! Sie war nur noch nicht auf meinem Konto zu sehen gewesen!

Ich atmete auf und dachte an Eleya und den Glasbläser. Keine Sekunde zu früh. Keine Sekunde zu spät. Ich hatte verstanden. Ich hatte in mein Vertrauen gefunden. Und das nicht in einem Moment, als ich über Geld verfügte, sondern als es noch nicht da war und ich nicht wusste, dass ein Teil der Außenstände bereits unterwegs war! Darin lag der Unterschied. Nicht zu wissen – und dennoch zu vertrauen.

Ich hatte zudem in dieser Situation das Gefühl der Gemeinschaft entdeckt, die Dankbarkeit für die Menschen, die Teil dieser Erfahrung waren. Das war eine neue Dimension, eine neue Art des Denkens, wie ich sie noch nie erlebt hatte. Sie erfüllte mich. Auch wenn man sagen könnte, viel wichtiger wäre es doch, dass das Geld pünktlich da ist. Das ist auch wichtig, und ich wünsche mir, dass in Zukunft alle Kunden sofort ihre Rechnungen begleichen. Das ist nicht der Punkt. Diese neue Art zu denken schenkte mir Ruhe. Sie brachte mich weg von der Horrorvorstellung, dass alles »vorbei« sei, hinein in das Gefühl der Verbundenheit. Und genau das wünsche ich mir seitdem für uns alle: dass wir die Verbundenheit untereinander wieder begreifen und darauf vertrauen, dass uns nichts in der Welt etwas anhaben kann – weder fehlendes Geld noch sonst etwas.

Zum Thema Rechnungen hat mir Rhonda Byrne in ihrem

Buch *The Magic* eine sehr schöne Anregung gegeben: Sie rät uns, auf jede Rechnung, die bei uns eintrifft, zu schreiben: »Danke, bezahlt!« Ich mache das inzwischen sowohl mit Rechnungen, die ich erhalte, als auch mit denen, die ich versende. Es funktioniert.

Auch Louise Hay, die amerikanische Autorin (*Heile deinen Körper),* Verlegerin und Gründerin der Selbsthilfe-Bewegung, sagt im gleichen Sinne: *»Eine Rechnung, die wir erhalten, ist die Anerkennung unserer Fähigkeit, zahlen zu können.«* Unser Kunde hält uns für fähig, die Rechnung bezahlen zu können. Na, dann wollen wir ihn doch nicht enttäuschen und überweisen ganz schnell, oder? Ich habe tatsächlich die Erfahrung gemacht, je schneller ich Rechnungen ausgleiche, die an mich gerichtet sind, desto schneller kommt neues Geld nach, zum Beispiel in Form neuer Aufträge oder in Form von Zahlungen, die ich von anderen angefordert habe. Probier es aus!

Das Schlimmste, was passieren kann

Was ich in dem Moment, als meine Kunden das Geld nicht bezahlten, als so schmerzlich wahrnahm, war meine fehlende *Freiheit.*

Als ich merkte: »Das Geld ist zu Ende«, war ich nicht mehr frei. Beziehungsweise, und das ist ein entscheidender Unterschied, ich *fühlte* mich nicht mehr frei. Ich hatte Angst. Angst, am anderen Ende der Welt ohne einen Cent dazustehen. Und wer Angst hat, denkt nicht klar. Angst blockiert. Dann fallen uns die naheliegendsten Lösungen nicht ein, wie zum Beispiel bei der Bank anzurufen und um einen kurzen Überbrückungskredit zu bitten. Oder jemanden an dem Ort, an dem man ist, um etwas Geld zu bitten und ihm eine Sicherheit zu hinterlegen. Auf solche Gedanken kommt man erst, wenn man wieder in der Ruhe ist.

In der Angst stattdessen malen wir uns alles Mögliche aus, das passieren *könnte*. Was unsere Angst natürlich noch verstärkt. Oftmals ist unsere Angst vor dem, was passieren könnte, viel größer als in dem Moment, in dem das Schlimmste wirklich eintritt. Nach einem Unfall oder Todesfall sagen viele Menschen im Rückblick: »Ich war erstaunlich ruhig. Ich wusste auf einmal genau, was ich zu tun hatte.«

In dem Moment, wenn wirklich der Ernstfall eintritt, sind wir oft ganz klar. Wir wissen, welcher nächste Schritt zu tun ist, auch wenn wir verzweifelt sind und voller Schmerz. Wir wissen vielleicht emotional noch nicht, wie wir das alles verarbeiten sollen, doch wir wissen zumindest, welche organisatorischen Schritte nötig sind. In solchen Momenten kommen auch andere Menschen auf uns zu, Helfer und »Engel« im übertragenen Sinn, die wissen, was zu tun ist und uns das eine oder andere abnehmen: Behördengänge, Formalien, Bankbesuche, die Betreuung von Kindern und Angehörigen, die Organisation einer Reha-Maßnahme, die Herstellung eines Kontakts zu einem guten Therapeuten oder Coach. Oder die einfach nur da sind und uns ihr offenes Ohr und Herz schenken.

Wo stehst du gerade in Bezug auf dein finanzielles Sein?

Bist du angestellt oder selbstständig? Hast du einen guten oder sehr guten oder gar keinen Verdienst? Läuft dein Unternehmen großartig, ganz passabel, oder bist du eigentlich schon längst insolvent, versuchst aber immer noch, alles irgendwie über Wasser zu halten? Macht dir deine Arbeit Freude? Arbeitest du in einem tollen Team? Geht dir alles leicht und mühelos von der Hand? Sind deine Vorgesetzten gute Führungskräfte, fühlst du dich von ihnen ermutigt und unterstützt? Ist dein Arbeitsumfeld so, dass es dich jeden Tag zu Höchstleistungen inspiriert? Oder gehst du den Großteil der Woche mit Bauchgrummeln und innerer Anspannung ins Büro? Möchtest du dich verändern, weißt aber nicht wie? Hast du Ärger mit einem Kollegen oder mehreren? Oder bist du im Moment ohne Arbeit, arbeitssuchend? Suchst nach neuen Wegen, hast Träume, die aber im Moment unerreichbar scheinen? Oder hast du keine Idee?

Halt einen Moment inne und fühle genau, wo du jetzt gerade stehst. Wie fühlt sich das an? Was ist gut in deinem Leben, und was möchtest du noch verbessern?

Und dann frage dich einmal: »Was wäre das Schlimmste, das mir passieren könnte?«

Wann wäre für dich der Punkt erreicht, an dem du das Gefühl hättest, der »Super-Gau« sei eingetreten, und du könntest nicht mehr vor und zurück?

Wäre das Schlimmste, was dir passieren könnte, deine Stelle zu verlieren? Weniger Geld zu bekommen oder gar keines? Wäre das Schlimmste, was dir passieren könnte, dass du vorübergehend Aushilfsjobs annehmen müsstest, die nicht deiner Ausbildung entsprechen? Dein Auto abzugeben? Dein Haus zu verlassen und in eine Wohnung zu ziehen? Oder zum Sozialamt zu gehen?

Bleib in deiner Wahrnehmung. Notiere dir deine Ängste. Wovor hast du Angst? Welche Gespenster verfolgen dich – vielleicht schon seit Jahren – in Bezug auf das Geld und sein Fehlen? Schreib sie alle auf.

Und dann frage dich: »Auf wen oder was könnte ich mich in diesem schlimmsten Fall verlassen? Wie könnte ich mir selbst helfen? Welche anderen Menschen wären an meiner Seite?« … Schreib alles auf. Zensiere deine Gedanken nicht, sondern lass sie frei fließen. Alles ist erlaubt. Jeder Gedanke ist wichtig, jede Angst ist wichtig.

Jeder von uns hat andere Ängste: Der eine hat Angst, seinen Job zu verlieren oder sein Haus, er sieht sich vielleicht schon auf der Straße leben. Der nächste hat Angst, seine Familie zu verlieren oder den Kontakt zu seinen Kindern. Wieder andere haben Angst, in ihrem Umfeld nichts mehr zu gelten, ausgegrenzt zu sein, nicht mehr zugehörig …

Und wenn du alle deine Ängste notiert hast, dann nimm ein neues Blatt Papier und schreib auf, wer deine Unterstützer sind und worauf du dich verlassen kannst. Was *da* sein wird, auch wenn andere Dinge *nicht da* sind.

Vielleicht schaffst du es nicht an einem Tag, alle Ängste und alle Unterstützer zu notieren, dann nimm dir mehr Zeit. Wenn du eines Tages so weit bist, dann lass die Ängste gehen. Verabschiede sie, indem du dich bei ihnen bedankst für die Zeit, in der sie eine Funktion hatten und Teil deines Lebens waren – und dann lass sie gehen. Entledige dich des Papiers, auf dem sie notiert sind, zum Beispiel, indem du es wegwirfst oder verbrennst. Und lass die Ängste auch körperlich gehen.

Eine andere hilfreiche Übung ist das »**Häuten**« (keine Angst, es tut nicht weh). Vielen Menschen sind ihre Ängste so vertraut geworden über die Zeit, dass sie sich gar nicht leicht von ihnen lösen können. Die Ängste umgeben sie wie eine zweite Haut, wie eine Hülle. Doch auch dieser Hülle können wir uns entledigen, wenn wir es wollen. Möchtest du es mal versuchen? Dann komm:

Übung

Such dir einen ruhigen Platz und stell dich dorthin. Atme ein paar Mal tief ein und aus und spür in dich hinein. Nimm deine Ängste wahr, die du in Bezug auf deinen Job oder dein Geld hast. Fühle all die Unsicherheiten, Sorgen und Zweifel, alle, die jetzt gerade da sind. Stell dir vor, dass sie dich umgeben wie eine Hülle, wie eine zweite Haut, die du dir im Laufe der Zeit zugelegt hast, die aber in Wirklichkeit gar nicht zu dir gehört.

Und dann mach einen großen Schritt zur Seite und lass diese Hülle bestehend aus all diesen Gefühlen einfach stehen, ohne dich! Tritt aus dieser Hülle heraus als der, der du wirklich bist.

Das bedeutet nicht, dass du gleich alle Lösungen parat haben sollst. Leg nur mal eine Weile diese zweite Haut ab, die dich vielleicht schon sehr lange umgibt, wie einen Helm oder wie ein Kleidungsstück, das du ablegst oder an den Garderobenhaken hängst. Du existierst auch ohne diese Hülle, ohne diesen Panzer – du lebst, du lebst sogar sehr gut damit!

Wenn du fertig bist mit dem Ablegen, dann geh weiter in deinen Tag. Vielleicht dauert es ein paar Stunden, bis du die Wirkung spürst. Vielleicht spürst du auch gar nichts. Die Wirkung entfaltet sich in jedem Fall.

Ich habe dieses Ablegen der alten Hülle einmal spontan gemacht, als ich am Bodensee spazieren ging und mich etwas sehr beschäftigte: Ich legte die Hülle aus Angst und Unsicherheit und dem Nicht-wissen-wie, die ich in dem Moment spürte, ab, indem ich einfach einen großen Schritt nach links aus mir heraustrat. Stunden später, als ich an der gleichen Stelle noch einmal spazieren ging, stand meine alte Hülle immer noch da, die ängstliche, die verzweifelte, die, die den nächsten Schritt nicht klar sehen konnte. Ich habe sie gegrüßt und dort stehen gelassen. Kannst du dir vorstellen, wie gut das tat?

Wo auch immer du gerade stehst: Ich möchte dir Mut machen. Ich möchte dir Mut machen, dass diese Zeit der Angst oder Unsicherheit gerade wichtig für dich ist, auch wenn sich dir der Sinn dahinter noch nicht erschließt. Eines Tages wirst du ihn erkennen. Eines Tages verändert sich etwas, und du bist nicht mehr in dem gleichen Zustand wie heute. Wann die neue Zeit beginnt, weiß niemand. Denn es ist dein Weg, und du gehst ihn in genau der Langsamkeit oder Schnelligkeit, die du dafür benötigst. Deine Seele und du, ihr habt euer Tempo, und ihr wisst, dass es richtig ist.

Auf dem Weg zum Ziel machst du die Erfahrungen, die du für das Ziel brauchen wirst, für deine Freiheit. Und diese Freiheit, wenn du sie zum ersten Mal spürst, wird dir neues Vertrauen schenken, auch wenn du vielleicht erst eine Etappe auf deinem Weg geschafft hast. Die Freiheit, jeder gefühlte Schnipsel davon, bringt dich ins Vertrauen. Und dein Vertrauen führt dich weiter, immer weiter, in eine noch größere Freiheit hinein.

Dabei kann sich dein Vertrauen auf verschiedenste Weise zeigen: Es kann dir den nächsten Schritt, den es zu tun gilt, offenbaren. Es kann dir auch signalisieren, dass es im Moment gar nichts zu tun gibt, sondern dass es darum geht, abzuwarten, wieder ruhig zu werden und alle Sinne zu öffnen. Beides ist möglich.

Wenn du deine Ängste aufschreibst und dabei die dazu passenden Unterstützer findest, wirst du bemerken: Es gibt nichts, das wirklich »schlimm« ist, auch wenn wir in manchen Momenten das Gefühl haben, unser Leben sei vorbei, oder die Wellen, die sich vor uns auftürmen, seien »mavericks«, Monsterwellen, wie in dem gleichnamigen Film. Doch das Allerschlimmste, was passieren kann, ist in Wahrheit, dass wir unser Vertrauen verlieren. Wenn eine Welle uns erwischt und wir gar nicht erst versuchen zu schwimmen, weil wir denken: »Ich sterbe sowieso, warum Arme und Beine bewegen?«, dann reißt uns die Welle in die Tiefe, und wir ertrinken. Wenn wir vertrauen, setzen wir uns in Bewegung, paddeln los, mit aller Kraft – und haben so die Chance zu überleben.

Möchtest du hören, wie es Eleya ging, als ich sie zum ersten Mal traf?

Unseren Geist bereithalten

Als ich meine Freundin Eleya in Santa Monica kennenlernte, war sie an einem Punkt, an dem sie kaum noch Geld besaß. Sie hatte noch das Geld für zwei Monatsmieten, wie sie mir anvertraute, mehr nicht.

Ich war schockiert!

Ich würde verrückt werden, wenn ich in einer so teuren Stadt gerade noch zwei Monate lang meine Miete bezahlen könnte und danach aus meiner Wohnung ausziehen müsste. Von Essen, Krankenversicherung usw. ganz zu schweigen – und ohne zu wissen, wie es weiterging!

Die meisten Menschen wären wahrscheinlich sofort aktiv geworden, hätten zum Hörer gegriffen, sich bei diversen Firmen beworben, hätten ihre Netzwerke aktiviert und Facebook und Twitter mit Hilfegesuchen geflutet.

Eleya hat keinen Computer. Sie hat auch kein Handy. Sie hat ein Festnetztelefon. Und sie hat ihre Visitenkarten, die sie in die Tasche steckt, wenn sie am Strand entlangläuft. Das ist ihre Werbung. Sie sagt: »Ich muss die Menschen kennenlernen, die zu mir kommen. Meine Praxis ist in meiner Wohnung. Ich möchte die Menschen vorher sehen, damit ich weiß, wer zu mir kommt.«

Ich hätte ihr gerne geholfen und ihr eine Lösung präsentiert. Doch ich hatte keine. Wie sollte ich ihr Arbeit verschaffen in dieser Stadt, in der ich meine Netzwerke gerade erst selbst aufbaute? Eleya blieb erstaunlich ruhig in dieser Situation und sagte bei einem unserer Strandspaziergänge einen Satz, den ich nie vergessen werde:

»Gott ist mein Partner. Wenn ich meinen Geist bereithalte, wird Er mir den Weg zeigen.«

Unseren Geist bereithalten. Wie Recht sie hatte. Denn wie ich schon sagte: Angst blockiert uns. Aber wie hält man seinen Geist in einem solchen Moment entspannt und bereit? Mein eigener Geist hatte damals nicht die geringste Idee. Du kannst dir also vorstellen, wie ich wünschte und betete, dass Eleya es schaffen würde. Dass sie noch da sein würde, an ihrem geliebten Strand, in ihrer geliebten Wohnung und Praxis, wenn ich das nächste Mal nach Los Angeles flog.

Acht Monate später kam ich zurück. Und war gespannt. Würde Eleya noch da sein?

Sie war noch da.

Wir hatten in den acht Monaten keinen Kontakt gehabt. Wir brauchen keine E-Mails oder Postkarten in Zeiten, in denen wir uns nicht sehen. Wir sind im Herzen verbunden. Als ich in Los Angeles landete und Eleya direkt nach meiner Ankunft anrief, stieß sie einen Freudenschrei aus:

»Du bist wieder da! Ich habe jeden Tag am Strand nach dir Ausschau gehalten, und ich wusste, dass du eines Tages wiederkommst!«

Wir verabredeten uns für den nächsten Tag, der der 4. Juli war, der amerikanische Unabhängigkeitstag. *»We are independent girls!«*, rief Eleya zum Abschied noch in den Hörer. Oh ja, das sind wir, dachte ich lächelnd, und legte auf.

»Willst du wissen, wie ich es geschafft habe, in meinem Appartement zu bleiben?«, fragte sie mich am nächsten Tag. Wir saßen wieder im Urth Caffé und hatten uns Lavendel-Zitronen-Tee bestellt, wie immer.

Natürlich wollte ich es wissen, ich brannte darauf! »Ich helfe hier manchmal in der Gemeinde aus«, sagte sie. »Und eines Tages sprach mich jemand an, ob ich Lust hätte, auf eine ältere Dame aufzupassen, deren Familie sie nicht den ganzen Tag über betreuen kann. Und ich hab JA gesagt und den Job angenommen. Und soll ich dir was sagen? Die Dame lebt in Venice. Ich konnte daher jeden Tag meinen gewohnten Spaziergang am Strand machen! Ich lief morgens runter nach Venice, blieb einen Tag und eine Nacht bei dieser Frau – und lief am nächsten Tag wieder nach Hause!«

Eleya bekam 1000 Dollar am Tag für diesen Job. Sie machte ihn über mehrere Wochen, bis die Familie der älteren Dame beschloss, sie in ein Heim zu geben. Für Eleya war es ein Geldsegen: Sie hatte ihre Miete – und noch mehr für die nächsten Monate.

Ist das nicht eine magische Geschichte? Ich hatte Gänsehaut, als ich das hörte. Alles war so perfekt, viel perfekter, als es sich der menschliche Geist ausdenken kann! Sie bekam ihr Geld, sie konnte in ihrer Wohnung bleiben, und sie konnte sogar noch ihren täglichen Strandspaziergang machen, den sie so liebte und zum Leben brauchte! *Wenn ich meinen Geist bereithalte, wird Er mir den Weg zeigen.*

Was wäre passiert, wenn sie nicht im Vertrauen geblieben wäre? Wenn sie sich in ihre Angst zurückgezogen hätte, vielleicht nicht mehr so oft an den Strand oder in die Gemeinde gegangen wäre? Wenn sie nicht ihr Vertrauen ausgestrahlt hätte?

Eleya ist in ihrer inneren Freiheit geblieben. Und diese Freiheit hat sie gerettet. Sie hat es ihr ermöglicht, alle Sinne offen zu halten, sich nicht zu verschließen, sondern am Leben teilzunehmen wie immer – und es dem Leben so zu ermöglichen, ihr die perfekte Lösung zuzuspielen.

Der Beruf, der uns in die Freiheit bringt

Als Kind fühlen wir uns unbegrenzt und frei. Erst im Laufe der Zeit bekommen wir Grenzen gesetzt – durch verschiedene Erfahrungen und durch unser Umfeld.

Manche Grenzen setzen wir uns selbst. Zum Beispiel durch die Entscheidung für den Beruf, den wir ergreifen. Die Entscheidung für oder gegen einen Beruf (auch für oder gegen einen bestimmten Partner) hat Auswirkungen auf unsere Freiheit. Nicht nur auf unsere finanzielle Freiheit, sondern auch auf die Freiheit, an dem Ort zu leben und zu arbeiten, an dem wir es möchten, auf unsere Zeiteinteilung, unsere Freiheit der Ideen und den Einfluss im Unternehmen … Manchmal merken wir erst, wie groß diese Auswirkungen sind, wenn es zu spät ist und wir uns unfrei fühlen.

Oft sagen Menschen nach Vorträgen oder Lesungen zu mir: »Ich würde gerne mit dir tauschen. Dein Beruf ist so spannend. Du lebst das, was du liebst!«

Das stimmt. Ich habe das, was ich am meisten liebe, zu meinem Beruf gemacht: Bücher schreiben, gemeinsam mit Menschen etwas bewegen, kreative Projekte entwickeln, die uns alle voranbringen ...

Mit mir zu tauschen ginge aber gar nicht. So wie ich auch nicht mit jemand anderem tauschen kann. Jeder Mensch hat seine ganz eigenen Fähigkeiten und seine ganz eigenen Aufgaben. Wenn also Menschen zu mir sagen, sie möchten gern mit mir tauschen, dann meinen sie eigentlich damit: »Ich habe meinen eigenen Weg noch nicht gefunden.«

Den eigenen Weg zu finden, den eigenen Platz in der Welt, halte ich für das Allerwichtigste, wenn es um unsere finanzielle Freiheit geht. Ich glaube, dass man auch sehr erfolgreich sein kann mit etwas, das man nicht liebt und nicht gerne macht – doch wirklich und dauerhaft erfolgreich sind wir meiner Ansicht nach nur mit den Dingen, die wirklich etwas mit uns zu tun haben.

Wenn ich zurückschaue, finden sich bei mir die ersten Spuren in meiner Kindheit. Ich wollte schreiben. Tatsächlich schrieb ich schon mit fünf Jahren, als ich das Alphabet noch gar nicht konnte: in einer »Indianerschrift«, das heißt mit Strichen, Kreuzen und Kreisen, einer Geheimschrift, von der nur ich wusste, was sie bedeutete. Es waren meine Geschichten. Und ich fühlte damals schon, dass das Schreiben und das Entwickeln guter Geschichten etwas mit meinem Weg zu tun hatten.

Welche Träume und inneren Bilder hattest du in deiner Kindheit? Gab es Menschen, die diese Träume unterstützt haben? Oder hörtest du eher: »Werde lieber ein guter Handwerker oder lass dich verbeamten, als ... (Maler, Musiker, Schriftsteller etc.) kannst du nicht leben!«? Oder dachtest du selbst, dass du lieber den »sicheren« Weg gehen solltest?

Bei mir war Letzteres der Fall, und ich bin ihn gegangen, den vermeintlich sicheren Weg. Vom Schreiben und von der Fotografie leben? Das habe ich mich damals nicht getraut. Warum nicht? Warum traut sich ein junger Mensch mit 18, 19 Jahren etwas nicht? Warum habe ich mir nicht zugetraut, dass ich es so gut mache, dass ich sehr erfolgreich damit werden würde? Andere tun es einfach. Ich weiß es nicht. Damals war es so. Es gehört zu meinem Weg.

Glücklicherweise lenkte mich mein Herz – die Geschichte dazu erzähle ich dir im dritten Teil des Buches – auf meinen Weg zurück. Ich fand zum Schreiben zurück, indem ich erst etwas studierte, was vom Schreiben sehr weit weg war: Photo-Ingenieurwesen. Die Welt der Zahlen! Was hat sie mir Angst gemacht, neun Semester lang! Meine Freundin Kiki aus Köln lachte damals immer und sagte: »Christine, nimm doch das Brett vom Kopf!«, wenn ich Mathematik- oder Physikaufgaben, die sie völlig simpel fand, nicht lösen konnte. Ich hatte schreckliche Angst vor diesen Zahlen. Und was Kiki für »total berechenbar« hielt, weil auf der rechten und linken Seite einer Gleichung einfach nur das Gleiche rauskommen musste, wie sie sagte, war für mich ein Buch mit sieben Siegeln.

Ich habe das Studium trotzdem geschafft, und meine Abschlussnote war gar nicht mal so schlecht. Warum ich durchgehalten habe und nicht schon nach ein oder zwei Semestern alles hingeworfen habe? Weil ich es wollte – ich wollte die Sicherheit.

Und ich bildete mir ein, die Sicherheit nur mit diesem technischen Abschluss zu finden, nicht in einem kreativen Bereich.

Ich habe sehr hart dafür gearbeitet, viel mehr, als ich es wahrscheinlich in einem anderen Studiengang hätte tun müssen, wie zum Beispiel einer Sprache oder einem kreativen Fach wie Fotodesign, die mir viel leichter gefallen wären. Ich habe meine ganze Zeit und Kraft hineingegeben und mir die Tage und die Nächte mit Mathe-, Physik- und Chemieaufgaben um die Ohren geschlagen, während andere in gemütlichen Kölner Kneipen saßen. Ich hätte es so viel leichter haben können. Doch ich hatte den für mich schweren Weg gewählt. *Ich* hatte ihn gewählt. Niemand hat mich dazu gezwungen. Ich habe es mir selbst ausgesucht. Weil ich mich nicht getraut habe, gleich in die künstlerische Welt zu gehen, in der ich mich heute so viel wohler fühle und mein volles Potenzial lebe.

Wenn du auch so oder so ähnlich denkst, überprüfe deine Gedanken gut. Woher stammen sie? Wer hat solche Sätze einmal gesagt oder sie dir unausgesprochen vermittelt?

Solltest du von Menschen umgeben sein, die dir erzählen, dass das, wovon du träumst, brotlos oder nutzlos ist, dann denke oder sage: »Danke, dass du deine Erfahrungen und deine Ängste mit mir teilst. Doch ich möchte gerne meine eigenen Erfahrungen machen.«

Lass dich nicht auf Diskussionen ein. Bleibe bei dir. Jeder Mensch hat seinen ganz eigenen Fußabdruck auf seinem Weg, der keinem anderen Fußabdruck auf dieser Welt gleicht. So wie auch kein Fingerabdruck zweier Menschen dem anderen gleicht. Ein Autor ist sensationell erfolgreich. Der andere kann sich nicht mal die Butter auf dem Brot leisten. Das gab es schon in allen Künsten, zu allen Lebzeiten, in allen Berufssparten. Nicht mal Zwillinge, die mit denselben Eltern aufwachsen, gehen denselben Weg!

Achte deine Träume und die deiner Kindheit und Jugend. Erkenne sie an. Sie sind der Schlüssel zu dem, was du dir wünschst und was du brauchst, um erfüllt zu sein. Sie führen dich Schritt für Schritt dahin, wo du sein willst und sein kannst. Alles, was du für deinen Weg brauchst, wird zur rechten Zeit zu dir kommen.

Ich weiß zum Beispiel genau, was nie mein Weg sein wird: in einer Behörde zu arbeiten. Ich habe einmal einen Antrag auf Altersrente für meine Mutter ausgefüllt. Anfangs sah es so aus, als wären es nur zwei jeweils dreiseitige Formulare. Wunderbar, dachte ich, schnell gemacht. Weit gefehlt! Der Antrag barg nämlich einige »Verzweigungen« in Form einer Vielzahl weiterer Anträge, die man herunterladen, ausdrucken und ausfüllen musste. So führte mich Formular X zu Formular Y und dieses zu Formular Z (doppelt einzureichen) und von dort aus weiter in die Untiefen diverser Aktenordner in meinem Schrank, um Dokumente aus der gefühlten Steinzeit meines Familienstammbaums zu kopieren. Ich fühlte mich wie Reinhard Mey in seinem Lied »Antrag auf Erteilung eines Antragformulars«. Nach vereinzelten genervten Schreien, viel heißem Tee und schmerzenden Gehirnwindungen tauchte ich spät in der Nacht aus dieser »Diplomarbeit« wieder auf. Wenn solche Aufgaben vor mir liegen, wird mir eins klar: Müsste ich in einer Behörde arbeiten, würde ich nach spätestens drei Tagen krank werden. Nein, ich würde nicht krank. Ich würde sterben. Zuerst würde ich wahnsinnig zunehmen, weil ich nach jeder geschafften Zeile mindestens einen Schokoriegel essen würde, um mich für die nächste Zeile zu rüsten. Und dann würde ich sterben. Innerhalb von drei Tagen. Kein schönes Bild. Ich werde also voraussichtlich in diesem Leben in keiner Behörde arbeiten.

Vielleicht sagst du jetzt: »Ich liebe Formulare!« Großartig, denn auch diese Aufgabe will gemacht sein, dafür haben wir die Arbeitsteilung eingeführt: Jeder darf wählen, was er gerne macht. Jeder hat seinen ganz eigenen Weg. Und kein Weg ist besser oder schlechter oder sicherer oder unsicherer als ein anderer. Es sind Menschen innerhalb weniger Tage zum Millionär geworden, weil sie Pixelflächen im Internet als Werbemöglichkeit verkauft haben! Du kannst mit der verrücktesten Idee reich werden. Und du kannst mit der sensationellsten Schulbildung und allen Zertifikaten dieser Welt bettelarm bleiben. Kein Zeugnis, kein Zertifikat gibt uns eine Garantie für das Gelingen unserer Zukunft.

Es ist dein Weg. Und du bestimmst, wie er verläuft. Du bist derjenige, der seine Träume achtet und realisiert – oder sie verachtet und ignoriert. Du bist derjenige, der auf sein Bauchgefühl hört und seinen Weg geht, egal, was die anderen sagen und denken. Sie dürfen uns Impulse geben, und wir dürfen diese Impulse annehmen oder sie stehen lassen. Es können wichtige Hinweise dabei sein. Es können aber auch Dinge dabei sein, die uns ausbremsen (bewusst oder unbewusst).

Hören wir genau hin und treffen wir unsere Wahl gut, selektieren wir. Unsere Seele kennt unseren Weg. Machen wir sie zu unserem Freund und Begleiter, zu unserem inneren Ratgeber. Früher oder später führt sie uns sowieso auf unseren Weg zurück.

Manchmal stupst sie uns ganz leise an, zum Beispiel durch Unsicherheiten, Zweifel oder eine innere Stimme, die flüstert: »Das willst du doch eigentlich alles gar nicht.« Und manchmal greift sie zu härteren Maßnahmen, wie zum Beispiel zu einem Unfall oder einem körperlichen Symptom, das uns für eine Weile in die Ruhe und Reflexion zwingt.

Jeder von uns hat seinen Weg, seine Aufgaben. Manche unserer Wege ähneln einander. Doch wenn man genau hinschaut, ist kein Weg wie der andere. Wir sehen auch nicht den ganzen Weg vor uns, wenn wir in dieses Leben kommen. Wir sehen immer nur den nächsten Schritt. Und wenn wir diesen einen Schritt machen – wird der nächste Schritt sichtbar. Und so schaffen wir die ganze Straße. Jeder für sich und alle gemeinsam.

Indem wir ins Vertrauen gehen, öffnen wir unsere Sinne, machen wir unseren Geist frei für Ideen, Einsichten und Lösungen. Und darauf reagiert unser gesamtes Umfeld: Plötzlich sind wir zur rechten Zeit am rechten Ort, treffen die richtigen Menschen, haben die richtigen Ideen oder bringen andere auf die richtige Idee. Auf einmal haben wir die finanziellen Mittel, besuchen die richtigen Fortbildungen, auf einmal ist alles an seinem Platz bzw. macht sich bereit, an seinen Platz zu kommen.

»Vertrauen schafft eine heile Welt«, las ich in einem Artikel. Genauso ist es.

Adieu, Angst – auch beim Geld!

Auch beim Thema Geld gilt: Wir können unsere Ängste auflösen.

Sie haben uns eine Weile begleitet wie treue Soldaten. Sie hatten ihre Funktion. Sie haben dazu beigetragen, dass wir heute die sind, die wir sind. Und jetzt dürfen sie gehen. Der »Krieg« ist vorbei.

Eine Psychologin hat einmal zu mir gesagt: »Wir bekommen immer nur das auferlegt, was wir auch tragen können.« Ein beruhigender Gedanke, oder?

Vielleicht löst sich die Situation, in der du dich gerade befindest, nicht über Nacht. Aber ganz sicher eines Tages. Vielleicht löst sie sich auch nicht mit genau dem Ergebnis, das du dir vorstellst, aber ganz sicher mit einem Ergebnis, das dich *weiterbringt.* Auf dem gleichen Pfad oder auf einem neuen.

Eines ist gewiss: Du wirst nicht sterben, du wirst nicht zugrundegehen an dieser Situation. Zumindest dann nicht, wenn deine Seele noch etwas mit dir vorhat. Und das spürst du, tief in dir. Tief in deinem Innersten weißt du, ob dein Weg weitergeht oder ob er hier, an diesem Punkt, zu Ende ist, und an anderer Stelle weitergeht.

Es ist unser Verstand, der uns Angst macht. Es ist immer der Verstand. Aus ihm werden die Ängste geboren, nicht in der Seele, nicht im Herzen. Der Verstand hat die Gabe, Illusionen in unserem Kopf zu kreieren, Bilder, die uns real vorkommen, als seien sie die einzig mögliche Wirklichkeit. Sie sind es nicht! Unsere Angstrealität ist nicht die einzige Realität!

Wir haben die Fähigkeit, kraft unseres Geistes, eine andere Realität zu schaffen. Wir haben die Fähigkeit, Ideen und Lösungen zu erschaffen. Treten wir aus der Angstrealität in die Lösungsrealität. Sie ist nur *einen* Gedanken entfernt. Einen vertrauensvollen Gedanken.

Lass dich nicht länger von deinen Ängsten auslaugen und an den Rand deiner Kräfte bringen. Wann immer sich etwas anschleicht, das sich wie eine Angst anfühlt, löse sie im gleichen Moment auf. Ich habe dir die Übung im Kapitel »Adieu, Angst« im ersten Teil des Buches an die Hand gegeben.

Löse die Angst auf, schreibe darüber, tritt aus ihrer Hülle heraus ... Tu, was du willst mit der Angst, aber lass dich nicht länger von ihr lähmen. Es gibt nichts und niemanden, der dich aufhalten kann, außer dir selbst. Tu dir das nicht an.

Du bist auch nicht allein, mit keinem Thema dieser Welt. Millionen Menschen haben den Moment, den du gerade erlebst, schon erlebt. Millionen Menschen werden diesen Moment noch erleben. Egal, ob du gerade Arbeit hast oder keine. Ob du gerade hunderttausend Euro verloren hast oder eine halbe Million. Ob dich dein bester Freund oder Geschäftspartner verraten hat. Ob du das Gefühl hast, eher in einem Schlangennest zu sitzen statt in einem Team von Mitarbeitern. Egal, ob du weißt, wie du über die nächste Woche kommst oder nicht ... Du bist nicht allein. Du bist in Gemeinschaft. Hast du dich schon einmal gefragt, ob du diese Situation erlebst, um später anderen davon zu erzählen? Ob es dich eines Tages dazu befähigt, als Coach oder Referent für genau dieses Thema aufzutreten oder ein Buch darüber zu schreiben? Möglicherweise können andere sehr viel profitieren von dem, was du gerade durchmachst! Denk darüber nach.

Eines Tages kommen die Antworten, für jeden von uns.

Als ich einmal um die Mittagszeit am Bodensee stand, war der ganze See in eine Nebeldecke gehüllt. Ich konnte gerade mal das Ufer sehen, dahinter eine weiße, völlig undurchdringliche Wand. Ich konnte kaum glauben, dass dahinter der See sein sollte. Am Nachmittag, nur wenige Stunden später, hatte sich alles gelichtet: Klar lag der spiegelnde Wasserteppich vor mir, ich konnte bis ans andere Ufer schauen, sah die Häuser und die ersten Lichter, die drüben angingen. Alles lichtet sich. Unsere Gedanken, unser Geist, unser Herz und alles, was wir mit uns herumtragen. Eines Tages liegt alles still und klar vor uns wie ein See. Vertrau darauf.

Das Jetzt und das Morgen

Glaubst du daran, dass du im Alter finanziell frei sein wirst und dir alles leisten kannst, was du brauchst oder wovon du träumst? Oder haben sich die Begriffe wie »Schrumpfrente« und »Altersarmut« schon in deinem Kopf festgesetzt, mit denen uns die Medien tagtäglich bombardieren?

Glaubst du daran, dass diese Szenarien wahr werden?

Sicher, diese Szenarien *könnten* wahr werden, wenn alles bleibt, wie es ist. Wenn wir unser Fühlen, Denken und Handeln nicht hinterfragen. Doch indem wir uns einer Situation ge*wahr* werden, können wir sie verändern. Und zwar im Hier und Jetzt. Und was wir im Hier und Jetzt ändern, hat Auswirkungen auf morgen. Es liegt also an uns, wie wir mit den Informationen umgehen, die wir erhalten. Und auch, ob wir bereit sind, einen Blick *hinter* die Dinge zu werfen, uns noch mehr Informationen einzuholen als die erstbesten, die wir geliefert bekommen.

Beobachte dich einmal, während du die Zeitung liest oder die Nachrichten schaust: Bleibst du in deiner Ruhe, im Vertrauen? Oder hast du jedes Mal danach das Gefühl, dass der Zustand der Welt trostlos und hoffnungslos ist, die Missstände unüberwindbar, und dass mit jedem Tag eigentlich alles nur noch schlimmer wird?

Wie wäre es, wenn du für ein paar Tage die Nachrichten oder die Tageszeitung weglassen würdest? Wenn das nicht geht, zum Beispiel aus beruflichen Gründen, dann versuche, dich bewusst gegen die Negativität zu schützen, indem du dir sagst: »So ist es im Moment – doch es ist veränderbar.« Richte deinen Fokus auf die Lösung und die Heilung dieser Zustände. Frage dich: Wo kann mein Beitrag sein, um Dinge zu verändern, besser zu machen, Konflikte zu lösen, Wachstum für uns alle zu schaffen? Nimm die Nachrichten nicht länger als Quelle für Mutlosigkeit, sondern als Treibstoff für mehr Mut, mehr Tatkraft, mehr Lust auf dieses Leben!

Fang bei dir selbst an: Übe dich täglich im Vertrauen und lebe dieses Vertrauen deinen Kindern, Partnern, Eltern, Kollegen, Kunden vor. Es wird Kreise ziehen! Fang bei dir an und bewege so das große Ganze.

Ich glaube fest daran, dass jede Generation die Lösungen für ihre Herausforderungen in sich trägt. Wir selbst und unsere Kinder und Enkel tragen schon die Lösungen in uns, die wir für unser Jetzt, für unser Morgen brauchen. Wir brauchen nur hinzuhören, hinzuschauen, hinzufühlen und unseren Geist *bereit* zu halten.

Dazu gehört natürlich, Lösungen auch zu *wollen*. Manche Menschen gehen durchs Leben mit der Einstellung »Geh mir weg mit deiner Lösung, sie ist der Tod für mein Problem«, wie es Annett Louisan in einem Lied singt. Wir haben die Wahl. Morgens, vor dem Spiegel, wenn der Tag beginnt und wir unsere Kleidung wählen: Vertrauen oder Angst?

Wo wären wir heute in unserer Technik und in der Medizin, wenn die Forscher und Erfinder alle nur Angst gehabt hätten? Sie hatten sicherlich Angst, doch sie wurden angetrieben von einer Idee. Es gehört Mut dazu, sich auf den Weg zu machen, Dinge anders zu machen. Es gehört Mut dazu, sich in einer Welt, die überwiegend misstrauisch und negativ denkt, hinzustellen und zu sagen: »Ich habe Vertrauen.«

Und wir müssen es ja nicht mal laut sagen: Es reicht ja, wenn wir das Vertrauen einfach LEBEN. Jeder unserer Gedanken hat Wirkung – jeder negative, jeder positive.

Jeder Gedanke, den wir gestern gedacht haben, hat unser HEUTE erschaffen. Und jeder Gedanke, den wir heute denken, erschafft unser MORGEN. Unsere Kinder und Enkelkinder werden es uns danken, wenn wir heute anfangen, vertrauensvoll zu denken!

Ein Spiel von Geben und Nehmen

Wer selbstständig ist, arbeitet selbst und ständig.« Vielleicht kennst du diesen Spruch. Ich habe früher immer gedacht: Das stimmt, und das muss so sein. Inzwischen, seit ich mich mit der Kraft unserer Gedanken und dem bewussten Erschaffen neuer Gedankenmuster beschäftige, glaube ich: Das muss nicht so sein!

Wir können nach dem Motto arbeiten: »Erfolg ist hart erarbeitet« und »Ohne Fleiß kein Preis«. Wir können aber auch nach dem Motto arbeiten: »Ich bin mit Leichtigkeit erfolgreich« oder »In 20 Prozent meiner Zeit mache ich 80 Prozent meines Umsatzes«. Letzteres ist die 80-20-Regel, auch bekannt als das »Pareto-Prinzip«.

Wir entscheiden, wie wir leben und arbeiten! Und wir legen den Grundstein dafür in unseren Gedanken.

Auch ich habe über viele Jahre geschuftet und geackert, weil ich dachte, das müsse so sein. Auch heute gibt es immer noch Phasen, in denen ich teilweise 12 bis 16 Stunden am Tag arbeite. Dann muss auch ich mich wieder zurückrufen und mich daran erinnern: »Es geht auch leichter.« Dann überlege ich, welche Aufgaben ich delegieren kann, um mich auf das Wesentliche zu konzentrieren und bestimmte Dinge bewusst nicht zu tun – auch wenn sie der Rest der Welt für nötig hält.

Grundlage ist auch hier wieder unser Vertrauen. Das Vertrauen, dass es »klappt«. Dass wir erfolgreich sein können und werden. Dass wir der Welt etwas Tolles zu bieten haben.

Jeder von uns bringt eine einzigartige Mischung aus Talenten und Fähigkeiten mit sich. Ein unvergleichliches Wissens- und Erfahrungsbündel gepaart mit seiner Persönlichkeit, die es so kein zweites Mal auf dieser Welt gibt. Jeder ist ein Unikat. Vielleicht hast du dich noch nie als ein Unikat gefühlt, als etwas ganz Besonderes. Dann beginne jetzt!

Die amerikanische Neurowissenschaftlerin und Unternehmerin Dr. Renée Moore, die innerhalb weniger Jahre zehn Unternehmen in neun verschiedenen Ländern aufgebaut und in den Erfolg geführt hat, sagt: »Euer Kunde will wissen, WARUM ihr tut, was ihr tut – was euch innerlich antreibt. Es geht nicht primär um das, WAS ihr anbietet. Es geht in erster Linie um das WARUM!«

Renée hat Recht: Es ist unser WARUM, und es ist unsere einzigartige Mischung aus unserem Talent, Können und Spirit, den nur *wir* haben und der dazu führt, dass unsere Kunden bei uns kaufen.

Renées Website findest du im Anhang des Buches. Sie ist eine erstaunliche Frau, und ihre Veranstaltungen für Unternehmerinnen und Unternehmer sind sehr zu empfehlen!

Seit ich das begriffen habe, kommen nur noch Projekte und Kunden zu mir, die wirklich zu mir passen und zu denen ich passe. Die anderen bleiben entweder gleich weg, oder sie nehmen mein Angebot nicht an. Ich mache keine Projekte mehr, bei denen ich mich zeit- oder kräftemäßig oder finanziell völlig verausgabe. Alles muss in Balance sein. Und es finden immer die Richtigen zusammen. Ein potenzieller Kunde sucht jemanden, der preisgünstiger ist als du? Er wird ihn finden! Aber du bist es nicht, denn deine Arbeit hat den Wert, den du ihr gibst und den du brauchst, damit die Balance für dich stimmt!

Unsere idealen Kunden sind sich des Werts unserer Leistung bewusst, nehmen unser Angebot mit Freuden an und begleichen auch später die Rechnung mit Freuden. Hat jemand keine Wertschätzung für das, was wir tun, können wir unseren Preis noch so sehr drücken – wir werden den Auftrag nicht bekommen oder ihn nur unter Aufbietung aller Kräfte erledigen. Und am Ende ist niemandem gedient, und es kommt nicht das Ergebnis dabei heraus, das möglich gewesen wäre. Das gilt für Selbstständige wie für ganze Teams in Unternehmen.

Es ist ein Kreislauf von Geben und Nehmen. Das Mittel, das diesen Kreislauf in Gang und die Waagschale im Gleichgewicht hält, ist das Geld. Natürlich spielen auch Anerkennung und Dankbarkeit eine wichtige Rolle. Doch wir sprechen hier über Geld. Und die Geldsumme zeigt an, ob der Ausgleich stimmt. Wenn nicht, entsteht ein Ungleichgewicht, das über kurz oder lang zu Missstimmungen führt.

Treffen wir unsere Wahl also sorgfältig – wie in der Liebe auch. Wir spüren sofort, wenn unser Partner nicht der Richtige ist. Wir spüren das auch bei unseren Kunden und Geschäftspartnern. Wir wollen es nur manchmal nicht wahrhaben, drücken die leisen Stimmen weg, die sagen: »Hör auf, beende es, es tut dir nicht gut.« Wir machen so lange weiter, bis wir es emotional spüren, körperlich – oder eben finanziell.

Ein wichtiger Impuls, den ich in einem Coaching bekam und den ich heute an dich weitergebe, ist auch:

Die Motivation hinter einem Projekt sollte nie das Geld sein.

Was bedeutet das? Das bedeutet, dass es viele Menschen gibt, bei denen schnell die Dollar-Zeichen in den Augen leuchten, wenn es um Großaufträge geht. Wenn es nur noch um das Geld geht, um die Summe, die fließen soll, vergessen wir das, worum es bei Projekten eigentlich geht: sich zusammenzutun, um für alle Beteiligten einen Wert zu schaffen.

Ein Immobilienmakler verkauft keine Häuser und Wohnungen, sondern er verkauft ein Stück Lebensraum, ein Dach über dem Kopf für einen Menschen oder mehrere, die sich darin wohl und sicher fühlen.

Ein Autohändler verkauft kein Auto, sondern ein Stück Leichtigkeit, mit dem der Käufer entspannt und möglichst schnell nach Hause zur Familie kommt oder zum Kunden.

Eine Werbeagentur erstellt eine neue Website und eine Broschüre für einen Kunden, damit diese Website und die Broschüre den Erfolg des *Kunden* vergrößern – nicht nur den der Werbeagentur.

Merkst du den Unterschied? Warum möchtest du oder dein Unternehmen unbedingt den Auftrag umsetzen? Was genau bedeutet deine Leistung für den Kunden? WARUM tust du, was du tust?

Unsere Motivation gibt uns Aufschluss darüber, wo wir im Kreislauf von Geben und Nehmen stehen, als Selbstständige und als Angestellte: Wie viel bin ich bereit zu *geben*? Macht es mir Freude, meine Zeit und meine Kraft in diese Firma zu investieren? Oder bin ich unzufrieden – müsste ich eigentlich mehr nehmen für das, was ich gebe? Oder mehr geben?

Die Waage muss in Balance sein – für alle Beteiligten. Nur so macht Arbeiten Freude. Nur so kommt unser WARUM zum Vorschein. Nur so arbeiten wir nicht nur um des Geldes willen, sondern weil wir gemeinsam mit anderen etwas erreichen wollen, wozu wir als Einzelne im Alleingang nicht fähig wären.

Geld ist ein Zahlungsmittel, kein Garant für Sicherheit

Wie die Liebe ist auch das berufliche Spielfeld ein großes Feld der Erfahrungen. Wir dürfen einen Job oder ein Projekt ausprobieren und feststellen »Das war es nicht« oder »Das war großartig, davon will ich mehr!«. Leichtigkeit ist eines der Schlüsselworte dabei.

»Ja, aber es geht doch auch um meine Existenz! Ich muss doch mein Geld verdienen, um die Miete zu bezahlen, alle Versicherungen, unsere beiden Autos, die Schulen und Hobbys der Kinder!«, rufen viele Menschen an dieser Stelle.

Natürlich brauchen wir Geld. Und natürlich bekommen wir Rechnungen. Jeder von uns. Manchmal jeden Tag. Wir leben. Wir nehmen. Wir verbrauchen Wasser und Strom, wir fahren ein Auto, wir essen und kleiden uns, wir lesen Bücher und telefonieren ... Und dafür müssen wir etwas geben. Wir bekommen aber auch viel dafür! Sind wir uns dessen immer bewusst? Haben wir uns mal bei der Post und allen Angestellten bedankt, die bei Wind und Wetter durch die Straßen ziehen, egal in welcher Jahreszeit, um uns die Dinge ins Haus zu liefern, die wir bequem per Mausklick bestellt haben? Wer hat im Versandhaus die Nachtschicht gemacht, damit wir per »Prime«-Lieferung unsere Bücher und Elektrogeräte am nächsten Tag bekommen und sofort nutzen können?

Wir arbeiten, um den Bedarf für unsere Grundbedürfnisse zu decken. Im Idealfall haben wir auch noch genügend Geld für Dinge, die Spaß machen: schöne Reisen, Hobbys, den einen oder anderen Luxus ... Jeder so, wie er es mag.

Sicherheit? Hat irgendjemand mal behauptet, dass Geld uns »sicher« macht? Natürlich ist es in gewisser Weise beruhigend, wenn wir ein bestimmtes Einkommen haben und nicht jeder Wocheneinkauf hart erkämpft ist – oder es keinen Wocheneinkauf gibt, weil kein Geld da ist. Doch Sicherheit, dieses Gefühl, das ganz viele Menschen im Geld suchen, kann nur von innen kommen – aus uns selbst heraus.

Innere Ruhe, Zuversicht und Vertrauen entstehen letzten Endes niemals aufgrund einer bestimmten Summe Geldes, sondern aufgrund des Blicks, den wir auf das Leben werfen. Betrachte ich das Leben als meinen Freund oder als meinen Feind? Vertraue ich in mich und meine »Lebensfähigkeit«?

Nicht einmal Dagobert Duck mit einem ganzen Panzerschrank voller Geld hat sich sicher gefühlt! Warum sollten wir uns sicher fühlen, nur aufgrund einer gewissen Geldmenge? Geld kann von einem Moment auf den anderen wertlos werden. Und selbst, wenn es nicht komplett seinen Wert verliert, dann können Kursschwankungen dazu führen, dass es zumindest einen Teil seines Werts verliert.

Wenn wir das nicht begreifen und weiterhin dem Trugschluss erliegen, dass uns Geld Sicherheit bietet, dann begehen wir einen großen Fehler. Denn dann werden wir zu Sklaven des Geldes und laufen dem Geld nach. Wir jagen ihm hinterher, und wir sind bereit, uns immer weiter zu versklaven – in Verträgen, Krediten, Versicherungen, die uns ein besseres Leben versprechen (und Sicherheit!), und auch in Jobs, die wir eigentlich hassen, aber die wir nicht aufgeben dürfen, weil wir sonst unsere Existenz verlieren – glauben wir.

Das Ganze ist ein Teufelskreis, der schon viele Ehen und ganze Familien zerstört hat. Und daran ist nicht nur das fehlende Geld schuld, sondern auch der Stellenwert, den wir ihm geben, die Macht!

Dort, wo nämlich kein Geld ist, herrscht in der Regel Angst. Und Angst – ich wiederhole mich – blockiert uns. Sie vernebelt unsere Sinne und lässt keine Lösungen mehr zu, geschweige denn liebevolle Kommunikation. Sie treibt Menschen zu verzweifelten Handlungen und Straftaten bis hin zum Selbstmord.

Lösen wir unsere Ängste und alle alten, blockierenden Gedankenmuster rund um das Geld auf. Das ist die erste Aufgabe, die wir haben und mit der wir auch unsere Kinder vertraut machen müssen. Wenn *wir* es unseren Kindern nicht beibringen bzw. ihnen vorleben, wie der Umgang mit Geld gelingen kann – wer soll es dann tun?

Kannst du dir vorstellen, dass du viel Geld auf leichte Weise verdienen kannst? Dass du Freude am Geldverdienen haben darfst? Dass du es wert bist, dein Wunschgehalt zu verdienen?

Unzählige »Glaubenssätze« ranken sich um das Thema Geld,

und ich behaupte, dass kaum ein Mensch auf der Welt frei davon ist. Doch es ist möglich, sich davon zu befreien – so, wie wir auch unsere Ängste auflösen können.

Schreib auf, was du über Geld denkst. Schreib auf, was deine Eltern und Großeltern über Geld gedacht haben. Was sind die Sätze deiner Kindheit über Geld, die immer und immer wieder gefallen sind? Auch das Unausgesprochene: Was hat dir dein Umfeld in Bezug auf wohlhabende Menschen signalisiert? Schreib alles auf!

Die »Chinesische Quantum Methode« eignet sich hervorragend, um solche Glaubenssätze aufzulösen. Sie ist eine Methode, die jeder erlernen kann, um unbewusste Ursachen und Entscheidungen ins Bewusstsein zu holen und sie auf energetischer Ebene aufzulösen – darunter eben auch Glaubenssätze. Karin Hafen, deren Kontaktdaten du im Anhang des Buches findest, ist eine der Expertinnen in Deutschland auf diesem Gebiet. Die Chinesische Quantum Methode ist für viele weitere Themen sehr gut geeignet, und mittlerweile wurden Tausende von Menschen darin ausgebildet. Ich selbst habe sie auch gelernt, bei der Gründerin Gabriele Eckert.

Werden wir uns der vielen Ängste rund um das Thema Geld bewusst und lösen wir sie auf, allein oder mit professioneller Unterstützung. Welche Methodik wir oder unsere Berater dabei verwenden, spielt keine Rolle – Hauptsache, sie hilft!

Zeigen wir unseren Kindern, wie ein Leben in Leichtigkeit geht – ein Leben, in dem wir unsere Entscheidungen in Freiheit treffen und nie wieder aus Angst.

Das Geschäft mit der Angst

Versicherungsvertreter haben es mit mir nicht leicht. Wenn mich ein Mitarbeiter von einer Versicherung anruft oder zu mir nach Hause kommt, sage ich von Anfang an ganz klar, dass ich mich nicht für »den Fall aller Fälle« absichern will. Ich möchte keine Unsummen an Geld im Jahr ausgeben für etwas, das eintreten *könnte*, oder für eine Situation, die eintritt, weil ich sie mir gedanklich erschaffen habe!

Kennst du die Geschichte von der Frau, die im Alter von 42 Jahren ihr Bad renoviert? In Anbetracht der Kosten, die bei einer Komplettrenovierung entstehen, dachte sie: »Ich lasse am besten direkt alles behindertengerecht machen – dann habe ich was davon, wenn mir mal was zustößt!« Sie ließ sich also ein komplett behindertengerechtes Bad einrichten, mit Einstiegshilfen, schwenkbarem Wannensitz und allem, was dazugehört. Schön wurde das Bad. Und: Sie hatte was davon. Jede Menge sogar. Denn wenige Monate nach der Renovierung erlitt sie einen heftigen Bandscheibenvorfall und konnte nicht mehr ohne Einstiegshilfe in die Wanne.

»Wie gut, dass ich das Bad gleich behindertengerecht eingerichtet habe!«, rief sie.

Wie wäre diese Geschichte verlaufen, wenn sie stattdessen bei der Planung des neuen Bades gedacht hätte: »Ich möchte ein wunderbares Bad haben. Und ich werde im Alter so kraftvoll und gesund sein, dass ich dieses schöne Bad dann immer noch nutzen kann.« Wir werden es nie erfahren. Diese Frau hat mit ihren Gedanken und Gefühlen eine Entscheidung getroffen. Und diese Entscheidung hat sich in ihrer Außenwelt manifestiert: als schönes, neues, behindertengerechtes Bad, das sie gleich nutzen konnte.

Bei solchen Situationen muss ich immer an meine Freundin Sandra denken, die sagt: »Geld für den Notfall zurücklegen ist, als plane man eine Katastrophe.« Das geht in die gleiche Richtung. Natürlich ist es schön und beruhigend zu wissen, dass da noch »irgendwo« ein paar Tausend Euro liegen, auf die ich bei Bedarf zurückgreifen kann. Doch warum gehen wir immer gleich vom Schlimmsten aus? Warum gehen wir nicht vom Besten aus?

Erkennst du gewisse Gedankenmuster bei dir wieder? Sieh nach, woher sie kommen. Wer in deinem Umfeld denkt oder dachte ähnlich?

Ich will damit nicht sagen: »Unterschreib keine Versicherungen.« Es gibt sehr hilfreiche Versicherungen, wie zum Beispiel unsere Krankenversicherung, die sich andere Menschen in anderen Ländern wünschen würden.

Worum es mir geht, ist, dass wir unsere Entscheidungen bewusst treffen – nicht aus Angst, dass uns etwas Schlimmes passieren *könnte*. Angstgeschäfte sind keine guten Geschäfte. Wer aus Angst handelt, handelt nicht frei. Egal, ob es ums Heiraten geht oder um eine Versicherung.

Wenn wir in der Angst sind, machen wir uns Sorgen um die Zukunft. Wir haben Angst, dass unser Haus abbrennt. Wir wissen nicht, ob wir morgen noch so arbeiten können wie heute. Wir trauen unseren Fähigkeiten nicht und glauben, mit einer

Unterschrift auf einem Blatt Papier alles absichern zu können. Irgendwann ist sogar jemand auf den Gedanken gekommen, wir könnten unser Leben versichern! Spannend.

Jeder darf mit seinem Leben machen, was er möchte. Und ich freue mich für Menschen, die ihre Lieben nach ihrem Tod gut versorgt wissen wollen oder sich selbst von der Versicherungssumme eine Weltreise gönnen.

Mir geht es einfach um den Aspekt der Freiheit – Freiheit in unseren Gedanken und Entscheidungen.

Lass dir nicht mehr erzählen, dass jemand anderes die Verantwortung für dich übernimmt. Niemand übernimmt die Verantwortung für dich! Keine Krankenkasse, keine Haftpflichtversicherung, keine Lebensversicherung, keine noch so sicher scheinende Geldanlage. Niemand übernimmt die Verantwortung für dich und dein Leben. Sie liegt allein in deiner Hand. Und sie fängt in deinen Gedanken an:

Deine Gedanken entscheiden darüber, wie du dich fühlst.

Deine Gefühle entscheiden darüber, wie du handelst.

Und deine Handlungen führen zu den Ergebnissen, wie du sie im Alltag siehst und spürst.

Unsere Gedanken erschaffen unsere Realität. Das ist das Gesetz der Resonanz, das auf alles im Leben anwendbar ist – auf unsere Beziehungen, unser finanzielles Sein und auch auf unser Wohlbefinden.

Wir entscheiden uns, jeden Tag: für die Angst oder das Vertrauen. Für die Katastrophe oder für das Beste und Schönste, das uns passieren kann.

Die Illusion von Konkurrenz

Dass uns Geld Sicherheit bietet, ist eine Illusion, der viele von uns bisher unterlegen sind. Diese Illusion hat uns glauben gemacht: »Viel Geld« heißt »viel Sicherheit«. Im beruflichen Kontext kommt das Geld in der Regel durch Aufträge. Das bedeutet in der logischen Folge »viele Aufträge = viel Sicherheit«.

Ein Kunde, der wegbricht, ein Auftrag, der nicht zustande kommt, rüttelt also gleich an der Sicherheit, meinen wir. Sofort setzen Ängste ein: »Was passiert da gerade?«, »Was hat der Mitbewerber, was wir nicht haben?« ... Plötzlich werden andere Menschen und andere Unternehmen zur Bedrohung. Zur Konkurrenz.

Concurrere kommt aus dem Lateinischen und heißt *zusammen laufen*. In seiner ursprünglichen Bedeutung hat es nichts mit dem zu tun, was wir daraus gemacht haben: »Zwei sind einer zu viel.« Oder: »Du nimmst mir was weg, wenn du auch auf dem Markt bist.«

Diese Art von Konkurrenzdenken hat einen hohen Preis – den niedrigsten. Wie viele interessante Firmen, die gute, wertvolle Arbeit gemacht haben, sind inzwischen pleite, weil sie dem Preisdruck auf dem Markt nicht standhalten konnten? Wie viele Freiberufler senken ihre Preise auf ein so niedriges Niveau, dass sie nach Abzug von Steuern, privater Altersvorsorge und der Krankenversicherung nicht mehr genug zum Leben übrig haben?

Auch Konkurrenz ist eine Illusion. Niemand kann uns etwas wegnehmen, das zu uns gehört und das bei uns bleiben will. Und wir können keinem anderen etwas wegnehmen, das zu ihm gehört oder bei ihm bleiben will. Genauso wie in der Liebe.

Diese Illusion von Konkurrenz bewirkt, dass wir jeden Tag noch schneller rennen (*currere*), höher springen, weiter denken ... bis wir atemlos und erschöpft stehen bleiben, aufgeben oder sogar umfallen. Manchmal gewinnt einer. Aber kann er sich lange ausruhen? Nein. Denn irgendwo auf der Welt tüftelt gerade jemand schon wieder an einer neuen Lösung, an einem neuen Produkt, das noch besser und noch günstiger herzustellen ist! Wir dürfen eigentlich gar nicht schlafen, denn dank der Globalität könnte dieser Mensch unser Nachbar sein oder auf der anderen Seite des Erdballs leben, die Gefahr ist die gleiche – wenn wir die Dinge weiterhin als Gefahr sehen und nicht als Aufgabe, uns auf das zu konzentrieren, was wir wirklich zu geben haben, und auf unser wahres WARUM.

Der Kuchen ist groß genug für uns alle. Nur in unseren Gedanken ist dieser Kuchen begrenzt. Wir begrenzen ihn. Durch unseren Unglauben und durch unsere Angst.

Die Menschen, die bei mir kaufen wollen, kaufen nicht bei dir. Die Menschen, die bei dir kaufen wollen, kaufen nicht bei mir. Vielleicht probieren sie es mal. Wunderbar, dann haben wir beide was davon und der Kunde erst recht! Wir alle bleiben dabei wach und aufmerksam und überlegen uns: Wie könnte ich noch besser werden, wie könnte ich meine Fähigkeiten noch verfeinern, wie könnten meine Produkte für die Kunden, die ich habe, noch passgenauer werden? Nicht im Sinne von höher-schneller-weiter, sondern im Sinne von »wir selbst« sein, authentisch sein. Darum geht es. Das Geld und der Erfolg sind dann ganz natürliche Folgen.

Machen wir uns frei von Gefühlen der Konkurrenz, der Eifersucht, der Angst. Lassen wir unsere Kunden ruhig mal mit anderen Partnern »tanzen«, lachen, flirten und Spaß haben. Sie kommen zurück, wenn es unsere idealen Kunden sind.

Brennen ja, ausbrennen nein

Wir rennen. Jeden Tag. Von früh bis spät. Viele von uns auch an den Wochenenden. Von innen sieht ein Hamsterrad aus wie eine Karriereleiter, wusstest du das? Es ist aber keine Karriereleiter, es ist ein Hamsterrad. Und das Rad läuft weiter, immer im Kreis, es führt nicht »nach oben« oder »nach draußen«, raus aus der Misere, dahin, wo wir eigentlich hinwollen. Es läuft einfach weiter. Und wir mittendrin, japsend.

Ich bin keine Psychologin, doch ich bin fest davon überzeugt, dass eine der Hauptursachen von Burn-out die Angst ist. Und Angst ist die Abwesenheit von Vertrauen.

Angst davor, die Quartalsziele nicht zu erreichen. Angst davor, insolvent zu werden. Angst, nicht gut genug zu sein, nicht genug zu leisten, nicht schnell genug zu sein im Vergleich zu den Kollegen. Angst, den Job zu kündigen, um das zu tun, was ich liebe ...

Das Verrückte ist: Nichts wird davon besser – aber wir alle

immer abgehetzter und kränker. Wir brennen uns selbst aus. Mit unserem Denken, unserem Fühlen, unserem Verhalten. Niemand anderes brennt uns aus. Wir tun es selbst.

Wie steht es um die Angst in deinem Unternehmen? Sind deine Mitarbeiter oder Vorgesetzten auch von Angst getrieben? Leitest du selbst ein Unternehmen, oder bist du selbstständig und hast »selbst ständig« Angst? Und worin genau bestehen die Ängste? Hast du sie schon einmal ausgesprochen? Wurden sie im Team offen diskutiert?

Unseren Ängsten ins Gesicht zu schauen und sie offen auszusprechen nimmt ihnen den Schrecken. So wie im Märchen, wenn wir den Gespenstern offenen Auges begegnen. Mit Ängsten, die offen ausgesprochen wurden, kann man umgehen. Die im Verborgenen hausen, treiben ihr Unwesen weiter.

Was glaubst du, wie erfolgreich kann ein Produkt oder ein Service sein, bei dessen Entstehung von Anfang an die Angst im Spiel ist? Und um wie viel erfolgreicher kann die ganze Sache sein, wenn alle Beteiligten von Beginn an auf das bestmögliche Ergebnis vertrauen? Quartalsziele sind das eine. Wahrer Erfolg hat viele Ebenen, die über die Zahlen weit hinausgehen.

Klink dich nicht länger ein in das Hamsterrad, das von der Angst angetrieben wird. Sprich deine Ängste und Befürchtungen offen aus und frage andere nach den ihrigen.

Wenn wir sie dann noch auflösen, Schritt für Schritt, kommt frischer Wind in unsere Ideen, regenerieren wir mental wie körperlich – und können so wieder flexibel und kreativ agieren, wie es sich unsere Kunden von uns wünschen. Unsere Kunden wollen Spaß haben mit uns, sie wollen in Leichtigkeit und Freude mit uns arbeiten – das zieht sie an! Unsere Angst dagegen stößt sie ab.

Auch beim Thema Burn-out kommt wieder die Wertschätzung ins Spiel: Wenn wir in unserem Beruf, ob als Angestellter oder Unternehmer, nur geben, geben, geben – und bekommen nichts zurück, was passiert dann? Wir brennen aus. Denn wir bekommen keinen Ausgleich oder nicht genug für das, was wir leisten. Wie in einer Partnerschaft, bei der der eine immer nur gibt und nichts zurückbekommt, gerät die Waage aus dem Gleichgewicht.

Die Arbeit, die wir leisten, die kreative Energie, die wir in etwas hineingeben, und auch unsere Zeit, die wir in diesem Leben nur einmal vergeben können – all das muss ganz genau ausgeglichen werden.

Mitarbeiter fühlen sich in einem Unternehmen nicht gut bezahlt? Dann kannst du davon ausgehen, dass sie nicht ihre maximale Leistung erbringen! Ein Unternehmen sucht die besten Leute auf dem Markt, will aber die Löhne so niedrig wie möglich halten? Achtung, Ungleichgewicht! Dieses Unternehmen wird Menschen »anziehen«, die das gleiche Muster leben: viel geben, wenig bekommen. Und plötzlich werden sie krank ... Oder das Unternehmen wird krank ...

Wir können von anderen nur das erwarten, was wir selbst zu geben bereit sind. Wir müssen unsere Mitarbeiter so bezahlen, wie wir selbst gerne bezahlt werden möchten. Und wir müssen uns auch selbst diese Wertschätzung entgegenbringen – wir müssen wissen, was wir *verdienen,* und dies ebenfalls von denen einfordern, die uns bezahlen! Sonst brauchen wir uns nicht zu wundern, wenn alle ausgebrannt sind.

»Was will ich wirklich?«, »Wie will ich leben?«, »Wie will ich arbeiten?«, »Wo ist mein Platz?«

Das sind Fragen, die nur jeder selbst für sich beantworten kann. Und für die es die passenden Antworten gibt. Wichtig ist dabei, ehrlich zu uns selbst zu sein. Nicht zu sagen: »Na ja, eigentlich würd ich ja gerne, aber ich kann nicht, weil …« Und als Ausrede wird dann schnell der Partner oder die Kinder oder die laufenden Kredite hergenommen. Wenn Entscheidungen in der Vergangenheit getroffen wurden, die uns heute das Gefühl geben, unfrei zu sein – höchste Zeit, uns davon zu befreien oder die Dinge so zu verändern, dass wieder Freiheit entsteht.

Ja, das erfordert Mut. Und es erfordert Einsatz. Auf der Couch liegen zu bleiben und alles beim Alten zu lassen ist leichter. Doch dein Mut und dein Einsatz lohnen sich, es geht schließlich um dein LEBEN!

Nimm dir einen Moment Zeit und beantworte die folgenden Fragen:

Möchtest du acht Stunden pro Tag arbeiten, zehn, zwölf oder vielleicht nur fünf? Was möchtest du tun in dieser Zeit? Was kannst du anderen in dieser Zeit Wertvolles geben oder vermitteln? Was machst du mit der restlichen Zeit? Wo lebst du, wohin reist du, mit wem umgibst du dich? Wie viel davon ist Zeit für dich allein? Wie viel Geld brauchst du, um gut zu leben? Wofür setzt du es ein? Wie viel brauchst du wirklich?

Hab Geduld und bleib dran. Die Fragen lassen sich möglicherweise nicht so einfach beantworten, wenn man jahrelang und jahrzehntelang den Fokus auf dem »nicht« hatte: »Was will ich nicht?« Beziehungsweise wenn man sein Leben lang die Wünsche und Bedürfnisse anderer in den Vordergrund gestellt und sich gar nicht getraut hat, das eigene Wollen zu formulieren.

Lass die Antworten in der Zeit kommen, die sie brauchen. Sei dankbar für jedes Bild, jede Ahnung, jedes Wort, das du bekommst. Schreib es auf oder male es und sammle alle Antworten, die du bekommst, in einem Notizbuch oder auf einer Leinwand. Nutze die »Morgenseiten« von Julia Cameron aus ihrem Buch *Der Weg des Künstlers.* Du erinnerst dich – Morgenseiten sind drei frei geschriebene Seiten am Morgen, die du nur für dich schreibst und niemandem zeigst, um inneren Ballast loszuwerden und den Geist frei zu machen.

Die drei Seiten werden einfach »runtergeschrieben«, ohne Anspruch auf Druckreife oder literarische Qualität. Sie sind kein Tagebuch, in dem du chronologisch vorgehen würdest. Sie spiegeln einfach den Moment: Was ist gerade los? Sie werden auch nicht gelesen, zumindest nicht in den ersten Wochen. Sie werden einfach geschrieben – und dann Kladde zu, zurück in den Schrank, und am nächsten Morgen geht es weiter.

Morgenseiten sind ein fantastisches Mittel, um den Kopf frei zu bekommen und in Verbindung mit uns selbst zu bleiben. Auch eine wichtige Voraussetzung, um nicht auszubrennen!

Ein Tipp: Wenn man beginnt, die Morgenseiten zu schreiben, tauchen oft viele Fragen auf, viele Zweifel und Unsicherheiten. Doch nach und nach kommen auch Antworten, neue Ideen, neue Ziele! Schreib darum weiter, jeden Tag, egal, was dir auf dem Papier begegnet. Eines Tages wird das Bild deines Weges, deines Lebens vollständig sein. Bis dahin sieh jeden Menschen und jeden Konflikt, der dir begegnet, als Übungsfläche an, als Spielbrett, das sich aufklappt und dich einlädt, mitzuspielen, um zu schauen, wo du stehst, wie stark du schon geworden bist, wie klar, und wo noch etwas fehlt, das jetzt entstehen darf. Oder um vielleicht zu sagen: »Nein danke, dieses Spiel spiele ich nicht mehr mit!«

Und wenn du weißt, was du willst, dann bitte darum und lass dich überraschen, auf welche Weise das Geld und die Möglichkeiten zu dir kommen.

Ich hatte ja schon von der Anfrage erzählt, im Herbst 2013 in Los Angeles auf einer Autorenkonferenz einen Vortrag zu halten sowie einen kreativen Schreibworkshop für Jugendliche des L. A. Boys and Girls Club. Ich freute mich sehr darüber, doch ich zögerte auch: Die beiden Aufträge waren unbezahlt. Dafür eine Reise in Höhe von dreieinhalbtausend Euro in Kauf nehmen?

Ich sagte mir: »Wenn ich diesen Vortrag halten soll, wenn ich für die Menschen auf dieser Konferenz da sein soll und auch für die Jugendlichen, damit sie lernen, an ihre Kreativität zu kommen und damit in ihr Selbstbewusstsein – dann bekomme ich in den nächsten 48 Stunden das Signal, dass das Geld dafür da ist.«

Am Tag danach erreichte mich die Anfrage für ein neues großes Projekt. Und noch einen Tag später (alles innerhalb der 48 Stunden) ein konkreter Auftrag, für den ich innerhalb weniger Wochen direkt eine Anzahlung in Höhe von mehreren Tausend Euro bekam. Das Signal war da: Ich würde fliegen. Ich sagte den beiden Veranstaltern zu und buchte meinen Flug und mein Appartement.

Verena, die Freundin, die am Telefon zu mir gesagt hatte, dass wir am besten immer das Ergebnis loslassen sollten, erzählte mir im gleichen Telefonat die Geschichte ihres neuen Autos:

»Eigentlich wollte ich die ganze Zeit einen roten BMW haben, bekam aber das Geld dafür nie zusammen. Dann habe ich mir überlegt: Was für ein Auto brauche ich eigentlich? Und meine Antwort war: Ich brauche ein Auto, das genauso viel kostet im Unterhalt wie mein jetziges, und es soll mich idealerweise auch nichts in der Anschaffung kosten.« Wie das gehen sollte, wusste sie selbst nicht. Ein paar Tage später rief ihr Vater an und sagte: »Du, ich bin hier gerade bei Volvo und da steht ein gebrauchter Wagen, der richtig toll aussieht, und ich denke gerade: Der wär doch was für Verena. Den würde ich dir gerne schenken!«

Klingt das verrückt oder märchenhaft? Ja, das tut es, zumal wahrscheinlich nicht viele Menschen einen Vater haben, der ihnen mir nichts, dir nichts ein Auto schenkt. Für Verena ist es real geworden – und das Auto kam zu ihr, als sie wusste, was sie wollte und wirklich brauchte.

Vielleicht wird *dieser* Moment für uns nicht real – aber ein anderer, der auf den ersten Moment genauso verrückt und märchenhaft klingt. Ich bin mir sicher, dass du solche »magischen« Momente schon erlebt hast und wieder erleben wirst. Das Zauberwort heißt: Daran glauben und wissen, was ich wirklich will.

Es sind meist gar nicht die Millionen, die wir für unseren Alltag brauchen. Zunächst mal ist es unser täglicher Bedarf. Wenn der gedeckt ist, dann kommen die anderen Wünsche dran.

Und diesen täglichen Bedarf mit Leichtigkeit und ganz viel Freude zu decken, mit einer Arbeit, die uns Spaß macht und in der sowohl wir als auch unsere Kunden und Arbeitgeber alle gemeinsam wachsen und weiterkommen – das ist das Ziel, das ich für mich habe und das ich auch dir wünsche. Und ich bin überzeugt davon, dass es möglich ist. Ganz ohne Ausbrennen.

Manchmal müssen wir dafür noch ein paar »Bremsen« lösen. Um die geht es auf den folgenden Seiten.

50 000 Euro und ein verlorener Zwilling

Manchmal scheint es nicht zu reichen, dass wir wissen, was wir wollen. Wir mühen uns ab und schuften rund um die Uhr – und unser Kontostand? Tief in der Erde, fast am Erdmittelpunkt. Wir selbst? Am Ende unserer Kraft.

Wenn wir alles gegeben haben und doch nichts vorwärtsgeht, dann sind möglicherweise innere »Bremsen« am Werk. Bremsen bzw. Blockaden, die uns nicht bewusst sind, weil sie ihre Ursache im Unbewussten haben. Wir können sie nicht sehen, und wir können sie auch nicht erklären oder finden, so sehr wir in unserem Alltag danach suchen – und doch sind ihre Auswirkungen spürbar, zum Beispiel durch ausbleibenden Erfolg, wiederkehrende Konflikte in unseren Beziehungen usw.

Durch meine intensiven Ausbildungen, unter anderem im Familien- und Organisationsstellen und auch in anderen Formen der Energiearbeit, habe ich viel gesehen und erlebt. Ich habe schwere Schicksale gesehen. Und ich habe gesehen, welche Heilung möglich ist. Ich habe Menschen gesehen, die aus den schwierigsten Umständen kamen (gesundheitlich, partnerschaftlich, finanziell) und die heute das Leben und die Beziehungen führen, von denen sie immer geträumt haben.

Lass mich dir eine Geschichte aus meinem eigenen Leben erzählen, deren Auswirkungen mit dem Thema Geld zu tun hatten, deren wahre Ursache aber ganz woanders lag.

Es muss um das Jahr 2004 herum gewesen sein. Ich arbeitete damals als Drehbuchautorin für ein Projekt mit einem Auftragsvolumen von etwa 50 000 Euro. Das war die Summe, die man damals für ein 90-minütiges Drehbuch bekam. Nicht auf einmal, sondern in Raten, angefangen vom sogenannten Exposé, das die Idee auf drei bis fünf Seiten skizziert, über ein längeres Treatment von 30 bis 40 Seiten bis hin zu den verschiedenen Drehbuchfassungen, die man schreibt und umschreibt, den Wünschen von Regisseur, Produzent und Redakteur entsprechend. Ein solches Projekt erstreckt sich meistens über einen Zeitraum von zwei bis drei Jahren.

Ich hatte eine Idee, die auch sofort auf das Interesse einer Filmproduktion stieß. Der Vertrag war schnell gemacht, und er sah vor, dass ich bei seiner Unterzeichnung eine erste Rate von 1000 Euro bekam. Bei Abnahme des Exposés sollten weitere 2000 Euro folgen. Die Abnahme zog sich über ein Jahr hin, in dem ich das Exposé drei Mal umschrieb. Es war eine Komödie über eine junge Frau, die im Laufe der verschiedenen Fassungen zehn Jahre älter wurde – auf Wunsch des Senders.

Zehn Jahre machen im Leben eines Menschen viel aus: Der Blick verändert sich, man hat andere Konflikte ... Spätestens hier hätte ich als Autorin »Stopp!« sagen und die Geschichte zurückziehen müssen. Doch Vertrag ist Vertrag, dachte ich, und schrieb brav weiter. Nach einem Jahr – in dem ich natürlich auch andere Dinge tat, aber doch sehr viel Zeit und Energie in dieses Buch investierte – bekam ich eines Tages die Mitteilung, dass sich der Sender dazu entschlossen hatte, das Projekt nicht weiterzuverfolgen, es sei »überentwickelt«. Von den 50 000 Euro, die ich bei erfolgreichem Verlauf des Projekts bekommen hätte, bekam ich die 1000, die ich bei Vertragsunterzeichnung erhalten hatte. Und dabei blieb es.

Kannst du dir vorstellen, wie sich das anfühlte? Es war wie ein Schlag ins Gesicht. Es war nicht der einzige Schlag in den vorangegangenen Jahren gewesen. Ich hatte sie alle mehr oder weniger den Anfangsjahren der Selbstständigkeit zugeschrieben, im Glauben, das müsse so sein. Doch jetzt war ein Punkt erreicht, an dem ich drauf und dran war, meine Arbeit an den Nagel zu hängen.

Interessant war, dass es nicht an mir und meiner Person und meinen Ideen lag und auch nicht am mangelnden Willen oder der Sympathie meiner Auftraggeber. Die Zusammenarbeit fühlte sich vom ersten Moment an sehr gut an. Hier waren andere Dinge am Werk, das spürte ich. Und sie hatten eine Dimension, der nicht mal eben mit dem Lesen von ein oder zwei Erfolgsratgebern beizukommen war, das spürte ich auch.

Da ich ein Mensch bin, der den Dingen gern auf den Grund geht, nutzte ich die Gelegenheit und machte eine Projekt-Aufstellung nach der Art, wie man bei Familienaufstellungen (auch als »Familienstellen« bekannt) vorgeht.

Die Aufstellungsarbeit macht sich das Phänomen zunutze,

dass zwischenmenschliche Beziehungen und Konfliktsituationen von sogenannten »Stellvertretern« nachgestellt werden können, ohne dass die tatsächlich an der Situation beteiligten Menschen (zum Beispiel Eltern, Partner, Kinder) anwesend sind. Dieses Nachstellen liefert erstaunlich hilfreiche Informationen über die Beziehungen, die Ursachen der Konflikte und auch Lösungsansätze, ohne dass die Stellvertreter die »realen« Personen kennen.

Eine Aufstellung läuft in der Regel folgendermaßen ab:

Der Klient, der ein Anliegen hat, wählt aus einer Gruppe von Menschen einen Stellvertreter für sich selbst aus und weitere Vertreter für die Personen, die an der zu lösenden Situation beteiligt sind. (Die Aufstellung kann auch in Einzelsitzungen durchgeführt werden, ohne weitere Teilnehmer, dann arbeitet der Coach zusammen mit dem Klienten und mit kleinen Figuren oder Gegenständen, die als Stellvertreter dienen.)

Ich wählte in meinem Fall also einen Stellvertreter für mich, für das Projekt, für die Filmproduktion und den Sender aus, setzte mich an den Rand und war gespannt, wie sich die Dinge entwickeln würden.

Es dauerte nicht lange, da wurde uns Zuschauern und auch den Stellvertretern klar, dass mein geplatzter Auftrag nichts, aber auch gar nichts mit der schönen Filmidee, meinen schriftstellerischen Fähigkeiten oder den Auftraggebern zu tun hatte. Es hatte allein mit mir zu tun bzw. mit einer Person, die der Therapeut intuitiv und aus seiner langen Erfahrung als Aufstellungsleiter mit in den Kreis hinzugenommen hatte – vorerst ohne uns zu sagen, um wen es sich dabei handelte.

Der Stellvertreter dieser Person lag (lag!) am Boden, zwischen mir und meinen Kunden. Es war ein Kind. Ein Kind, das nicht mehr lebte, das auch nie zur Welt gekommen war, sondern schon in den ersten Schwangerschaftswochen meiner Mutter »gegangen« war. Es war mein Zwillingsbruder.

Ich hatte einen Bruder gehabt, ein paar Wochen lang, und mein Unterbewusstsein hatte davon gewusst. Ganz tief in meinem Inneren, auf einer Ebene, die sich meinem Bewusstsein entzog, trauerte ich um diesen Verlust, über 30 Jahre lang! Tief in meinem Inneren war etwas, das die ersten Tage mit meinem Bruder erlebt und sie nicht vergessen hatte. Es hatte auch unseren Abschied nicht vergessen. Meine ganze innere Aufmerksamkeit war auf diese Zeit gerichtet, die über 30 Jahre lang her war. Und vor allem: Meine Kunden hatten das alles gespürt – nicht nur in diesem Projekt, sondern mit Sicherheit auch in den Projekten vorher! Und ich hatte mich abgerackert und abgemüht, um nun zu sehen, dass meine innere Aufmerksamkeit in hohem Maße auf die Vergangenheit gerichtet war. Kein Wunder, dass mich das Unmengen an Kraft gekostet hat und dazu beigetragen hat, dass sich die Dinge in der Gegenwart so schwer anfühlten!

Es war ein sehr beeindruckendes Bild, das ich nicht mehr vergessen werde. Das Bild, dass alle meine Auftraggeber sehr gerne mit mir arbeiteten, mich aber mit ihren eigentlichen Wünschen nicht erreichten, sodass ich keine Fassung des Buches schrieb, die ihren Zielen entsprach, dieses Bild und mein am Boden liegender verlorener Zwillingsbruder, haben sich für immer in mir eingeprägt.

Ich habe inzwischen die Gewissheit, dass ich die Erfahrungen, die ich mit meinem Bruder gern in diesem Leben gemacht hätte, in einem anderen Leben machen werde. Dieser Gedanke stimmt mich ruhig und froh.

Wenn dich diese Thematik anspricht, dich näher interessiert, oder du Menschen kennst, für die es wichtig sein könnte, findest du im Buchhandel Literatur zum Thema »verlorener Zwilling« und auch zum Familienstellen. Der innere Zwilling ist ein großes Thema, das mehr Menschen beschäftigt, als man meint. Und es kann weite Kreise ziehen in unserem Leben, ohne dass wir davon ahnen, zum Beispiel auch in unseren Partnerschaften und geschäftlichen Beziehungen.

Karin, die ich eben bei der Chinesischen Quantum Methode genannt habe, gab mir folgenden Heilungssatz, der sehr lösend und befreiend wirkt, wenn wir uns von Seelen verabschieden, die nicht zur Welt gekommen sind, zum Beispiel auch von Frühgeburten oder abgetriebenen Kindern:

»Lieber Bruder (Liebe Schwester bzw. Liebes Geschwisterchen, wenn wir das Geschlecht des Kindes nicht kennen), ich hätte dich so gerne gehabt und geliebt. Ich lasse dich jetzt sofort und in Liebe los, um mein eigenes Glück uneingeschränkt zu leben. Wo immer du jetzt bist und wohin immer du jetzt gehst, wünsche ich dir alles erdenklich Liebe und Gute.«

Dieser Satz wirkt auf einer tiefen Ebene sehr heilsam. Bitte gib ihn weiter, wenn du jemanden kennst, der noch eine Seele zu verabschieden hat. Wichtig ist dabei auch, der Seele einen Platz in unserem Herzen und in unserem Leben zu geben und – wenn möglich – auch mit anderen Menschen über sie zu sprechen. Es tut den ungeborenen Seelen und dem gesamten Familiengefüge im Hier und Jetzt gut, wenn alles ausgesprochen und nichts verschwiegen wird.

Energetische Arbeit wie das Familienstellen und andere Methoden bringen große Heilungs- und Lösungsprozesse in Gang. Ich werde nie den jungen Mann vergessen, der ständig in Unfälle und schwere Brände verwickelt war, weil er sich unbewusst mit dem Schicksal seines Großvaters identifizierte und ihm »nacheiferte«. Erst wenige Monate zuvor war ihm seine Firma sprichwörtlich um die Ohren geflogen – es gab eine große Explosion in seiner Produktionshalle.

Der Großvater dieses Mannes hatte es sehr schwer gehabt im Leben. Und ein unbewusster Anteil in diesem jungen Mann hatte beschlossen: »Ich trage ein Stück von Opas Schicksal mit. Wenn es *mir* schlecht geht, geht es dem Opa ein bisschen besser.« So denken vor allem auch Kinder, wenn sie sehen, wie schwer es die Eltern oder Großeltern haben. Bei seiner Aufstellung dabei sein zu dürfen und den tiefen Moment der Erkenntnis und Heilung zu erleben hat mich sehr berührt.

Während ich an diesem Kapitel schreibe, erlebe ich gerade große Heilung im eigenen Bekanntenkreis: Thomas, Anfang fünfzig, versucht seit Jahren, eine Gewerbeimmobilie im Wert von zwei Millionen Euro zu verkaufen. Es gab durchaus interessierte Käufer in den letzten Jahren – doch irgendetwas kam immer dazwischen. Die Bank machte mittlerweile Druck, sperrte seine Konten, und du kannst dir vorstellen, wie »gut« Thomas in den letzten Jahren schlief mit zwei Millionen Euro Schulden. Nach unzähligen Besichtigungsgesprächen in den letzten Jahren und Verhandlungen, die alle zu nichts führten, traf er eine Entscheidung: sich von Karin beraten zu lassen. Sie stellte das Anliegen auf. Folgendes kam dabei heraus: Auf dem Gelände, auf dem die Immobilie steht, ist ein großes energetisches Ungleichgewicht entstanden durch viele Konflikte der Vor-Eigentümer. Außerdem ist der Boden stark kontaminiert. Dies führte dazu, dass sich die interessierten Käufer unbewusst abgestoßen fühlten – so sehr sie bei den Besichtigungen Interesse zeigten. Thomas hätte noch so viele Termine machen können – er hätte das Gebäude höchstwahrscheinlich nicht verkauft! Jetzt, als er die Situation erkannte, konnte er daran arbeiten, mit Karin und mit Hilfe einer auf solche Gelände spezialisierten Feng-Shui-Beraterin. Ich bin mir sicher, er wird diese Immobilie jetzt verkaufen, und es wird etwas sehr Schönes darauf entstehen.

Unbewusste Bremsen wirken tief und weitreichend. Manchmal über Jahre und Jahrzehnte, ohne dass wir sie erkennen. Ich habe dir mein persönliches Erlebnis so ausführlich erzählt, weil ich dich ermutigen möchte, dich auf die Suche nach den Dingen zu begeben, die dich von dem Leben abhalten, das du dir wünschst und erträumst und das du verdienst. Wir alle verdienen das Beste und Schönste und Größte – und das auf dem leichtesten Wege. Wie viele Menschen strampeln sich den ganzen Tag ab, arbeiten Tag und Nacht, können ihre Familien und Partner nicht mehr genießen, ihre Kinder und Enkel, weil sie alles geben, bis auf den letzten Tropfen Lebenskraft. Ich weiß, wovon ich spreche. Ich bin Meisterin darin gewesen, mich selbst auszuquetschen bis aufs Letzte. Ich danke es meinem Körper, dass er das mitgemacht hat. Und ich habe es meinen lieben Freunden und Gefährten, weiblichen wie männlichen, zu verdanken und meiner Seele, dass sie mich immer wieder rechtzeitig auf ein normales Maß zurückgepfiffen haben.

Wenn sich unser Erfolg nicht so schnell einstellt wie gewünscht, ist die Gefahr groß, einfach noch mehr zu machen und noch mehr und noch mehr. Wir treiben das Hamsterrad fast zu Lichtgeschwindigkeit an, statt nach möglichen anderen Ursachen zu suchen, die in uns wirken – und die manchmal nichts mit der eigentlichen Situation zu tun haben, wie wir bei mir und meinem inneren Zwilling gesehen haben. Es lohnt sich, den Blick zu öffnen und sich Rat zu holen bei professionellen Coachs und Therapeuten, sei es in der Familien- oder Organisationsaufstellung, in der Energiearbeit und auch im Heilchanneling, das zu den Informationen von Herz und Verstand noch die Informationen der Seelen-Ebene hinzufügt: »Worum geht es hier gerade wirklich?« Meiner Erfahrung nach erleichtert das Entscheidungen und neue Zielsetzungen enorm.

Möglicherweise findest du diese Geschichten, die ich dir hier erzählt habe, merkwürdig. Vielleicht passen sie nicht zu deinem bisherigen Weltbild. Das ist völlig in Ordnung. Jeder von uns lebt sein Leben so, wie es ihm gefällt. Astrid, meine Freundin aus Berlin, hat einmal zu mir gesagt: »Christine, immer musst du jeden Stein umdrehen.« Ja, das stimmt. Wenn ein Stein in meinem Weg liegt, dann muss ich ihn umdrehen und mir anschauen, wer er ist, warum er da liegt und wie ich ihn aus dem Weg räumen kann. Dafür nutze ich meine eigene Arbeitskraft und meine eigenen Ideen. Dafür nutze ich aber auch, wenn mein Einsatz nicht reicht, die Hilfe anderer, auch wenn ihre Methoden auf den ersten Blick ungewöhnlich erscheinen. Entscheidend ist für mich, wie ich das Ergebnis erreiche, das ich mir wünsche. Lieber probiere ich ungewöhnliche Wege aus, als in einer stagnierenden und kräfteraubenden Situation zu verharren!

Neben dem Familienstellen und der Chinesischen Quantum Methode gibt es weitere Methoden, um uns den Weg zu mehr Wohlbefinden, erfüllten Beziehungen und mehr Leichtigkeit in den Finanzen zu ebnen. Ich selbst habe neben Gabriele Eckert noch bei Frank Kinslow (»Quantum Entrainment«) und bei Richard Bartlett (»Matrix Energetics«) gelernt, beide aus USA. Es gibt viele hilfreiche Angebote, und das ist gut so, denn jeder von uns hat einen anderen Blick auf die Dinge und andere Herangehensweisen. Schau dich auf dem Markt um. Wenn du dich für diese Art Arbeit interessierst, wirst du auf die richtigen Menschen und Methoden treffen.

Wer vollständig ist, ist frei

Wie in der Liebe geht es auch in unseren Unternehmen um Vollständigkeit. Kein Chef kann seine Mitarbeiter »vervollständigen« und keine Mitarbeiter ihren Chef! Wo der eine den anderen braucht, ob zur Anerkennung, zur Bestätigung, zur emotionalen Unterstützung, zum Anlehnen, zum »Ausbaden«, zum Manipulieren, zum Ziele-Erreichen, geraten die Dinge in Schieflage. Meist bleibt dann kaum noch die nötige Energie, um sich auf wertvolle Produkte, attraktive Angebote und den idealen Kunden zu konzentrieren.

Ute, eine Beraterin, die sehr viel mit Führungskräften zusammenarbeitet, sagte einmal: »Du glaubst gar nicht, wie viele verletzte Kinder in den Führungsetagen herumrennen.«

Damit meinte sie die verletzten »inneren Kinder«, das sind Anteile in uns, die noch Verletzungen aus unserer Kindheit in sich tragen, zum Beispiel Zurückweisungen oder unerfüllte Wünsche.

Diese verletzten inneren Kinder kann man heilen. Katharina Koeppe aus Berlin zum Beispiel arbeitet täglich damit. Es ist ganz erstaunlich, was passiert, wenn diese inneren Kindheitsanteile Gehör bekommen und wir ihnen zeigen können, dass sich die Situation verändert hat und wir heute, als Erwachsene, anders darauf reagieren können als als Kind. Sehr hilfreich ist dieser Ansatz der Heilung der inneren Kinder – nicht nur für unser Berufsleben, sondern auch für unsere Partnerschaften!

Vollständig werden. Ganz werden. *Complete.* Auf emotionaler Ebene. Auf geistiger Ebene. Und auf körperlicher Ebene. Dafür haben wir die Verantwortung. Niemand nimmt uns diese Verantwortung ab. Niemand sorgt dafür, dass wir morgens gut gelaunt und mit Freude auf den vor uns liegenden Tag aufstehen. Niemand nimmt uns den Weg zur Arbeit ab. Niemand schaufelt uns den Weg frei durch die Papiere, die sich auf dem Schreibtisch stapeln, und die To-do-Listen. Wir sind dafür verantwortlich. Wir allein. Und wir tragen alles, was wir dazu brauchen, bereits in uns oder können uns entsprechende Hilfe holen.

Und denk daran: Neben den »menschlichen Coachs und Beratern« dürfen wir auch den Himmel um Unterstützung bitten. Die Engel sind sonst arbeitslos, erinnerst du dich? Wir sprachen darüber im Kapitel »Ein himmlisches Pflaster aufs Herz« in Teil eins dieses Buches.

Übung: Meinen Erfahrungsradius erweitern

Jetzt ist ein guter Moment, um über Potenziale zu sprechen. Ein Potenzial ist eine *Möglichkeit.* Eine Möglichkeit zur Entwicklung und Entfaltung.

Was war bisher in meinem Leben möglich? Was habe ich mir selbst ermöglicht? Und was soll noch alles kommen?

Hast du dich das schon einmal gefragt?

Du hast in deinem Leben schon jede Menge Erfahrungen gesammelt. Sie alle haben dazu beigetragen, dass du heute der bist, der du bist. Was wünschst du dir noch, welche Erfahrungen sollen jetzt noch kommen? Und warum ist das Gewünschte bisher noch nicht eingetreten? Vielleicht wünschst du dir schon lange, selbstständig zu sein. Oder wieder fest angestellt. Vielleicht wünschst du dir auch einen Wohnsitz an einem anderen Ort oder die Möglichkeit, einem tollen Hobby nachzugehen. Die folgende Übung kann dir dabei helfen, deinen Erfahrungsradius zu erweitern und Dinge in deinem Leben möglich werden zu lassen, die bisher noch nicht möglich waren.

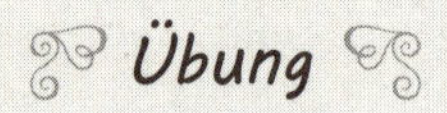

Stell dir vor, dein Leben wäre ein Kreis. In der Mitte ein dicker Punkt. Er ist dein Ursprung, deine Quelle, von der aus du gestartet bist. Die Außenlinie des Kreises bildet den Radius deiner bisherigen Erfahrungen: deine Schulbildung, vielleicht das Abitur, ein Studium oder eine Ausbildung, Beziehungen zu Menschen wie deinen Eltern, Geschwistern, Freunden, Partnern, Kollegen. Auch deine beruflichen Erfolge und scheinbaren Misserfolge gehören dazu. Alle deine Erfahrungen, alles ist in diesem Kreis, deinem Lebenskreis enthalten.

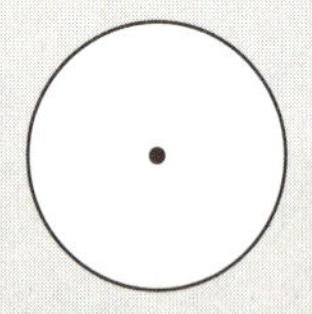

Außerhalb dieses Kreises liegen alle Erfahrungen, die du noch nicht gemacht hast, für die du also noch keine Referenz hast. Wenn du finanziell frei sein möchtest, bist es aber im Moment nicht oder warst es noch nie, dann liegt dieses Potenzial »finanzielle Freiheit« im Moment noch außerhalb deines Erfahrungsradius.

Genauso in anderen Bereichen: Wenn du dir einen neuen Partner oder eine neue Partnerin wünschst, mit der du eine liebevolle, harmonische Beziehung lebst, diesen Menschen aber noch nicht gefunden hast, dann liegt das Potenzial »liebevolle,

harmonische Partnerschaft« im Moment noch außerhalb deines Erfahrungsradius.
Was tun? Wie kommen wir jetzt da hin?
Viele von uns, ich selbst eingeschlossen, haben jahrelang mit Zielen gearbeitet. Wir haben affirmiert, wir haben visualisiert, wir haben uns Meilensteine und Zwischenmeilensteine und Zwischenzwischenmeilensteine gesetzt. Manches hat funktioniert. Manches aber auch nicht. Das liegt daran, dass die meisten unserer Ziele unserem Verstand entspringen. Unser Verstand greift immer auf Erfahrungen zurück, die er schon einmal gemacht hat. Waren wir also noch nie wirklich finanziell frei oder hatten wir noch nie eine liebevolle, harmonische Partnerschaft, wie sollen wir dann dieses Ziel erreichen, wenn wir noch gar keine Referenzerfahrung dazu haben?
Dazu dehnen wir den Kreis jetzt aus. Du hast diesen Kreis ja selbst gebildet im Laufe deines Lebens, und seine Hülle ist so flexibel oder so starr geworden, wie du es dir eingerichtet hast, bewusst oder unbewusst. Dehne seinen Durchmesser aus. Welche Erfahrungen passen jetzt hinein, welche könnten jetzt in dein Leben kommen?
Dehne ihn immer weiter aus, bis er sich richtig gut anfühlt. Geh dabei so weit, wie du kannst. Du bist nicht beschränkt, du brauchst dich nicht länger zu beschränken, dehne dich aus, nimm dir den Platz, den du einnehmen willst, und wenn er bis ins Universum reicht!

Wenn du noch kein Gefühl dafür hast, was du gerne in deinem Leben erfahren möchtest, dann sage:

- »Ich wähle die Partnerschaft, die mich am meisten inspiriert.«
- Oder: »Ich wähle den Wohnort/das Gehalt/das Haus, das mich am meisten inspiriert.«

Wie fühlt sich das an?

Bleib in diesem Gefühl, deinen Erfahrungsradius immer weiter auszudehnen, und lass all die neuen Erfahrungen jetzt in dein Leben kommen – auf welche Weise auch immer. Zu mir kommen Aufträge manchmal auf ganz ungewöhnliche, unerwartete Weise, zum Beispiel auf Bahnfahrten: Im Februar 2008, als ich von der Berlinale zurückfuhr und im ICE von Berlin nach Mannheim saß, nahm neben mir Klaus-Peter Platz. Ich schrieb gerade an einem Exposé für mein erstes Jugendbuch. Klaus-Peter schlief fast die ganze Zeit neben mir. Einmal telefonierte er. Erst zwischen Frankfurt und Mannheim, der letzten halben Stunde Fahrt, kamen wir ins Gespräch – und redeten plötzlich wie zwei Wasserfälle. Wir sprachen über meine Trainings und Coachings, und als ich in Mannheim ausstieg, hatte ich den Auftrag für zwei Trainingstage in einem großen deutschen Unternehmen.

Maxine lernte ich in meinem Lieblingspostkartenladen in Santa Monica kennen. Sie ist Trainerin für Improvisation und kreative Lösungen in Unternehmen. Sie erzählte einer ihrer Freundinnen von mir. Diese Freundin arbeitet bei der Writers'

Guild of America – und sie wiederum dachte gleich an Tony, den Veranstalter mehrerer großer Autorenkonferenzen an der Westküste. Sie schrieb Tony eine kurze Mail … und Tony schrieb sogleich mir und fragte mich, ob ich einen Vortrag auf der nächsten Konferenz halten wolle.

So gehen die Wege des Universums! Schnell, einfach, per Mail – und völlig außerhalb unserer »Planung«. Machen wir jeden Tag unsere Arbeit, geben wir unser Bestes, lassen wir dabei etwas Raum für Wunder, und erweitern wir unseren Erfahrungsradius täglich ein Stück mehr!

In Frieden mit dem, was ist

Ich bin ein sehr ungeduldiger Mensch. Als die Geduld portionsweise auf der Erde verteilt wurde, war ich entweder nicht anwesend oder habe nicht aufgepasst, weil ich gerade mit der netten Seele neben mir geflirtet habe.

Wenn ich eine neue Idee für ein Buch habe, möchte ich am liebsten, dass das Buch schon geschrieben und gedruckt ist – und auf der ganzen Welt gelesen wird. Wenn ich einen Mann kennenlerne, will ich sofort wissen, ob wir ein Paar werden und was in 30 Jahren mit uns ist. Wenn ich ein neues Fitnessprogramm ausprobiere, will ich Resultate sehen – und zwar sofort.

So geht es nicht, ich weiß. Trotzdem tue ich mich manchmal schwer. Während ich an diesem Buch schrieb, erhielt ich eine E-

Mail von Wolfgang, einem lieben Freund aus München. Er hat vor vielen Jahren eine Firma gegründet. Nun zieht er sich aus der Geschäftsführung zurück, hat sozusagen bei sich selbst gekündigt. Dieser Schritt hat ihn viel Mut gekostet, all das, was er mühevoll aufgebaut hat, nun loszulassen und in andere Hände zu übergeben. Er weiß nicht, was das neue Jahr bringt, er hat keine neue Stelle. Er hat zum ersten Mal in seinem Leben keine Ahnung, ein gestandener Mann, Ingenieur, Ende vierzig.

In seiner Mail schrieb er: »Bevor ich etwas verändern konnte, musste ich zuerst mit *dem* in Frieden sein, was IST, das heißt annehmen und akzeptieren, was ist. Auch wenn ich den Status quo als unbefriedigend eingestuft habe.«

Er schrieb weiter, dass er die Erfahrung gemacht habe, dass nur auf dieser Grundlage das Neue entstehen kann und sich Lösungen zeigen, die wir noch nicht kennen und die wir uns auch nicht ausdenken können.

Das ist es! Danke, lieber Wolfgang, du bringst es auf den Punkt. Wie oft bin ich in den letzten Jahren morgens aufgewacht, unter die Dusche gegangen und habe gedacht: »Du bist noch nicht da, wo du sein willst. Wie kommst du schnellstmöglich dahin?«

Ich wurde noch schneller, arbeitete noch länger, nahm noch mehr Projekte an ... und kam trotzdem nicht (oder nicht schnell genug) dahin, wo ich sein wollte. Das Ergebnis: Ich fühlte mich gestresst und ausgepowert.

Wie viel schöner fühlt es sich dagegen an, wenn wir unseren Frieden mit der jetzigen Situation machen und sagen: »Danke für das, was ich schon habe. Danke für die tollen Projekte, die ich betreuen darf. Danke für die wunderbaren Kunden, die in meinem Leben sind. Danke, dass sich das neue Projekt verschoben hat, das gibt mir Zeit, mein Buch anzufangen oder ein altes Projekt in Ruhe abzuschließen. Danke für die Liebe in meinem Leben … Auch wenn ich nicht weiß, was morgen ist: Den heutigen Tag genieße ich mit allen Sinnen!«

Ich glaube, dass dieses Friedenmachen eine der schwersten Übungen für viele Menschen ist. Dazu gehört auch, Teilerfolge zu erkennen und anzuerkennen! Ich selbst habe früher immer sehr schwarz-weiß gedacht, heute sehe ich auch die »Graustufen«: Ein Verlag liebt mein Buchkonzept, ist aber noch unentschlossen, ob er es realisieren möchte? Ein Kunde möchte gern mit uns arbeiten, braucht aber noch Zeit, um die ersten Schritte einzuleiten? Ist doch prima, die erste Stufe ist geschafft, die weiteren werden folgen, wenn es für alle Beteiligten passt!

Alle Stufen der Leiter betrachten, nicht nur die erste und die letzte. Ich lerne es immer noch. Und ich versuche, mindestens einmal am Tag in das Gefühl zu gehen, dass jetzt, hier in diesem Moment, alles in Ordnung ist – und dass sich der Rest auch noch »ordnen« wird.

»Alles wird am Ende in Ordnung sein. Und wenn es noch nicht in Ordnung ist, dann ist es noch nicht das Ende.« (*Best Exotic Marigold Hotel*)

Dankbarkeit schenkt uns nicht nur Ruhe für den jeweiligen Moment, sie bringt auch noch *mehr* von dem, was wir uns wünschen, in unser Leben: Rhonda Byrne, die Autorin von *The Secret,* hat in ihrem Folgebuch *The Magic* ein mehrwöchiges Programm zur Dankbarkeit entwickelt, das ich als sehr wohltuend empfunden habe.

Irgendetwas gibt es an unserer momentanen Situation, für das wir dankbar sein können, auch wenn wir das große Ziel noch nicht erreicht haben. Was könnte dieses Irgendwas sein? Es lohnt sich, danach Ausschau zu halten. Vor allem lenkt es uns von einer Sache ab, die für viele von uns schon zu einer Gewohnheit geworden ist, einem Ritual: warten. Warten, bis sich der Wunsch erfüllt. Warten, bis das Projekt beendet ist. Warten, bis die nächste Karrierestufe erreicht ist. Warten, bis ich das nötige Geld habe. Warten, bis ich in Rente bin. Warten, bis die Kinder aus dem Haus sind. Warten, bis ich weiß, ob dieser Mann/diese Frau mich auch wirklich liebt. Warten, warten, warten.

Worauf warten wir eigentlich? Was ist denn morgen wirklich besser, was nicht heute schon gut ist? Wir sprachen schon im ersten Teil des Buches über die Kraft unserer Gedanken: Warten bedeutet zu denken: »Das, was ich haben oder sein will, ist noch nicht da.« Das Ergebnis? Wir bleiben im Zustand des »Nicht-Habens« oder »Nicht-Seins«!

Als ich einmal meine Morgenseiten schrieb, passierte etwas Erstaunliches: Ich schrieb an dem Tag bewusst über meine Ängste, wollte sie alle zu Papier bringen, um sie schriftlich vor Augen zu haben. Während ich schrieb und schrieb und schrieb und Seite um Seite füllte, dachte ich plötzlich: Ich habe gar keine Angst. Das, was ich spüre, ist keine Angst. Es ist Unmut! Ungeduld! Es sind alles nur Erwartungen, die sich noch nicht erfüllt haben!

Also dachte ich darüber nach, was ich eigentlich erwartete – und stellte fest, dass ein Großteil davon schon längst erfüllt war! Das, worauf ich letztlich noch wartete, war ein Schritt, den nicht ich tun konnte, sondern den ein anderer tun musste. Dieser Schritt lag also außerhalb meines Einflussbereichs! Warum sollte ich also länger ungeduldig sein und Unmut verspüren und mir den Tag so schwer machen?!

Das war ein interessanter Moment der Erkenntnis. Ich war sehr dankbar dafür. Endlich verstummten die kleinen Kobolde, die oft schon beim Aufwachen mit ihren hässlichen Fratzen über mir aufgetaucht waren und geschrien hatten, dass die Situation »nie, nie, nie!« gut werden würde.

Die Dankbarkeit führt uns nicht nur in die innere Ruhe, sondern auch an unseren Glauben: Glaube ich wirklich, dass ich Erfolg haben kann? Glaube ich wirklich, dass die Liebe in mein Leben kommt und bleibt? Glaube ich wirklich, dass ich vollkommen gesund sein darf?

Eleya sagte bei einem unserer letzten Spaziergänge am Strand: »An manche Dinge müssen wir glauben, damit wir sie sehen können.«

Wir sprachen über Rentenanträge (mein »Lieblingsthema«). Sie sagte zu mir: »Ich habe meinen Rentenantrag gestellt. Er ist noch nicht bewilligt. Aber ich lebe jeden Tag so, als *wäre* meine Rente schon bewilligt.«

Das finde ich einen großartigen Gedanken. Das neue Sein bereits fühlen: Wie fühlt sich »Geld haben« an, wie gehe ich dann durch die Welt, durch die Stadt, durchs Kaufhaus, ins Restaurant? Wie fühlt sich »geliebt werden« an, Schmetterlinge im Bauch, Verbindung zweier Herzen? Wie fühlt sich »gesund sein« an, Kraft haben, Freude am Bewegen, Aktivität?

Natürlich braucht es neben dem Fühlen auch noch das Tun.

Es ist nicht damit getan, den ganzen Tag auf der Couch zu liegen und zu erwarten, dass die Millionen auf unser Konto fließen (wobei, wer weiß?).

Im Ernst, ich denke, unser persönlicher Einsatz gehört dazu. Doch es ist eben nicht allein unser äußeres Treiben, das uns unseren Zielen näher bringt, sondern es ist unsere tiefe Überzeugung, dass jetzt, in diesem Moment, alles da ist, was wir brauchen. Und dass das, was sonst noch wichtig ist, zu uns kommen wird.

Ich glaube, dass wir Menschen uns hier alle viel ähnlicher sind, als wir glauben: Schau hinter die Kulissen der Menschen, die dich umgeben, und du entdeckst den gleichen Schmerz, die gleichen Tränen. Verbinden wir uns wieder mehr miteinander, statt uns voneinander abzugrenzen. Verbinden wir uns mit den Menschen und verbinden wir uns auch wieder mehr mit den Kräften, die wir *nicht* sehen. Eleya erzählte mir, dass auch sie Unsicherheiten hat. Eine Tatsache, die ich manchmal vergesse, weil sie so verwurzelt in ihrem Glauben und in ihrem Vertrauen ist wie kein Mensch, den ich kenne.

»Weißt du«, sagt sie, »früher habe ich immer gedacht, ich muss das alles alleine schaffen und alleine bewältigen. Heute erfahre ich meine Unsicherheiten gemeinsam mit Gott, in seinem Haus. Ich vertraue ihm meine Unsicherheiten, meine Zweifel und meine Ängste an, und ich erfahre sie jetzt nicht mehr allein, sondern mit ihm gemeinsam!« *I experience them in the house of God*, sagt sie.

Was für ein schönes Bild, einen so starken Partner an unserer Seite zu haben, an dessen Seite uns nichts geschehen kann.

Manche Menschen glauben nicht. Sie glauben nicht an Gott und auch nicht an andere Schöpfer oder nicht sichtbare Helfer.

Auch das sind Erfahrungen, die richtig und wichtig sind.

Mich persönlich bringt der Glaube, von guten Mächten umgeben zu sein, immer wieder in meine Ruhe. Zu wissen, sie sind da und gehen nicht mehr weg aus meinem Leben. Sie sind nicht beleidigt, weil ich nicht so reagiere, wie es vielleicht »normal« wäre. Sie kehren sich nicht von mir ab, egal, was ich tue oder wie ich mich entscheide. Sie sind einfach da. Sie nehmen mich wahr, schauen liebevoll auf mich und begleiten jeden meiner Schritte, seit ich in dieses Leben gekommen bin.

»*Judgement Day is near!*«, das Jüngste Gericht kommt, steht auf dem Kartonplakat, das ein junger Mann auf dem Santa Monica Pier schwingt. Ich glaube nicht an einen strafenden Gott. Wozu? Wer soll uns richten? Und warum sollte er das tun, diejenigen richten, die er selbst erschaffen hat?

Ich glaube nicht daran, dass wir eines Tages in »weiße« und in »schwarze« Schafe unterteilt werden. Ich glaube, dass wir in der Geistigen Welt sehr, sehr liebevoll empfangen werden, wenn es so weit ist.

Es sind wir selbst, die uns richten, jeden Tag. Es sind wir, die uns Vorwürfe machen, uns bewerten, uns gegenseitig an den Pranger stellen und mehr oder weniger öffentlich verbrennen, in unseren Partnerschaften und in unseren Meetingräumen. Nur wir allein.

Und hier sind wir auch wieder bei unseren Annahmen und Erwartungen, über die wir schon bei der Liebe sprachen, im ersten Teil des Buches. Nehme ich mich selbst an in meinen beruflichen Belangen? Halte ich mich für fähig? Vertraue ich darauf, dass ich das, was von mir verlangt wird, leisten kann? Und was halte ich von anderen? Kann ich meine Kollegen und Chefs oder meine Kunden und Geschäftspartner annehmen, wie sie sind? Oder habe ich Erwartungen, die andere gar nicht erfüllen *können*? Bin ich im Frieden mit allem, was ist?

Bei den meisten Konflikten, die wir in unseren Beziehungen haben, herrscht ein »Gegeneinander«, beruflich wie privat. Machen wir doch lieber ein Miteinander daraus! *Verbinden* wir uns wieder miteinander. Wir haben alle so viel gekämpft. Wir alle sind müde. Wir alle waren so mutige Krieger, die ihre Erfahrungen gemacht haben und jetzt ihre Rüstung ablegen dürfen. Im Grunde genommen gibt es, wenn wir unser Weltbild auf »Erfahrungen« bauen, gar keinen Misserfolg, sondern nur noch Erfolge. Jede Erfahrung, die wir von Anfang bis Ende durchleben, ist ein Erfolg. Unterstützen wir uns gegenseitig, damit jeder von uns seine Erfahrungen machen kann. So wie ich die Erfahrungen, die ich gemacht habe, heute an dich weitergebe, damit du erkennen kannst, wie ich mit diesen Situationen umgegangen bin – damit du deine eigenen Schlüsse daraus ziehen kannst. Leben ist teilen. Teilen bedeutet: Ich muss nicht mehr als Einzelkämpfer durch die Lande ziehen, sondern bin mit anderen verbunden. Das macht das Leben so viel leichter.

Und was, wenn sich keiner unserer Wünsche erfüllt, so sehr wir unser Bestes geben? Was, wenn jemand uns sehr enttäuscht oder verletzt oder betrogen hat? Wenn große Summen, die uns zustehen, nicht zu uns zurückfinden?

Dann hilft nur eins: Vergeben.

Vergebung in Gelddingen

Vergebung ist eine Kraft, die nicht nur in der Liebe und unseren Beziehungen, sondern auch in unserem Berufsleben und in unseren Gelddingen »Klarschiff« macht, sehr zur Entlastung beiträgt und ganz neue Energien freisetzt.

Jemand hat sich bei dir Geld geliehen, und du hast bis heute keinen Cent wiedergesehen? Jemand zahlt die Miete nicht wie vereinbart? Jemand hat die Lorbeeren eingeheimst, die eigentlich dir zustehen würden? Jemand ärgert dich seit Wochen? Dein Chef, deine Chefin oder ein Kollege, eine Kollegin behandeln dich respektlos und von oben herab? Deine Exfrau oder dein Exmann hat alle Konten geplündert und ist mit dem Geld auf den Malediven abgetaucht?

Vergib ihnen! Vergib diesem Mann oder dieser Frau und mach einen Strich unter die Sache. Denn je länger du im Groll oder im Schmerz über die Angelegenheit bist und der unguten Situation weiterhin Aufmerksamkeit schenkst, desto mehr Energie verlierst du und desto weniger Energie steht dir für deinen Alltag zur Verfügung! Energie folgt der Aufmerksamkeit, sagen wir in der Energiearbeit – und das stimmt. Lenken wir unsere Aufmerksamkeit also lieber auf das, was wir wollen, als auf das, was wir nicht wollen.

»Ich kann diesem Menschen nicht vergeben!«, sagst du jetzt vielleicht. Und ich kann das verstehen, denn es gibt Momente, in denen Vergebung schwerfällt, verdammt schwer. Aber weißt du, worin das Gute und die Schönheit der Vergebung liegen? Dass *du* dich danach besser fühlst, du selbst!

Dass *du* wieder innerlich frei wirst und deine Kraft und deine Aufmerksamkeit für die Dinge hast, um die es wirklich geht. Für Dinge, die *du* in der Hand hast, die *du* noch gestalten willst. Und dass du darüber langsam wieder in dein Vertrauen kommst. Vielleicht nicht in das Vertrauen zu diesem einen Menschen, aber in das Vertrauen zu anderen Menschen und in das Vertrauen in dein Leben.

Auch bei der Vergebung in Gelddingen gilt der dreistufige Aufbau, wie ich ihn dir im ersten Teil des Buches bei der Vergebung in Partnerschaften und familiären Beziehungen vorgestellt habe. Ich gebe dir hier auch wieder ein Beispiel, an dem du dich orientieren und das du auf deine Situation übertragen kannst. Wähle deine eigenen Worte und formuliere die Vergebung so, wie du sie einem anderen Menschen gegenüber aussprechen würdest.

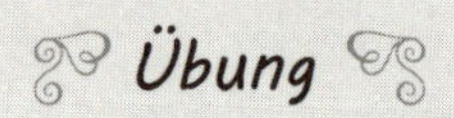

Schritt 1: Ich vergebe dir

Liebe/r ..., ich vergebe dir, dass du mir das Geld, das ich dir geliehen habe, nie zurückgegeben hast. Du hast mich damit sehr verletzt und als Freund sehr enttäuscht, doch ich bin jetzt bereit, dir zu vergeben. Ich vergebe dir alles, was zwischen uns steht und jemals zwischen uns stand. Ich vergebe dir alles, was du gesagt oder getan hast, in diesem Leben oder in einem anderen. Ich erweise dir jetzt meine Gnade.

Schritt 2: Ich bitte dich um Vergebung

Ich bitte auch dich um Vergebung für alles, was ich getan oder gesagt habe, in diesem Leben oder einem anderen. Ich bitte dich um Vergebung für meine Reaktionen auf deine Zahlungsunfähigkeit und dafür, dass ich in letzter Zeit nur noch das Negative an unserer Freundschaft sehen konnte. Ich bitte dich jetzt um deine Gnade.

Schritt 3: Ich vergebe mir selbst

Ich vergebe mir selbst, dass ich es mir so schwer gemacht habe. Ich vergebe mir selbst, dass ich mich auf diese Sache eingelassen habe. Ich vergebe mir selbst, dass ich so viel Zeit und Energie in diese Situation gegeben habe, statt die schönen Dinge in meinem Leben zu genießen. Ich bitte um die göttliche Gnade und bin jetzt bereit, sie zu empfangen.

Und dann lass die Situation los. Nimm sie wahr als die Erfahrung, die sie war, und wende dich der Gegenwart zu. Vielleicht braucht es eine Weile, bis du die Wirkungen spürst, gerade bei sehr großen Geldbeträgen oder großen emotionalen Verletzungen. Hab Geduld mit dir und hab Vertrauen, dass auch das eines Tages gelingen kann.

Das magische Dreieck

Im ersten Teil dieses Buches sprachen wir schon von der Verbindung zwischen unserer Selbstliebe und der Liebe anderer, die wir dadurch anziehen. Wir können diese Verbindung zu einem Dreieck erweitern, dessen Eckpunkte die Liebe, die Selbstliebe und das Geld sind.

In dem Maße, wie wir uns selbst lieben, fließt die Liebe anderer zu uns und unsere Liebe zu ihnen. Daraus können wir folgern: In dem Maße, in dem wir uns selbst wertschätzen (was ja zur Selbstliebe gehört), schätzen uns andere wert, immateriell und in barer Münze. Und wenn das stimmt, dann können wir aus dem Dreieck auch schließen: Neben dem Geld geht es in unseren Gehalts- oder Honorarverhandlungen immer auch um Liebe!

Zum Beispiel um die Liebe, die ein Arbeitgeber oder Kunde für unsere Leistung empfindet. Oder um die Liebe, die wir für unsere Arbeit empfinden und die Liebe, mit der wir unsere Arbeit ausführen. Ist es da noch ein Wunder, dass beim Thema Geld so viele Emotionen mitschwingen? Eigentlich geht es immer um die Liebe.

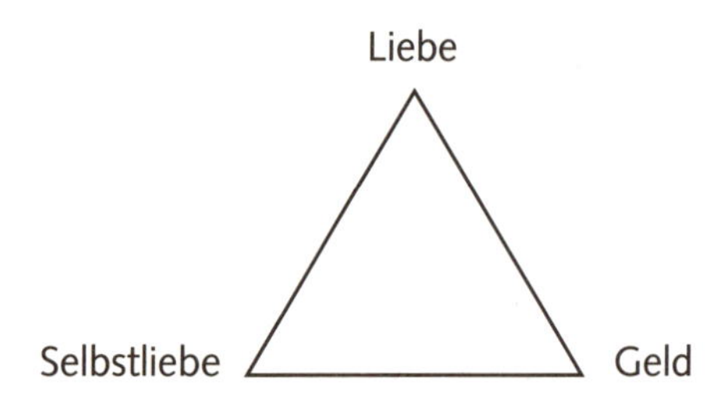

Beobachte dich in den kommenden Tagen und Wochen, wenn es um die Liebe oder um das Geld geht: Sprechen wir möglicherweise von den gleichen Dingen? Werden die gleichen Themen angetriggert?

Mit Hilfe des Dreiecks kannst du jede Situation daraufhin prüfen, ob alle Bereiche im Gleichgewicht sind (alle Seiten des Dreiecks gleich lang) oder ob ein Bereich zu kurz kommt.

Meisterprüfungen in Sachen Vertrauen

Es gibt Jahre, die verlaufen arbeitsreich, fühlen sich von der Energie her aber »leicht« an. Und es gibt Jahre, die »beuteln« einen: Nichts scheint zu reichen, kein Kraftaufwand groß genug, kein Ziel rückt in greifbare Nähe, oder wenn, dann nur sehr, sehr langsam. Das Jahr, in dem ich dieses Buch vollendete, war so ein Jahr.

Am 2. Januar schrieb mir ein Kunde, dass er die Rechnung von Dezember nicht begleichen könne. Wenige Tage vor Weihnachten hatte mir das Au-pair-Mädchen abgesagt, das ab März bei uns anfangen wollte. Es hatte sich für eine größere Stadt entschieden. Und meine Haushaltshilfe hatte mir bereits zwischen den Jahren angekündigt, sie müsse sich einer größeren Operation unterziehen und es sei nicht sicher, ob und wann sie wiederkommen würde. Und es ging noch weiter: Denn ein großes Projekt, auf das ich mich sehr freute und das mir in den kommenden Jahren ein »finanzielles Grundrauschen« beschert hätte, wurde ebenfalls in den ersten Januartagen abgesagt und auf unbestimmte Zeit verschoben.

Das ist kein Start, der große Lust auf das Neue Jahr macht, oder?

Ich war nicht die Einzige, der es in jenem Jahr so ging. Ein Freund, Martin, rief mich in den ersten Januartagen an. Er ist Immobilienmakler. Wochen- und monatelang hatte er für ein Projekt gearbeitet. Nun hatte der Auftraggeber versucht, das Geschäft »hintenrum« zu machen. Er hatte den Bauträger direkt kontaktiert, statt Martin als Makler zu involvieren. 30.000 Euro standen auf dem Spiel.

Auch Carmen traf ich an diesem Jahresanfang. Carmen ist Friseurmeisterin. Seit Jahrzehnten steht sie jeden Tag von früh bis spät in ihrem Salon. Sie erzählte mir: »Ich bin an Silvester an den Bankautomaten gegangen und habe die Kontoauszüge geholt. Mich hat fast der Schlag getroffen, so groß war mein Minus! Eigentlich hätte ich zwischen den Jahren zumachen müssen, um mal wieder körperlich richtig aufzutanken. Jetzt war ich froh, die Tage zwischen den Feiertagen und Neujahr geöffnet zu haben – um Geld in die Kasse zu bekommen!«

Drei Menschen. Drei Prüfungen, im Vertrauen zu bleiben.

Die Selbstständigkeit ist eine große Prüfung in Sachen Vertrauen. Nicht jeder ist dafür gemacht, nicht zu wissen, welche Einnahmen im nächsten Monat fließen und welche Projekte sich anschließen, wenn die laufenden abgeschlossen sind.

Natürlich ist auch das Angestelltendasein voller Prüfungen. Ich habe diese drei Beispiele Selbstständiger und Unternehmer gewählt, weil hier das Thema Vertrauen in den eigenen Geldfluss am stärksten präsent ist. Bei Angestellten fließt das Gehalt ja regelmäßig – wenn auch nicht in der Höhe, die sich so mancher wünscht, doch immerhin, es fließt.

Unabhängig davon, ob wir selbstständig sind oder angestellt, geht es immer um die Frage: Wofür steht die Situation, die hier gerade passiert? Worum geht es?

Worum geht es, wenn mein Kunde zahlungsunfähig ist? Dann geht es darum, dass ich im Vertrauen bleibe, dass er zahlen wird, wann immer das ist, oder dass diese Geldsumme auf anderem Wege zu mir kommt.

Worum geht es bei Martin, der von einem Auftraggeber hintergangen wird? Bei ihm geht es darum, dass er im Vertrauen bleibt, dass der Auftrag doch noch über ihn abgewickelt wird – sei es, dass der Bauträger ihn so sehr schätzt, dass er sagt: »Ich will, dass Martin mit im Boot ist«, oder weil er ihn schlicht und einfach von seinen Kenntnissen her braucht. Und es geht auch darum, dass Martin im Vertrauen bleibt, dass dieser Auftrag bei ihm bleibt, wenn das Projekt wirklich das richtige für ihn ist. Wenn es nicht das richtige ist, das zu ihm, seiner Persönlichkeit und seinen Fähigkeiten passt, ist es besser, wenn es geht. Denn sonst entstehen nur Schwierigkeiten, und er investiert Zeit und Energie in Konflikte, die mit Geld gar nicht aufzuwiegen sind.

Worum geht es bei Carmen, der Friseurmeisterin? Auch bei ihr geht es ums Vertrauen. Um das Vertrauen, dass immer genug Geld da sein wird, um sich und ihre Mitarbeiter zu bezahlen und neue Waren für den Salon einzukaufen. Und: das Vertrauen, dass obendrein so viel Geld da sein wird in Zukunft, dass sie es sich entspannt leisten kann, den Salon zwischen den Jahren zu schließen, um neue Kraft zu tanken.

Auch als Angestellte erleben wir Prüfungen in Bezug aufs Geld und unseren Beruf: Vertraue ich darauf, dass ich meinen Job auch morgen noch habe, dass es ihn noch gibt und die Stelle nicht gekürzt wird? Vertraue ich darauf, dass mein Arbeitgeber regelmäßig mein Gehalt zahlen kann? Vertraue ich darauf, dass die Stimmung im Team gut bleibt und es mir Spaß macht, hier zu arbeiten? ... Viele Fragen und »Prüfsteine« rund um unser Geld und unser erfülltes und erfolgreiches Arbeiten. Jeden Tag.

Was immer in deinem Leben in Bezug auf Geld gerade passiert – sieh es als Erfahrung. Nimm das »Drama« heraus in Gedanken und schau dir die Situation wie durch eine neutrale Brille an, eine »Erfahrungsbrille«: Worum geht es hier gerade? Worin besteht die Erfahrung? Was will ich begreifen? Wie werde ich gewachsen sein, wenn ich diese Situation durchlebt habe?

Als mir mein Kunde am Jahresanfang schrieb, er sei nicht in der Lage, meine Rechnung zu bezahlen, habe ich ein paar Stunden lang nicht geantwortet. »Überhitzte« E-Mails oder Telefonate nützen keinem der Beteiligten in solchen Momenten. Als ich mich beruhigt hatte, signalisierte ich ihm per E-Mail Verständnis für seine Situation und bat ihn, mir innerhalb von 14 Tagen zumindest eine Teilzahlung zukommen zu lassen. Es sei mir wichtig, meinen eigenen Verpflichtungen nachzukommen, meine Lieferanten zu bezahlen und die Dinge im Fluss zu halten. Ich schrieb diese E-Mail ohne Groll, ohne Vorwürfe, sondern mit Empathie für das, was er gerade erlebte. Eine Woche später war das Geld auf meinem Konto – und zwar der komplette Betrag!

In diesen gleichen Zeitraum fiel, wie schon gesagt, die Nachricht, dass sich ein anderes Großprojekt auf unbestimmte Zeit verschieben würde. Zunächst hat mich das sehr getroffen. Ich hatte mich wirklich auf diese neue Zeit und die neue Herausforderung gefreut und war mir sicher, dass ich diesem Kunden und seinen Mitarbeitern sehr viel hätte geben können.

Ich versuchte, die Nachricht so gut wie möglich zu »verdauen«, und gab meine Liebe, meine Zeit und meine Energie in andere Projekte hinein. Und dann passierte etwas, mit dem ich im Traum nicht gerechnet hatte: Plötzlich kam die Idee zu mir, einen eigenen Verlag zu gründen.

Zunächst war ich sehr überrascht. Ich war Autorin und hatte in der Vergangenheit zwar daran gedacht, versuchsweise ein Buch im Eigenverlag herauszubringen, doch diese Idee immer wieder verworfen. Zu sehr schätzte ich die Zusammenarbeit mit meinen Verlagen, und zu sehr wusste ich um die finanzielle Investition, die es für einen Autor bedeutet, sein eigenes Buch herauszubringen. Mit den reinen Druckkosten ist es nicht getan, wie viele denken.

Als ich der Idee gedanklich weiter nachging, merkte ich: Es ging mir dabei gar nicht um meine eigenen Bücher, sondern es ging mir darum, andere Autoren zu unterstützen! Ich wollte mein Wissen aus 14 Jahren eigenem Schreiben und mehr als 20 veröffentlichten Büchern für andere nutzbar machen. Ich wollte mein Wissen, meine Kontakte und meine Erfahrungen in Erfolgsstrukturen für andere Autoren umwandeln, und ich wollte mehr *bewegen*. Ich wollte ein Team an meiner Seite haben, nicht länger alles allein machen, und ich wollte mehr Menschen bewegen – durch Bücher und andere wertvolle Angebote.

So war die Idee geboren. Und wie immer, wenn es die richtige Zeit für eine Idee ist, fällt alles an seinen Platz: Die richtigen Menschen fanden zu mir, viele gute Kontakte, spannende Möglichkeiten ... Alles fühlte sich sehr »leicht« an, auch wenn es natürlich Zeit, Kraft und Geld kostete, dieses Unternehmen auf die Beine zu stellen.

Und »natürlich« kam mit der Idee auch gleichzeitig die Angst: Wie finanzierst du das? Bücher haben hohe Herstellungskosten. Dazu ein Team aus Experten für die Herstellung, den Druck, den Vertrieb, die Auslieferung, für die PR und das Marketing ... Das ist nicht mal eben mit ein paar Euros zu stemmen, wenn man langfristig denkt. Was würde die Bank sagen? Würde ich ein Darlehen bekommen? Würde ich in der Lage sein, es in der erforderlichen Zeit zurückzuzahlen? Was, wenn keines der tollen Bücher, die wir veröffentlichten, gekauft würde? Usw.

Ich bin meinem Gefühl gefolgt, das sehr stark und sehr klar war und mir sagte: »Gründe diesen Verlag. Du hast alle Qualitäten, die du dafür brauchst, und es werden die richtigen Menschen und Gelder dafür in dein Leben finden!« Und so war es auch.

Eine Tür schließt sich, und eine andere öffnet sich, die sich noch viel besser anfühlt als die, die wir vorher im Blick hatten. Das will ich dir mit meinem eigenen Beispiel zeigen und dir Mut machen, daran zu glauben. Es geht immer eine neue Tür auf! Vielleicht in Form einer Idee, mit der wir nicht gerechnet haben, so wie ich, oder ein laufendes Projekt bekommt eine andere Wendung, als ursprünglich angenommen. Es passiert IMMER etwas. Darauf dürfen wir vertrauen. Und eines Tages schauen wir zurück und sagen: »Wow, genauso sollte es sein. Und genauso ist es richtig!«

Die Zeit, die es braucht, bis die Dinge an ihren Platz fallen, der Ort, an dem es geschehen wird, und die Menschen, die dabei an unserer Seite sein werden, dies alles entzieht sich unserem Wissen. Es geschieht. Und der Weg entsteht beim Gehen. Einfach, indem wir jeden Tag einen Schritt machen.

Erkenne an, welche Wegstrecke schon hinter dir liegt. Erkenne an, was du alles geleistet hast in deinem Leben. Wie weit du gekommen bist. Vielleicht hast du die größte Prüfung deines Lebens in Sachen Vertrauen, deine »Meisterprüfung«, schon hinter dir. Vielleicht bist du gerade mittendrin.

Meisterprüfungen sind die Momente in unserem Leben, in denen es um viel geht – manchmal um alles. Gleichzeitig sind sie die Momente, in denen wir am meisten *wachsen.*

Die nötigen Unterstützer, die wir brauchen, um diese Momente durchzustehen oder uns zu zeigen, wie es weitergeht, werden zur rechten Zeit an unserer Seite sein.

Im Gefühl der Fülle bleiben

Immer mal wieder gibt es Zeiten, in denen die Dinge ins Stocken geraten, sich Projekte und Zahlungen verzögern, im Gegenzug aber Rechnungen über Rechnungen eintrudeln und andere Katastrophen passieren, sodass wir denken: »Wie soll ich jetzt noch vertrauen?«

Ich glaube inzwischen, dass das ganz normal ist und zum Leben dazugehört. Wir sind Menschen, keine Maschinen! Wenn ich merke, dass die Dinge nicht leicht und fließend vonstattengehen, frage ich mich heute nicht mehr: »Wo wird das nur enden? Wo soll das alles noch hinführen?«, sondern: »Welchen Beitrag habe ich daran? Bin ich noch im Fluss? Bin ich noch im Geben? Habe ich in letzter Zeit gut genug für mich selbst gesorgt? Wo habe ich mich verausgabt, kräftemäßig oder emotional oder eben auch finanziell? Mehr (aus)gegeben, als ich hatte?«

Bob, ein Freund aus Los Angeles, der als Autor und Regisseur arbeitet, sagte mir einmal: »Wenn ich in ein Gefühl des Mangels komme, dann tue ich sofort etwas, um das Geld wieder in Fluss zu bringen. Ich überweise sofort eine Rechnung oder lade einen Freund zum Essen ein.« Das finde ich toll. Und genau darum geht es: dass wir im Gefühl der Fülle bleiben. Dass wir uns – auch wenn es noch so verführerisch ist – nicht in den Mangelzustand hineinbegeben. Denn der Mangel ist es, der uns eingrenzt, der uns eng macht, im Herzen und im Geist. Der Mangel ist der Ort, an dem keine neuen Ideen entstehen können. Aus der Fülle jedoch, aus dem freien Fluss der Dinge, entsteht wieder Vertrauen und Leichtigkeit.

Damit will ich dich nicht dazu auffordern, Geld auszugeben, das du nicht hast. Gib acht auf deine Finanzen, bleib in der Verantwortung für dich. Das Gefühl der Fülle kann auch daraus entstehen, dass wir einem anderen Menschen eine schöne Blüte aus unserem Garten schenken oder ein selbst gemachtes Glas Marmelade.

Wahre Fülle findet sich in so vielen Dingen. Wenn sie gerade nicht auf unserem Konto vorherrscht, wo finden wir sie dann?

In der Fülle unserer Ideen? In unserem Garten? Die Natur ist für mich ein tägliches Beispiel an überbordender Fülle! Die Blüten, die Früchte, die ein Baum trägt … Die Natur kreiert immer Fülle, oftmals mehr, als wir ernten und essen können. Ja, sie hat auch Zeiten, in denen sie ihre Säfte zusammenzieht und »karger« aussieht, Zeiten, in denen sie pausiert, wie im Winter. Doch schon nach wenigen Wochen geht der Kreislauf wieder von vorn los und neue Fülle entsteht.

Wenn wir unsere Sinne und unser Herz für all das Schöne öffnen, das uns bereits umgibt, zum Beispiel in Form guter Freundschaften und der Nähe und Hilfsbereitschaft anderer Menschen, dann kehrt Ruhe in unser Leben ein. Und aus dieser Ruhe heraus und der Dankbarkeit für das, was *ist*, können wir unsere Aufmerksamkeit darauf richten, was zu tun oder zu lassen ist, damit auch die finanzielle Fülle Einzug in unser Leben halten kann.

Übung: Dank an Mutter Erde

Wenn wir Dankbarkeit üben, können wir dies in vielerlei Hinsicht tun. Der Dank an die Erde ist etwas ganz Besonderes, weil er die Ursprungskraft – Mutter Erde – ehrt, die uns alle trägt, jeden Tag. Ich bekam die Anregung von Susanne Flick aus Berlin, die Beratungen für Menschen und Unternehmen durchführt. Ich gebe ihn heute an dich weiter, als Beispiel. Wähle für dein Anliegen deine eigenen Worte.

Übung

Geliebte Mutter Erde,
ich spreche dich heute an. Ja, dich ganz persönlich.
Ich danke dir heute von ganzem Herzen, dass du mich trägst und nährst und schützt seit Anbeginn meiner Tage. Ich danke dir, dass du mich immer mit allem versorgt hast, was ich gebraucht habe. Und ich danke dir, dass du mich auch heute und für alle Zeit mit allem versorgst, was ich brauche.
Ich danke dir, dass du mir Geborgenheit schenkst.
Ich danke dir, dass ich mich auf deiner Oberfläche frei bewegen darf.
Ich danke dir für die erfüllenden Beziehungen, die ich führe, beruflich wie privat.
Ich danke dir für genügend Nahrung und Kleidung für meinen Körper und meinen Geist.
Ich danke dir für die vielen guten Ideen, die ich habe und die mir selbst und anderen zu großem Wachstum verhelfen.
Ich danke dir von Herzen, dass ich dein Kind sein darf, dein Erdenkind, das so gerne auf diesem wundervollen blauen Planeten lebt. Danke, dass ich auf dir sein darf!
Und ich bitte dich: Gib mir ein Zeichen, was ich dir Gutes tun kann, um zu deiner Heilung beizutragen.
Danke!

Sei konkret in deinem Dank. Danke für die Dinge, die du dir jetzt gerade wünschst: vielleicht ein neues Auto oder eine schöne neue Wohnung, in der du dich wohlfühlst. Einen neuen Arbeitsplatz, der dich erfüllt und gut ernährt, das Geld für den nächsten Wocheneinkauf … Sei präzise. Danke Mutter Erde für das, was du bereits Schönes in deinem Leben erfahren hast. Und danke auch für das, was du dir noch wünschst, so, als wäre alles schon da. Denn das ist der Schlüssel für die Wirkkraft unserer Dankbarkeit. Das ist der »Magnet«, der alles anzieht, was wir wirklich brauchen.

Danke so oft wie möglich, auch mehrere Tage hintereinander in Zeiten, in denen du das Gefühl hast, deinen Geldfluss oder andere Dinge in deinem Leben wieder in Gang bringen zu wollen. Danke, bis alles so ist, wie du es haben willst.

Ich wünsche dir viel Spaß und schöne »Lieferungen«!

Stärkende Gedanken

- Ich bin dankbar für die Fülle in meinem Leben und nehme sie bewusst wahr.
- Ich vertraue darauf, dass ich mich und meine Familie ernähren kann und wir jederzeit mit allem versorgt sind, was wir brauchen.
- Geld fließt mir aus allen bekannten und unbekannten Quellen zu.
- Alle Rechnungen sind bezahlt.
- Ich bin dankbar für eine Tätigkeit, die mir Freude bereitet und mich erfüllt.
- An jeder Erfahrung, die ich in meinem Beruf mache, wachse und reife ich. Ich erkenne jetzt den Sinn hinter all den Erfahrungen, die ich schon gemacht habe. Und ich freue mich auf alle Erfahrungen, die noch kommen!
- Ich habe eine Aufgabe, und alles, was ich brauche, um diese Aufgaben zu erfüllen, ist schon in mir angelegt oder kommt zur rechten Zeit zu mir.
- Ich darf in allen meinen Beziehungen, den beruflichen wie den privaten, zutiefst erfüllt sein. In dem Maße, in dem ich mich liebe und wertschätze, lieben und wertschätzen mich auch die anderen.

- Alle Menschen in meinem privaten und beruflichen Umfeld unterstützen mich bei meinem Wachstum. Jede Erfahrung ist Wachstum, und ich erkenne sie als solches an.
- Ich erkenne alle Menschen in meinem Leben als die an, die sie sind.
- Ich habe keine Erwartungen mehr an mich und andere.
- Ich bin immer sicher und beschützt.
- Ich bin in der Lage, sehr gut für mich zu sorgen. Und ich vertraue darauf, dass auch alle Menschen in meinem Leben in der Lage sind, gut für sich selbst zu sorgen.
- Mein Erfahrungsradius ist unbegrenzt, und ich freue mich darauf, immer neue Potenziale zu entdecken.
- Ich vertraue darauf, dass ich alles bewältigen kann, was mir in meinem Leben begegnet. Ich bin allem gewachsen, und ich wachse an allem.
- Ich darf mich jederzeit verändern und weiß, dass ich immer die nötige Kraft und die nötigen Mittel haben werde, um die gewünschten Veränderungen durchzuführen.
- Alle Entscheidungen treffe ich in Freiheit und im Frieden mit dem Jetzt.
- Meine innere Sicherheit schöpfe ich aus mir.
- Ich bin jetzt bereit für meinen Erfolg und meine Erfüllung.
- Ich bin frei!

Teil 3: Vertrauen in unseren Körper und unser Wohlbefinden

»Wir müssen nichts fürchten außer der Furcht selbst.«

Franklin D. Roosevelt (1882–1945)

Der »perfekte« Körper

In meinem Bücherregal liegt ein Kartendeck mit inspirierenden Affirmationen von Louise Hay, einer amerikanischen Sachbuchautorin auf dem Gebiet des positiven Denkens. Manchmal nehme ich es heraus, schließe die Augen, stelle mir die Frage »Was ist gerade wichtig für mich?« und ziehe eine Karte. Neulich zog ich folgende:

»Ich habe den für dieses Leben perfekten Körper.«

Ich musste lachen. Denn auch ich gehöre zu den Menschen, die vor dem Spiegel stehend ihr Augenmerk oft auf das legen, was noch verbesserungswürdig ist anstatt auf das, was schön ist.

Was ist denn eigentlich schön? Brauchen wir äußerliche Bewertungen wie »schön« oder »nicht schön« überhaupt? Und wie steht es um eine andere Kategorie von Bewertungen, die wir oft vornehmen – die Einteilung in »gesund« oder »krank«? Was ist »Gesundheit«, was ist »Krankheit«?

Unser Körper und unser Vertrauen in ihn ist ein weiterer großer Bereich im Leben, in dem wir viele Erfahrungen sammeln und unzählige Chancen auf Wachstum bekommen. Das fängt schon in unseren ersten Lebenstagen an.

Kaum, dass wir auf der Welt sind, geben Eltern, Verwandte und Bekannte einen Kommentar über uns ab: »Niedlich« sehen wir aus, »süß«, vielleicht auch »ein bisschen rundlich« oder »zu dünn«. Wir als frischgeborene Menschlein können nicht anders, als diese Bewertungen unbewusst in uns aufzunehmen und abzuspeichern. Darüber hinaus werden wir von Ärzten gewogen und ausgemessen und unsere Maße mit Tabellen verglichen. Sind wir in der Norm? Wenn ja, atmen alle auf.

Und die Bewertungen hören nicht auf. Wann immer uns Menschen begegnen, machen sie uns ein Kompliment – oder kritisieren an uns herum.

Ich erinnere mich an eine Begegnung im Kindergarten, als ich drei Jahre alt war. Ich baute mit einem anderen Jungen einen Turm aus Bauklötzen. Meine Hände hielten den Turm, damit mein Spielkamerad immer weitere Klötze obenauf legen konnte. Plötzlich hielt er inne und rief laut: »Boah, du hast ja Wurstfinger!«

Ich schaute auf meine Finger und war sehr verunsichert. Lust aufs Türmebauen hatte ich in dem Moment keine mehr. Jahre später dachte ich: Meine Finger waren vielleicht nicht besonders filigran, doch es waren keine Wurstfinger. Es waren kräftige Hände, das ja, schließlich wollte ich damals ein Junge sein und war Winnetou, Indianerhäuptling und Anführer unserer Bande und errichtete mit meinen Freunden Erd- und Steinwälle, erstürmte Feindesburgen und wusste, wie man mit einem Gewehr umging … Alles mit diesen Händen. Wurstig waren sie nicht, wenn ich Fotos von damals betrachte. Das war allein die Wahrnehmung dieses Jungen gewesen. Doch wer denkt so weit, wenn ihn ein solcher Satz unerwartet trifft, wer kann das unterscheiden – noch dazu als Kind? Damals hat mich der Satz meines Kindergartenfreundes sehr verletzt, und ich fing an, meine Hände als »anders« zu sehen, als »nicht in Ordnung«.

Als ich 14 war, sagten einmal mein Onkel und ein Bekannter von ihm zu mir: »Wenn du zehn Kilo weniger wiegen würdest, würdest du aussehen wie ein Modell.« Auch dieser Satz traf mich tief. Auch er bedeutete: »Du bist nicht in Ordnung, wie du bist.« Und nachdem diese zehn Kilo auch in den nächsten Jahren nicht verschwanden, war ich *nie* in Ordnung, wie ich war. Dachte ich.

Ich bin nicht die Einzige, die solche Sätze gehört hat – ob sie ausgesprochen oder »nur« gedacht werden. Gedanken wirken, auch die unausgesprochenen. Sehr viele Menschen hören derartige Sätze oder bekommen anderweitig signalisiert, dass sie nicht vollkommen sind. Kein Wunder, dass so viele Menschen ein Leben lang versuchen, anders zu werden – schlanker, schöner, sportlicher –, und Idealen nachhecheln, wie sie uns die Medien vermitteln. Ich weiß noch, wie ich aufatmete (und sicher ganz viele Frauen mit mir), als mutige Frauenzeitschriften anfingen, mit »naturschönen« Models zu werben. Frauen, die Falten hatten. Frauen, die graues Haar hatten. Frauen, deren Rundungen nicht perfekt geformt (oder perfekt retuschiert) waren. Endlich hörte das *Werden, Werden, Werden…* auf, endlich durften wir *sein.*

Dieses *Sein*, dieses Annehmen-was-ist, ist der erste Schritt in das Vertrauen in unseren Körper und in unsere Selbstliebe. Doch ich weiß aus Erfahrung von mir selbst und Teilnehmern in Seminaren, die ich zu diesem Thema besucht habe, dass es sehr schwer sein kann, sich nackt vor einen Spiegel zu stellen und zu sagen: »Ich liebe dich.« Manchmal sind wir an einem Punkt, an dem wir das einfach noch nicht können, er erscheint uns zu groß, dieser Schritt, und dann macht er auch keinen Sinn. Das *bewusste Annehmen* ist ein sehr guter Anfang.

Stell dich bei nächster Gelegenheit vor einen Spiegel, bekleidet oder unbekleidet, und betrachte dich möglichst ohne Bewertungen. Ohne die leisen Stimmen, die sofort wieder an dir herumkritisieren, wie so oft, und die dir sagen, dass dein Bauchumfang oder dein Hintern oder dein Haar oder deine Nase »nicht okay« sind. Betrachte dich möglichst neutral, so als würdest du dir selbst zum ersten Mal gegenüberstehen. Mit fremden Menschen gehen wir ja meist weniger kritisch um als mit uns selbst. Daher betrachte dich einmal im Spiegel, als wärst du ein Fremder oder eine Fremde, die dir zum ersten Mal begegnen. Was siehst du? Was siehst du wirklich?

Nimm das wahr, was ist. Nicht das, was »nicht ist«. Denn sonst bist du wieder ganz schnell im Zustand von »noch nicht da sein, wo ich sein will«. Wir sprachen in den ersten beiden Teilen des Buches ausführlich darüber, dass diese innere Haltung nur noch mehr vom *nicht Gewünschten* anzieht. Diese Haltung kostet viel Zeit und Energie, die wir für andere Dinge im Alltag brauchen.

Wenn ich auf mein eigenes Leben zurückschaue, dann habe ich sehr viel Zeit mit Gedanken rund ums Essen und Abnehmen verbracht. Ich habe alles gegessen und *nicht* gegessen, was in Mode war: nur Körner, nur Obst, nur Fleisch ... Heute denke ich: Wie verrückt war das? Wie viel Zeit, wie viel Kraft, die ich wunderbar für andere Dinge und Erfahrungen hätte nutzen können, ist damals auf der Strecke geblieben?

Im Rückblick ist man immer schlauer. Von daher waren auch diese Zeiten gut so, wie sie waren, und jeder dieser Tage und jede dieser Mahlzeiten und Nicht-Mahlzeiten war nötig, um heute sagen zu können: »Brauch ich nicht mehr.« Heute habe ich weitestgehend Frieden geschlossen mit meinem Körper, Frieden geschlossen mit den Bedürfnissen, die er hat. Ich stille sie, sobald ich sie spüre. Und ich habe gelernt zu unterscheiden, ob ich wirklich das Bedürfnis nach Essen habe oder ob es Trost, Geborgenheit, Ruhe oder etwas anderes ist, das ich mir eigentlich wünsche.

Auch dazu gehört Vertrauen: das Vertrauen, dass mir mein Körper Signale sendet, die ich deuten kann. Dazu kommen wir im nächsten Kapitel. Auf unser Aussehen bezogen geht es zunächst darum, zu vertrauen, dass es einen Grund hat, warum wir so sind, wie wir sind. Dass wir aussehen, wie wir aussehen. Dass wir uns bewegen, wie wir uns bewegen. Ja, sogar unser Geschlecht hat einen Grund! Es ist kein Zufall, dass wir als Mann oder als Frau auf diese Erde gekommen sind. Wir haben es so gewählt. Und es ist kein Zufall, wie dieser Körper beschaffen ist, den sich unsere Seele für dieses Leben ausgesucht hat. Wir haben ihn so gewählt. Und wir beeinflussen, wie dieser Körper aussieht, mit jedem Gedanken, den wir denken, und mit jeder Entscheidung, die wir treffen: dies essen oder jenes? Diesen Sport machen oder keinen? Liebevolle Gedanken über mich denken oder wütende, ängstliche, genervte?

Unser Körper ist ein Meisterwerk, vom Moment unserer Zeugung an. Er hat genau gewusst, wie er alle Zellen anordnen musste, damit ein kleiner Menschenkörper daraus wurde. Wie wäre es, wenn wir einmal diesen Blick einnehmen würden, statt ständig an ihm »herumzukritteln«?

Unser Körper hat uns seit Beginn unseres Lebens getragen, bis an diesen Punkt, durch alle Höhen und Tiefen. Seine Organe spielen perfekt zusammen, ohne dass wir uns auch nur eine Sekunde Gedanken darüber machen müssen! Wir essen, wir atmen, wir schlafen, wir laufen, wir denken ... Und immer, in jedem Moment, tut unser wunderbarer Körper seine Arbeit und verarbeitet alles, was wir ihm zuführen, und holt aus seinen Speichern, was er zusätzlich noch braucht. Unser Körper hat die Menschen angezogen, die wir in unserem Leben haben wollten. Er hat die Menschen von uns ferngehalten, die wir nicht in unserem Leben haben wollten. Dieser Körper ist perfekt, wie er ist. Er ist ein Gefährte, ein treuer Begleiter, und er hat ein großes DANKE SCHÖN für die Zusammenarbeit verdient, statt immer nur schiefe Blicke und den beständigen Wunsch, dass alles anders wird – und am liebsten sofort!

Wie fühlt es sich für dich an, deinen Körper einmal auf diese Weise wahrzunehmen? Als Begleiter, nicht als Gegner?

In einem Workshop zum Thema »Weiblichkeit« traf ich vor vielen Jahren eine beeindruckende Dame, die auf die siebzig zuging. Sie hatte langes, blondes Haar und strahlende blaue Augen. Sie sagte zu uns jüngeren Frauen: »Wisst ihr, ich bin vielleicht nicht die schönste Frau der Welt. Aber wenn ich nachts mit meinem Mann im Schlafzimmer bin, dann bin ich die *einzige* ...«

Wir sind die *Einzigen*. Jeder von uns. Uns gibt es so kein zweites Mal! Und diese Gewissheit, diesen Glauben an uns und unsere einzigartige Schönheit, den gibt uns niemand anderes außer wir selbst. Selbst wenn ein anderer Mann oder eine andere Frau uns mal ein Kompliment zu unserem Aussehen oder zu unserer Figur macht: Darüber dürfen wir uns freuen und dankbar sein. Doch die Wirkung wird nur so lange anhalten, wie wir es selbst glauben und wissen: »Ich bin okay so, wie ich bin.« Und eines Tages sagen: »Ich liebe mich so, wie ich bin!« Dann, wenn es so weit ist.

Im nächsten Leben werden wir vielleicht jemand ganz anderes: Vielleicht haben wir blondes Haar oder rotes oder schwarzes, kurzes oder langes. Vielleicht sind wir großgewachsen oder eher klein und zierlich. Vielleicht haben wir dann große Brüste oder ganz kleine, beachtliche Muskelpakete oder einen eher schlaksigen Körperbau … Das werden wir frei wählen, wenn es so weit ist. In *diesem* Leben – jetzt, hier – sind wir der Mann und die Frau, die wir sind. Und das hat seinen Grund. Und den gilt es herauszufinden: *Warum bin ich so, wie ich bin? Was erfahre ich dadurch? Woran wachse ich?*

Das ist ein ganz anderer Blickwinkel, als uns ständig zu fragen: Wie könnte ich noch schöner, schlanker, sportlicher oder jugendlicher wirken?

Dieses Leben ist so kurz. Verschwenden wir es nicht mit Gedanken daran, was »nicht ist«. Genießen wir es als das, was es ist: eine Perlenschnur voller schöner Momente, voller Freude, voller Lust aufs Leben und voller Ausgelassenheit darüber, dass es uns und die anderen Menschen gibt!

Unser Körper ist Teil aller dieser Momente. Er macht die Erfahrung, wie es ist, geboren zu werden, heranzuwachsen, älter zu werden und eines Tages wieder von dieser Erde zu gehen – und bis dahin das Leben in all seinen Facetten und Möglichkeiten zu erleben. Er ist das Vehikel, das unsere Seele, die unsterbliche, nutzt, um für sich die Antwort auf die Frage zu finden: »Wer bin ich? Wer bin ich wirklich?«

Ist es nicht ein großartiger Gedanke, dass unser Körper für diese innere Reise zum »Ich bin« genau der richtige, der vollkommene ist? Unter diesem Blickwinkel macht die Karte, die ich aus dem Kartenset von Louise Hay gezogen habe, für mich Sinn.

Und wenn ich mich selbst so annehmen kann, wie ich bin, dann bin ich auch auf dem besten Wege, andere Menschen so anzunehmen, wie sie sind. Denn nicht nur mit den eigenen Bewertungen unserer selbst sind wir ja schnell bei der Hand, nein, wir bewerten ja oftmals mit rasender Geschwindigkeit auch die Menschen um uns herum: »schön«, »nicht schön«, »attraktiv«, »unattraktiv«, »sexy«, »nicht sexy« ...? Ganz schnell sind die Schubladen auf und dieser Mensch »drinnen«.

Warum machen wir das? Ist das sinnvoll? Macht uns das gute Gefühle? Mir nicht, stellte ich fest, als ich darüber nachdachte. Im Gegenteil: Wenn ich mich und andere ständig bewerte, ist es, als würde ich nie zur Ruhe kommen, als würde ich gedanklich ständig an mir und anderen »herumzupfen«.

Ich war erstaunt und auch erschrocken darüber, als ich mich einige Tage beobachtet habe. Wie schnell hatte ich ein Urteil, wenn ich eine andere Frau oder einen Mann auf der Straße sah. »Langweilige Frisur«, »Mama-T-Shirt«, »schlecht sitzende Jeans«, »Öko-Schuhe« ... Aua, dachte ich, was denke ich da die ganze Zeit, und mit welchem Recht? Es tat mir selbst richtig weh, wie ich urteilte. Und mir wurde klar: Auch ich wurde mit Sicherheit von anderen Menschen im gleichen Maß bewertet und beurteilt – und werde es jeden Tag. Irgendjemand denkt immer etwas über uns. Und jeder Gedanke wirkt.

Ich habe beschlossen, damit aufzuhören. Ich bewerte andere Menschen nicht mehr nach ihrem Aussehen. Wenn es mir doch mal passiert, nehme ich es wahr und erinnere mich daran, dass jeder von uns das Recht hat, sich so zu kleiden und sich so durch die Welt zu bewegen, wie er das möchte. In den Farben, in den Stoffen und auch in der Körperform, in denen er es möchte. Niemand muss uns gefallen – und wir müssen niemandem gefallen!

Ich fühle mich seitdem erleichtert und entspannt. Ich schaue andere Menschen an und kann mich einfach an ihnen freuen. Weil sie auf ihrem Weg sind, so wie ich auf meinem Weg bin. Und zusammen ergeben wir Vielfalt!

Quälen wir uns nicht länger mit den Bildern und Vorstellungen, die wir oder andere über uns haben. Hören wir auf, jemand anderer zu sein, als wir sind. Es kostet unseren Körper, unseren Geist und unsere Seele so viel Energie, die wir gut für etwas anderes einsetzen könnten. Verpassen wir nicht länger das Leben – leben wir einfach. Und lassen wir uns und andere einfach *sein.*

Sehen wir die Fältchen und Falten, die kleinen und großen Röllchen oder andere vermeintliche Unvollkommenheiten doch einfach als Aufforderung, uns anzunehmen, wie wir sind!

So, wie ich meine Kunden, die meine Rechnungen nicht bezahlten, als eine große Gruppe von Unterstützern sah, die mich in mein Vertrauen gebracht hatten, dass ich versorgt sein würde (siehe Kapitel »Danke, Kunden, dass Ihr meine Rechnungen nicht bezahlt!« in Teil zwei des Buches), so unterstützen uns all die Dinge, die wir bisher an uns bemängelt haben, darin, dass wir uns annehmen. Natürlich können wir unser Gewicht reduzieren, wenn wir das unbedingt wollen. Natürlich können wir mehr Sport treiben, wenn es uns Spaß macht und wir uns dadurch vitaler fühlen. Doch zunächst geht es darum, uns anzunehmen. Wie mein Freund Wolfgang es im zweiten Teil des Buches sagte: »Zuerst musste ich im Frieden mit dem sein, was ist.« Erst danach können wir etwas verändern. Aus der Unzufriedenheit heraus können wir nichts verändern – wir ziehen nur weitere Gelegenheiten zur Unzufriedenheit an!

Wenn wir uns annehmen, dann fühlen wir uns wohl in unserem Körper. Und dann wird unser Körper zu etwas, das über seine bloße Funktion als »Hülle« hinausgeht. Dann wird er zu einem echten Gefährten. Zu einem Gefährten auf dieser Reise, die nicht nur eine äußere Dimension hat, sondern auch eine innere: die Suche nach dem, der wir wirklich sind.

Wir sind nicht nur der Körper. Wir sind auch der Geist. Und wir sind auch die Seele. Alle drei möchten sich hier auf Erden erfahren als das, was sie sind. Alle drei haben eine Wahnsinnslust, das Leben zu erforschen, sich auszudehnen, ihre Grenzen zu spüren, sie auch zu überschreiten und neue Grenzen kennenzulernen ... Es ist ein immerwährender Prozess, der nie aufhört. Vielleicht nicht für alle Menschen im gleichen Maße – nicht jeder hat Lust, in diesem Leben seine Grenzen und Möglichkeiten zu erfahren. Aber für diejenigen von uns, die es möchten, stehen alle Türen offen!

Was möchtest du noch erleben? Mit was möchtest du deinen Geist befüllen? Wohin möchtest du noch reisen? Was möchtest du noch alles lernen? Und deine Seele? Was möchte sie noch erfahren? Welche Dimensionen könnte es noch geben in deinem Leben, die du bisher noch nicht erforscht hast?

Dein Körper wird dich dabei unterstützen, dies alles zu erleben.

Wenn wir diese Haltung einnehmen, diesen größeren Blick auf die Dinge, und unseren Körper als unseren Freund betrachten und nicht länger als unseren Gegner, der nicht macht, was wir wollen (nicht so schnell abnimmt, nicht so schnell sportlich wird etc.), dann wächst auch unser Vertrauen in ihn. Und dann lernen wir mehr und mehr, seine Signale zu verstehen.

Seismograf für alles, was mich bewegt

Ich hatte schon während des Studiums Bücher über Psychosomatik gelesen, und es faszinierte mich, dass unser Körper offensichtlich eine »Sprache« hat, mit der er uns mitteilt, was ihm fehlt, welche Veränderungen in unserem Leben anstehen oder um welche Lebensbereiche wir uns intensiver kümmern sollten. Ende der 1990er-Jahre, ich war Anfang zwanzig, machte ich zum ersten Mal Bekanntschaft mit meinem Herzen und dem, was es mir sagen wollte.

Ich stand morgens unter vielen anderen Berufspendlern in

einer Kölner U-Bahn-Station, als ich das Stechen in der linken Brustgegend vernahm. Ich atmete bewusst in diese Körperregion hinein, doch der Schmerz ging nicht weg. Irgendwie schleppte ich mich durch den Tag im Büro, doch die Schmerzen wurden nicht weniger. Abends, als ich im Bett lag, war es fast unerträglich. Ich konnte nur noch ganz flach atmen. Ich erinnere mich daran, dass ich, eine Hand auf meinem Herzen liegend, dachte: »Was ist, wenn du morgen nicht mehr aufwachst?«

Ich konnte kaum schlafen in dieser Nacht. Luft holen war kaum möglich, so groß war der Schmerz bei jedem Atemzug. Mitten in der Nacht hielt ich es nicht mehr aus, stand auf und rief den Krankenwagen. Zu Fuß oder allein mit dem Auto ins nächste Krankenhaus hätte ich es nicht mehr geschafft.

Am nächsten Tag bekam ich die Diagnose: Es hatte sich Wasser um mein Herz gesammelt. Herzbeutelentzündung, Perikarditis, nannten sie es. Ich bekam Cortison, und der Schmerz ließ langsam nach. Und nicht nur der Schmerz – auch meine Kräfte ließen spürbar nach. Ich fühlte mich wie Anfang achtzig.

Als ich nach einer Woche aus der Klinik entlassen wurde, konnte ich nur gebückt vor dem Spülbecken in der Küche stehen, um das Geschirr abzuwaschen. Ins Büro zurückzukehren, daran war gar nicht zu denken. Ich wurde krankgeschrieben, Woche für Woche, insgesamt fast acht Monate lang. Was war passiert?

Nun, es gibt zwei Erklärungen. Die eine, schulmedizinische, lautete: »Sie haben eine Grippe verschleppt.« Das stimmte. Ich war in den Tagen zuvor sehr angeschlagen gewesen und war dennoch für ein Wochenend-Seminar bei dem amerikanischen Drehbuchlehrer Syd Field (inzwischen verstorben) nach Berlin gefahren. Durch den Infekt und die fehlende Erholung am Seminarwochenende waren meine Kräfte nicht die allerbesten. Doch *nach* dem Seminar war noch etwas anderes passiert: Ich hatte meinen Vater wiedergesehen, zum ersten Mal nach mehr als zehn Jahren.

Nach der Scheidung meiner Eltern hatte ich keinen Kontakt mehr zu ihm gehabt. Ich wusste, dass er mehrere Schlaganfälle erlitten hatte und auch lange im Koma gelegen hatte und inzwischen in einem Pflegeheim lebte, doch ich hatte über viele Jahre nicht den Mut aufgebracht, ihn zu besuchen. Doch diesmal war es so weit, das spürte ich. Ich würde nicht nach Köln zurückfahren, ohne ihn wenigstens kurz gesehen zu haben.

Leise und vorsichtig betrat ich sein Zimmer. Und da lag er, ganz schmal und hilfebedürftig, sein Haar so ergraut wie das seines eigenen Vaters. Durch die Schlaganfälle konnte er nicht mehr sprechen und wurde künstlich ernährt. Seine Augen flackerten und fokussierten mich nicht. Er atmete schwer, als ich neben ihm stand. Ich war mir nicht sicher, ob er mich erkannte. Die Schwestern sagten mir, ein paar Jahre zuvor sei es ihm noch möglich gewesen, mit dem Finger auf einer Ja/Nein-Tafel die Antworten auf einfache Fragen zu zeigen. Jetzt war er selbst zu dieser Bewegung nicht mehr in der Lage. Es war ein Schock für mich, ihn so zu sehen, zum ersten Mal seit zehn Jahren. Langsam beruhigte sich sein Atem, als ich leise mit ihm sprach, ihm sagte, dass ich es sei, seine Tochter, die hier an seinem Bett stand. Mehr Kommunikation gab es nicht. Nach einer guten halben Stunde musste ich schon wieder gehen – mein Taxi wartete, das mich zurück zum Zug bringen sollte.

Was hatte ich erwartet? Ich weiß es nicht. Aber auf keinen Fall das. Ich weiß noch, dass ich die vier Stunden im ICE wie in einem Nebelschleier verbrachte. Ich erinnere mich, dass ich viel weinte und mich das ältere Ehepaar, das mir gegenübersaß, mitfühlend ansah. Ich weiß noch, dass ich meinen Chef anrief, um den Nachmittag freizunehmen – und dass das nicht ging, weil so viel auf dem Tisch lag. So fuhr ich direkt zurück ins Büro, drückte meine Trauer und mein Entsetzen über den Zustand meines Vaters in den letzten Winkel meines Bewusstseins – und funktionierte.

Doch starke Erlebnisse wie diese lassen sich nicht einfach wegdrücken. Mag sein, dass wir für eine Weile so tun können, als sei nichts passiert. Doch alles, was wir erleben, möchte verarbeitet werden, sonst bricht es bei anderer Gelegenheit hervor. Bei mir »wartete« mein Herz drei Tage mit dem Hervorbrechen und ließ dann dem Schmerz an dem Morgen in der U-Bahn freien Lauf.

Wie gesagt: Die medizinische Erklärung für meine Herzbeutelentzündung war der verschleppte Infekt. Ich selbst wusste: Mein Herz litt und nahm Abschied. Es nahm Abschied von meinem Vater und dem Gedanken, jemals wieder mit ihm sprechen zu können. Es nahm Abschied von dem Bild, dass »alles wieder gut« werden würde und ich die Zeit würde zurückdrehen können. Es nahm Abschied von dem Gedanken, jemals die Antwort auf die Frage zu bekommen, was dazu geführt hatte, dass sein Leben und das unserer Familie so verlaufen war. Welcher Sinn dahintersteckte, dass mein Vater die letzten 12 Jahre seines Lebens auf dem Rücken liegend in einem Pflegeheim verbracht hatte, als Mann in den Mittvierzigern. Ich freundete mich langsam mit der Tatsache an, dass wir von nun an auf einer anderen Ebene kommunizieren müssten, weil es in dieser Realität nicht mehr möglich war. Langsam heilte der Schmerz, langsam.

Was die Heilung meines Körpers betraf, so ging ich regelmäßig zum Kardiologen und konnte auf dem Ultraschall sehen, wie das Wasser, das sich in meinem Herzbeutel gesammelt hatte, verschwand. Nur wenige Millimeter waren es noch. Doch diese Millimeter bereiteten mir immer noch große Schmerzen. Mein damaliger Arbeitgeber zeigte sich sehr großzügig und sicherte mir meine Stelle weiterhin zu, obwohl wir alle nicht absehen konnten, wann ich wieder voll einsatzfähig war.

In dieser Zeit fiel mir Julia Camerons Buch *Der Weg des Künstlers* in die Hände. Da mir das Schreiben schon immer große Freude machte, liebte ich ihre Empfehlung, täglich drei Seiten am Morgen zu schreiben, die sogenannten »Morgenseiten«, die ich in Teil eins und zwei des Buches schon erwähnt habe.

Ich füllte Seite um Seite, manchmal direkt morgens, so wie es Julia Cameron empfiehlt, manchmal auch erst am Mittag oder Abend. Ich schrieb sie ohne Punkt und Komma, ohne Hinblick auf Druckreife, einfach im Strom meines Bewusstseins und der Gedanken, die gerade in mir präsent waren. Viele Fragen tauchten dabei auf, viele Zweifel, viele Ängste, viele Überlegungen zu meinem Weg ... Woche um Woche füllte sich meine Kladde, und ich las die Seiten des Vortages nie, wie Julia es auch empfiehlt ... Manchmal waren es mehr als drei Seiten. Und eines Tages wurden aus den Fragen Antworten. Da stand plötzlich: »Ich möchte nicht mehr die Träume anderer organisieren. Ich möchte meine eigenen Träume leben!«

Ich liebte meine Arbeit in der Filmproduktion, in der ich zu der Zeit angestellt war. Es machte mir viel Spaß, die Entstehung von Drehbüchern von der ersten Idee bis zum fertigen Produkt mitzuverfolgen, das über den Fernsehbildschirm oder eine Kinoleinwand lief. Ich liebte es, die verschiedenen Fassungen eines Drehbuchs zu lesen und zu erkennen, wann es sich verbesserte. Ich liebte auch die Vorbereitungen der Treffen zwischen Autor, Produzent, Regisseur und Redakteur vom Sender. Ich mochte die Fahrten ans Set, um mitzuerleben, wie die Schauspieler zusammenwirken, welche Teamarbeit dahintersteckt, wie fein verzahnt dieses große »Rad« Film ist. Jedes Rädchen dabei von Bedeutung.

Doch mir war auch bewusst geworden, dass in der letzten Zeit der Traum vom eigenen Schreiben, von meinen eigenen Büchern, größer geworden war. Mein Kindheitstraum, den ich schon mit fünf Jahren hatte, war wieder erwacht. Und er ließ sich nicht länger verleugnen. Vor allem ließ er sich zeitlich nicht mehr in meinem Tag unterbringen, einem Tag, in dem ich schon morgens in der U-Bahn oder abends im Fitnessstudio die Drehbücher anderer Autoren las, was während der normalen Arbeitszeit kaum zu schaffen war. Bei einer Tätigkeit wie dieser sind nicht nur die laufenden, unter Vertrag stehenden Projekte zu betreuen, sondern auch die ungefragt eingereichten Bücher und Exposés zu lesen. Da blieb einfach keine Zeit mehr für mein eigenes Schreiben, für meinen eigenen Traum.

Und so traf ich eines Tages eine Entscheidung: Ich würde den Arbeitsvertrag nicht verlängern, so sehr ich die Firma und unser

Team schätzte. Ich wollte mich selbstständig machen, mich auf eigene Beine stellen. Ich wollte schreiben und vom Schreiben leben! Und ich wollte mein Wissen an andere Menschen weitergeben. Also startete ich damals mit Anfang zwanzig noch einmal ganz neu, machte alle Fortbildungen, die ich für wichtig hielt: Kreatives Schreiben, Literarisches Schreiben, Drehbuchschreiben, eine mehrjährige Ausbildung in Poesie- und Bibliotherapie … Ich wollte alles wissen und investierte für dieses Wissen viel Geld, Zeit und Energie.

Heute schaue ich manchmal in mein Bücherregal, sehe die Bücher, auf denen mein Name steht, und die Titel, die ich als Ghostwriterin geschrieben habe, und denke: Wäre mein Weg auch so verlaufen, wenn mir mein Herz nicht diese »Auszeit« verschafft hätte?

Der letzte Rest Wasser in meinem Herzbeutel verschwand übrigens an dem Tag, als ich meine Kündigung unterschrieb. Interessant, oder? Der Kardiologe war überrascht.

Welche Erfahrungen hast du mit der Sprache deines Körpers bisher gemacht?

Hattest du auch schon mal »einen dicken Hals« oder die »Nase voll«? Ist dir auch schon mal eine »Laus über die Leber gelaufen«, was sich in deinen Leberwerten deutlich gezeigt hat? Was nimmt dir »die Luft zum Atmen«? Was kannst du nicht mehr »sehen«, nicht mehr »hören«, wen oder was nicht mehr »riechen«?

Das Buch *Heile deinen Körper* und andere von Louise Hay waren mir eine wertvolle Hilfestellung, um die Sprache meines Körpers zu verstehen. Natürlich gibt es Ausnahmen. Wir alle sind Individuen, das habe ich in der Energiearbeit gelernt. Es geht nicht um Pauschalisierungen, darum, dass jedes Symptom in »genau diese eine« Schublade und Kategorie von Ursache passt. Dennoch sind die Ergebnisse der Menschen, die sich mit der Sprache unseres Körpers befassen, verblüffend in ihrer Deckungsgleichheit und so hilfreich, dass es sich lohnt, einen Blick darauf zu werfen und damit zu starten.

Die zweite große Botschaft meines Körpers erhielt ich im Juli 2012 durch mein Knie, das mich ziemlich unsanft daran erinnerte, endlich »langsamer zu werden«. Ich war einen Tag zuvor in Los Angeles gelandet und war gerade dabei, meine Morgenrunde am Strand zu joggen, als mir ein blitzartiger Schmerz ins Knie schoss. Ich war nur noch wenige Schritte vom Santa Monica Pier entfernt. Zurück zu meinem Appartement war es in normalem Lauf-Tempo eine knappe Viertelstunde. Ich hatte nichts dabei außer meinem Haustürschlüssel. Kein Geld, kein Handy, nichts. Okay, dachte ich. Jetzt stehst du hier und kommst nicht vom Fleck. Laufen ging nicht. Ein Taxi rufen ohne Handy auch nicht. Außer mir war noch niemand am Strand unterwegs. Ich blieb eine Weile stehen und ruhte mich aus. Nach ein paar Minuten wandte ich eine Technik an, die ich in einem Workshop über Quantenheilung von Frank Kinslow aus USA gelernt habe (Du findest sie in seinem Buch *Quantenheilung*), und so war es mir nach einer weiteren Weile zumindest möglich, sehr langsam nach Hause zu gehen. Ich humpelte, und jeder Schritt war eine echte Herausforderung. Na wunderbar, dachte ich. Du bist gestern erst hier gelandet, willst 14 Tage bleiben und kommst nicht vorwärts in dieser Riesenstadt!

Meinen Strand und meinen geliebten Ozean wollte ich in der Zeit nicht missen. Also lief ich humpelnd jeden Morgen zum Meer. Manchmal schaffte ich es ganz langsam zum Supermarkt zwei Blocks weiter und an einem Tag die ganze 4th Street runter zu einer naturheilkundlichen Apotheke, um mir ein pflanzliches Mittel zu besorgen.

Mein Lieblingsplatz war in diesen Tagen das Urth Caffé auf der Main Street. Ich saß dort stundenlang und schrieb und schrieb – etwas anderes blieb mir ja auch nicht übrig! Damals entstanden erste Teile dieses Buches. Wilson, ein junger Kellner, der mich an meinem Platz mit Kaffee, Salat und Kuchen versorgte, fragte einmal lächelnd: »Schreibst du das große Buch? Sag mir Bescheid, wenn du fertig bist!«

Ich fühlte mich wohl dort. Nicht in jedem Café kann man so gut arbeiten. Das war das Einzige, was mir diese Zeit angenehm machte.

Die pflanzlichen Tropfen halfen sehr gut – bis auf eine Nacht, in der der Schmerz schier übermächtig wurde. Da wünschte ich mir, doch zum Arzt gegangen zu sein oder mir wenigstens ein starkes Schmerzmittel besorgt zu haben. Was also tun, mitten in der Nacht, in einem fremden Land? In eine Klinik zu gehen wäre eine Möglichkeit gewesen, doch der Gedanke behagte mir nicht.

Also hielt ich mein Knie mit beiden Händen fest und probierte etwas aus: Ich tauchte tief in den Schmerz hinein, versuchte, seinen Ursprung zu erspüren. Einen Moment lang hatte ich das Gefühl, ich SEI der Schmerz ... Und da löste er sich plötzlich auf und blieb für eine Weile verschwunden. Erstaunlich, was alles möglich war, dachte ich. Ich wiederholte die Übung immer wieder, wenn der Schmerz aufwallte, die ganze Nacht durch, bis es Morgen wurde und mein Bein sich beruhigte.

In dieser Nacht begann ich zum ersten Mal mit meinem Knie zu sprechen. Ich fragte es: »Warum ist das passiert?« Und mein Knie antwortete: »Du bist zu schnell! Du hast immer so ein wahnsinniges Tempo drauf!«

Das stimmte. Ich bin eine Frau, die im Alltag ein großes Tempo vorlegt. In meinem Denken, in meinen Entscheidungen, in meinem Alltag als Unternehmerin und zweifache Mutter … Ich hatte mir in den letzten Jahren kaum die Zeit für eine Tasse Kaffee geschenkt – nur mit mir allein. Dieses Tempo erwartete ich oft auch von anderen Menschen. Mein Knie hatte Recht. Es hat mir vieles gezeigt in den darauffolgenden Monaten der Heilung, die über zwei Jahre dauerte.

Ich ging auch in Deutschland nicht zum Arzt. Einige Freunde hielten mich für verrückt. Doch ich hatte das Gefühl, dass es nicht relevant war, wie die Ärzte dieses Symptom benennen würden. *Ich* wusste, was mir mein Knie sagen wollte. Und ich wusste, dass ich wieder schmerzfrei sein würde, wenn ich die Lektion dahinter gelernt hatte.

Eleya, meine Freundin aus Santa Monica, lachte, als ich ihr die ganze Geschichte erzählte. Sie sagte: »Oh ja, ich kenne das. Ich hatte über zwanzig Jahre lang Schmerzen im Knie! Doch ich wusste, ich würde wieder gesund. Und ich wusste, dass mein Knie danach stärker sein würde als je zuvor!« Und so war es. Zwanzig Jahre. Wer hat diese Geduld?

Barbara, eine Freundin von mir, verbringt viel Zeit in USA bei indianischen Lehrern und auf Visionssuchen. Sie teilte vor einiger Zeit mal eine schöne Metapher mit mir, die ihr eine der Lehrerinnen geschenkt hatte, die selbst an Krebs erkrankt war: »Mit unserem Körper und seinen Krankheiten ist es, wie wenn du ein Kind hast: Wenn du das Kind ignorierst, bockt es. Wenn du es aber *siehst* und in den Arm nimmst, dann beruhigt es sich wieder. Und sie sagt: ›Mein Körper und ich, wir haben immer noch unsere Reibereien, aber es ist viel mehr Frieden eingekehrt.‹ Sie nennt ihren Krebs jetzt ihren *Freund*.«

Ich freue mich, dieses schöne Bild heute mit dir zu teilen. Unseren Körper sehen, ihn wahrnehmen und auch seine »Unvollkommenheiten«, seine Zipperlein bis hin zu den lebensbedrohlichen Krankheiten annehmen, sie umarmen und sie als Teil von uns sehen ... Welche innere Reise hatte diese Frau durchgemacht, um an diesen Punkt zu kommen, an dem sie den Krebs als ihren Freund bezeichnen kann? Ich ziehe meinen Hut vor ihr.

Autorin Susanne Hühn nennt es »die innere Kampfarena verlassen« in ihrem Kartenset *Die Heilung des inneren Kindes,* zu dem es auch das dazugehörige Buch gibt. Heraus aus dem »Dagegen«, heraus aus der Wut, aus der Angst, hinein in das Miteinander, die Freundschaft und die Liebe zu allem, was ist.

Verändern wir Gedanken und Blickwinkel wie »Mein Körper macht schlapp«, »Meine Kräfte haben mich verlassen« und Ähnliches. Versuchen wir stattdessen lieber zu verstehen, was uns unser Körper sagen will und in welchen Veränderungen (unserer Gedanken, Gefühle, Handlungen, Entscheidungen etc.) unser Potenzial zur Heilung liegt.

Unser Körper nutzt die Ausdrucksmöglichkeiten, die ihm gegeben sind, um uns zu sagen oder zu zeigen: »Hier, schau das mal an oder jenes. Richte dein Augenmerk mal hierhin oder dorthin.« Seine Sprache ist der Schmerz oder die Taubheit, die Lähmung oder die Atemnot. Seine Sprache ist vielfältig, wir haben sie vielleicht nur bislang noch nicht als Sprache gesehen und ihr Vokabular verstanden. Könnte es nicht von daher sein, dass unser Körper gesund ist – völlig gesund, jederzeit? Dass Symptome nicht Krankheit bedeuten, sondern die gesunde Form, Ungleichgewichte zum Ausdruck zu bringen, Hilfesignale zu senden? Ich mag diesen Blick. Er schenkt mir *Vertrauen.*

Die Sprache unseres Körpers zu lernen macht Spaß und wird immer leichter, wenn wir einmal damit angefangen haben. Schon bald ist es ein ähnliches Erfolgserlebnis, wie wenn wir nach einem neuen Sprachkurs in Italien oder Frankreich unser erstes Eis oder ein Glas Wein bestellen: Es funktioniert, wir freuen uns und wollen die Sprache noch besser lernen!

Wieder in die Verantwortung gehen

Wenn wir die Sprache unseres Körpers verstehen, können wir mit ihm kommunizieren: Wir spüren, wo es zwickt, und können unseren Körper direkt fragen: »Was möchtest du mir sagen? Was brauchst du?« Manchmal braucht es etwas Übung, doch mit der Zeit hörst du die Antworten und kannst darauf reagieren – so wie ich auf meinen Knieschmerz »antwortete«, indem ich nach Möglichkeiten für mehr Langsamkeit in meinem Leben Ausschau hielt.

Vielleicht erscheint es dir ungewohnt, so mit deinem Körper zu sprechen. Vielleicht bist du noch nie auf die Idee gekommen – wie auch? Die wenigsten von uns wachsen in einem Umfeld auf, das davon weiß oder uns dazu ermutigt.

Stattdessen sind wir daran gewöhnt, die Deutung der Symptome und somit die Verantwortung für unseren Körper an andere Menschen abzugeben, zum Beispiel an Ärzte. Ärzte haben unbestritten ein umfangreiches medizinisches Wissen, doch wir selbst kommen oft gar nicht auf die Idee, begleitend zum Arztgespräch auch mit unserem Körper ins »Gespräch« zu gehen.

Als ich nach der Geburt meines Sohnes die Säuglingsstation verließ, gab mir die Stationsschwester mit auf den Weg, ich möge bitte umgehend noch Fluor-Tabletten besorgen und meinem Kind einmal pro Tag eine davon in Wasser aufgelöst mit einem kleinen Löffel verabreichen. Mein Sohn wollte diese Tablette nicht. Er spuckte die weiße Pampe immer wieder aus. Nach drei Tagen gab ich auf und dachte: Warum eigentlich? Hat irgendjemand mein Kind untersucht und kann mir sagen, warum ich ihm etwas geben soll – nur, weil es *alle* nehmen? Recherchiert man im Internet, sind sich nicht einmal die Mediziner einig: Einige Zahnärzte befinden, dass es vollkommen ausreichend ist, die nötige Dosis Fluor später beim Zähneputzen in Form von Zahnpasta zuzufügen und nicht schon im Säuglingsalter damit anzufangen. Einige Kinderärzte dagegen vertreten die Auffassung, die Gabe von Vitamin D in Verbindung mit Fluor sei ideal fürs Kind. Was tut man als frischgebackene Mutter? Wem vertrauen? Wem Glauben schenken?

Es gibt kein Standardrezept, für nichts. Weder in der Liebe noch in Geldangelegenheiten noch für unseren Körper. Wir sind kein Standard! Wir sind einzigartige Wesen. Nicht jeder Liebespartner passt zu uns und nicht jede Form der Geldanlage. Nicht mal die einfachste Kopfschmerztablette passt zu allen Menschen! Der eine spürt ihre Wirkung sofort, der andere gar nicht. Der eine bekommt von Penicillin Übelkeit oder Hautausschlag, der andere fühlt sich pudelwohl damit und gesundet innerhalb von Tagen.

Wie gesagt, ich möchte hier nicht die Expertise von Medizinern anzweifeln. Ich kenne hervorragende Ärzte und war schon oft in guten Händen. Alles, was ich mir wünsche, für werdende Eltern und für uns Erwachsene, die wir mit unserem eigenen Körper zu tun haben, ist, dass wir auch hier wieder mehr *vertrauen*. Und zwar uns selbst vertrauen und unserem einzigartigen Körper.

Wenn sich jemand gut und sicher damit fühlt, seinem Kind eine Fluortablette über ein oder mehrere Jahre zu geben, dann möge er es tun. Und wenn jemand Zweifel hat und die innere Stimme sagt: »Hol dir lieber noch andere Meinungen ein«, dann ist dies der richtige Weg. Zwei Mütter können völlig unterschiedlich handeln und dabei beide das Beste für ihr Kind tun! Ich habe lange gebraucht, bis ich das verstanden habe. Und gerade als junge Mutter habe ich oft geschwankt und mich gefragt: Tust du wirklich das Beste für dein Kind?

Stillen ist in dieser Zeit auch ein Thema, mit dem wir Mütter uns beschäftigen. »Muttermilch ist das Beste für Ihr Kind«, steht sogar auf der Packung von Fertigmilch. Man tut also nur das Zweitbeste, wenn man seinem Kind die Flasche statt der Brust gibt, könnte man meinen. Alles ist so neu beim ersten Kind, der Körper noch mit den Nachwirkungen der Entbindung beschäftigt, die Nächte sind kurz, die Liste mit Ungewissheiten ist lang …

Was habe ich mich gequält! Was habe ich versucht, die perfekte Mutter zu sein und habe auf Stofftaschentücher gebissen und unter großen Schmerzen und mit blutenden Brustwarzen mein Kind gestillt, im Glauben, das müsse so sein! Bei manchen Frauen klappt das Stillen ganz wunderbar, von Anfang an, bei anderen dauert es ein paar Tage oder Wochen … Bei mir hat es beim ersten Kind einfach »nicht sollen sein«. Körperlich und mit den Nerven am Ende gab ich nach vier Wochen auf. Vier Wochen sind eine lange Zeit. Wenn man bedenkt, dass die Neugeborenen viel trinken, in der ersten Zeit pro Mahlzeit circa 45 bis 50 Minuten benötigen und das acht Mal am Tag, dann ist das ein ganzer Bürotag lang Schmerz, Tränen, Zähne zusammenbeißen! Wie gerne hätte ich manchmal das Stillen gegen meine Arbeit am Schreibtisch eingetauscht.

Natürlich hat diese erste Zeit mit unserem Kind auch ihre Magie. Der Grund, warum ich den Fokus hier so auf den Schmerz lege, ist der Wahnsinn, dem wir uns unterwerfen, wenn wir glauben, irgendjemand anderes könne uns sagen, was gut für uns und unser Kind ist und was nicht. Und ich glaube, ganz viele Eltern pflichten mir an dieser Stelle bei. Gerade beim ersten Kind ist die Verwirrung groß. Man geht mit seinem Schatz spazieren, und er fängt an zu weinen – was sagen die Menschen, die sich mitfühlend über den Kinderwagen beugen: »Oh, er hat wohl

Hunger?« Nein, hat er nicht, er hat gerade getrunken. »Oh, er ist wohl müde?« Nein, er ist erst vor einer halben Stunde aufgewacht. »Hat er Blähungen, der Arme?« Ich weiß es nicht, bisher hatte er noch nie welche. »Sie müssen ihn hochnehmen!« Nein, schon probiert, dann schreit er noch mehr.

So geht das in den ersten Tagen und Wochen andauernd. Diese Zeit ist eine echte Herausforderung für Mütter und Väter, ganz bei sich zu bleiben, auf die eigene Stimme zu hören, gerade wenn alles Neuland ist. Man kann nicht mehr als vertrauen. Vertrauen, dass man in diesem Moment sein Bestes tut. Mehr geht sowieso nicht!

Beim zweiten Kind ist man oftmals entspannter. Da klappte bei mir auch das Stillen. Meine Tochter habe ich fast 13 Monate gestillt. Und diese Erfahrung war genauso richtig wie die gemeinsame Erfahrung des Fläschchengebens mit meinem Sohn. Beides sind wunderbare, lebenslustige, gesunde und kraftstrotzende Wesen. Im Nachhinein hätte ich mir viele Ängste und Zweifel sparen können, wenn ich mich einfach entspannt hätte und mir selbst *vertraut* hätte. Doch auch diese Erfahrung musste ich erst durchleben.

Schon die ersten Tage mit einem neuen Baby zeigen uns als Eltern, wo wir stehen. Was wir wissen, was wir nicht wissen, wo wir uns sicher fühlen, wo wir unsicher sind, wo wir uns Hilfe holen können und wo ein Rat gut gemeint ist, aber für uns nicht passt. Es ist eine große Herausforderung, diese erste Zeit, und ich habe Verständnis für jede Mutter und jeden Vater, die ins Straucheln kommen.

»Wissenschaft ist Irrtum auf den letzten Stand gebracht«, soll

der US-amerikanische Chemiker Linus Pauling (1901–1994) gesagt haben. Wie gesagt, ich möchte das Engagement der Naturwissenschaftler und Mediziner überhaupt nicht in Frage stellen. Ich wünsche mir, dass wir alle aufgeschlossener bleiben und sagen: »Es könnte sein, dass wir morgen neue Erkenntnisse haben. Besser, wir betrachten den Stand der Dinge von heute nicht als in Stein gemeißelt.«

Bleiben wir auch in der Freiheit der Wahl: Wer hat einen Nutzen daran, dass ich etwas Bestimmtes glaube? Wo es ums Geld geht, hört unsere Wahlfreiheit manchmal ganz schnell auf. Wer verdient denn zum Beispiel daran, dass wir alle das Gleiche tun, die gleichen Tabletten nehmen, angefangen im Säuglingsalter und bis hinauf ins hohe Alter, die gleichen Spritzen (Impfungen, Grippeschutz etc.) bekommen?

Es sprengt den Rahmen dieses Buches, hier näher darauf einzugehen. Tatsache ist, dass es Menschen und ganze Branchen gibt, die viel daran verdienen, wenn wir unsere Verantwortung abgeben und einfach alles glauben, was uns gesagt oder vorgeschrieben wird. Werden wir hellhörig! Gehen wir wieder mehr in die Verbindung zu uns selbst und unserem Körper, der eine Weisheit besitzt, die größer und umfassender ist als jede Pille, die wir pauschal einwerfen.

Denn was macht unser Körper den ganzen Tag? Er ARBEITET. Und zwar intensivst. Während wir im Büro sitzen oder gemütlich am Frühstückstisch, arbeitet er auf Hochtouren und verwertet alle Stoffe, die wir aufnehmen wie unsere Nahrung oder die Atemluft. Er verdaut und atmet ein und aus, ohne dass wir etwas dazu tun müssen. Wenn wir aufstehen und das Haus verlassen, bewegt er sich wie selbstverständlich zu unserem Wagen oder zur nächsten Bushaltestelle, ohne dass wir darüber nachdenken müssen, welchen Fuß wir zuerst bewegen und ob wir beim Einsteigen ins Auto oder in den Bus erst noch bestimmte Muskeln aktivieren müssen, damit sich das Bein auch rechtzeitig und in der entsprechenden Höhe hebt.

Den ganzen Tag lang, die ganze Nacht ist unser wunderbarer Körper in Aktion. Seit dem Tag, an dem wir geboren wurden. Und schon im Mutterleib! Er wusste genau, welche Zellen und Organe er zuerst ausbilden musste und welche erst wenige Stunden vor der Geburt »fertig« sein mussten. Er ist *vollkommen*, so wie er ist. Und er tut so viel Kluges und Wichtiges ohne uns – warum sollte er nicht auch eine eigene innere Weisheit besitzen, wenn es um sein Gesundwerden und Gesundbleiben geht?

»Dein Körper weiß genau, wie er sich wieder regeneriert«, sagte mir einmal eine Lehrerin auf einer gesundheitlichen Fortbildung. »Sprich mit ihm, ganz klar und bestimmt, sag ihm, er möge wieder seinen Aufgaben nachkommen!«

So klar und bestimmt sollte ich mit meinem Körper sprechen? Das war mir neu. Ich hatte, wie ich es ja auch schon in Bezug auf mein Herz und mein Knie erzählt habe, bisher immer *Fragen* an meinen Körper gestellt: Wie geht es dir? Was brauchst du gerade? … Ihm ganz klar und bestimmt zu sagen, er möge wieder seinen Aufgaben nachkommen, er wisse ja schließlich genau, wie es ginge – der Gedanke gefiel mir, er hatte viel Kraft!

Also probierte ich es aus, bei Erkältungen und verschiedensten anderen Dingen. Liebevoll und doch klar und bestimmt sprach ich mit ihm, gab ihm Anweisung, sicherte ihm zu, dass ich ihn bestmöglich unterstützen würde auf dem Weg der Heilung … Tatsächlich, es klappte! Probier es aus, in jeder Situation, die dir einfällt. Vielleicht braucht es anfangs ein bisschen Übung, bis du den richtigen Ton gefunden hast, die richtigen Worte. Bleib trotzdem dran, versuch es immer wieder, bis es eines Tages funktioniert!

Stellen wir diese Verbindung und die Kommunikation zu unserem Körper wieder her. Wenn wir die ersten Erfolgserlebnisse haben und spüren: »Wow, mein Körper weiß ja wirklich, was er zu tun hat!« oder »Ich bekomme tatsächlich Antworten!«, dann wächst auch unser Vertrauen in unseren Körper.

Manche von uns haben die Verbindung lange nicht gespürt, vielleicht noch nie. Wenn es dir so geht, dann geh liebevoll mit dir und deinem Körper um. Vielleicht seid ihr beiden wie ein eingespieltes Ehepaar, das schon lange nicht mehr richtig miteinander gesprochen hat, weil ihr dachtet, ihr wüsstet schon alles voneinander. Entdeckt euch noch einmal ganz neu! Geht auf Entdeckungsreise und schaut: Wer bin ich denn eigentlich? Wie reagiert mein Körper auf Wärme, auf Kälte, auf Sonne, auf liebevolle Zuwendung, auf diese Nahrung, auf jenes Getränk, auf Bewegung, auf Ruhe, auf Lautstärke …? Lerne dich wieder ganz neu zu lieben, lerne dich ganz neu kennen wie einen Mann oder eine Frau, in die du dich gerade frisch verliebt hast.

Spürst du, wie dein Körper bei diesem Gedanken lächelt? Wie alle Zellen strahlen und sich auf dich und euren neuen, gemeinsamen Weg freuen? Auf euren Weg in Partnerschaft, Hand in Hand?

Und dann geht gemeinsam los. Unterhaltet euch miteinander,

jeden Tag, lernt eure Ecken und Kanten kennen, eure Schwächen und eure Stärken, unterstützt euch gegenseitig und freut euch aneinander, so als würdet ihr euch jeden Tag neu ineinander verlieben!

Übung: Von Kopf bis Fuß ein Segen

Jemand hat einmal gesagt, unsere Gesundheit sei wie das Salz in der Suppe: *Wir bemerken sie erst, wenn sie fehlt.*

Ich kann das bestätigen. Gerade in Phasen, in denen viel zu tun ist, bin ich manchmal ziemlich gedankenlos, was meinen Körper angeht und seine Ernährung, Bewegung und Vitalität. Erst wenn er nicht so reibungslos funktioniert, wie ich ihn kenne, fällt mir wieder auf, dass er da ist. Dass er es ist, der mich schon seit Beginn meines Lebens trägt, durch die schönen Momente wie durch die anstrengenden.

Ich habe mir angewöhnt, ab und zu innezuhalten und bewusst dankbar zu sein für all das, was er für mich ist, mein Freund und Begleiter, mein Seismograf und »Bewegungsmelder« für alles, was mich emotional, mental oder auf der Seelenebene beschäftigt.

Und seit ich das Buch *Segnen heilt* von Pierre Pradervand gelesen habe, *segne* ich meinen Körper auch von Zeit zu Zeit. Pierre beschreibt darin seine eigene Geschichte und wie ihn ein schwerer beruflicher Rückschlag zum Segnen führte, was ihm half, Frieden mit der Situation zu schließen und neue Wege zu gehen.

Segnen können wir alles in unserem Leben: Menschen, Dinge, Situationen ... und es geht ganz einfach. Es muss nicht so vonstattengehen, wie du es vielleicht aus der Kirche kennst. Ein Segen kann ein einziger Satz, ein Wort oder ein Gedanke sein.

Als ich damit begann, fand ich solchen Gefallen an dem Wohlgefühl, den das Segnen bei mir auslöste, dass ich es ausprobierte, wo ich ging und stand – beruflich wie privat. Ich segnete meine Gesprächspartner am Telefon oder in persönlichen Treffen, ich segnete den Erfolg eines Projektes, ich segnete die Zahlungsfähigkeit meiner Kunden, ich segnete meine eigene Gesundheit und die meiner Kinder, die meines Partners und die von Freunden ... und ich genoss das schöne Gefühl, das dieser Segen in mir selbst auslöste und in Bezug auf die ganze Situation.

Meinen Körper segnete ich zum Beispiel so:

Übung

»Ich segne meine Kraft, meine Flexibilität und meine Leichtigkeit.«

»Ich segne meine Ausdauer und meine Freude, mich zu bewegen.« (zum Beispiel beim Joggen)

»Ich segne die Sehkraft meiner Augen und meinen klaren Blick auf Menschen und Projekte.«

»Ich segne die Wärme und Ausdruckskraft meiner Stimme.«

»Ich segne meinen Mund und seine Gabe, alle Geschmacksrichtungen und feine Nuancen wahrzunehmen.«

»Ich segne meinen Bauch und meinen Unterleib, der zwei gesunde Kinder zur Welt gebracht hat.«

»Ich segne die Kraft, mit der ich durch jeden Tag gehe.«

»Ich segne das optimale Zusammenspiel meines Gehirns und meiner Finger, die meine Gedanken zu Papier bringen.«

Wir brauchen uns keine Gedanken über die richtige Formulierung zu machen – jeder Satz, so wie er kommt, ist genau richtig. Wir können ihn laut aussprechen, wir können ihn auch einfach nur im Stillen denken. Der Klang deiner Stimme kann ein Segen sein genauso wie der liebevolle Blick, den du jemandem schenkst oder ein guter Gedanke, den du ihm sendest ... Segnen ist ein Seinszustand, eine innere Haltung. Was kostet diese innere Haltung? Nichts. Was kann sie bewirken? Alles. Vielleicht sind gute Gedanken das größte und wertvollste Geschenk, das wir anderen und uns selbst machen können.

Was wirklich tödlich ist

Vor einigen Jahren habe ich eine Freundin verloren. Sie starb im Alter von 27 Jahren an Leukämie. Sie ging ein paar Monate zuvor zum Hausarzt, um ihre Blutwerte checken zu lassen – und konnte direkt nach Hause gehen, ihre Tasche packen und in die Klinik fahren. Aus dieser Klinik kam sie bis zu ihrem Tod nicht mehr nach Hause, nur noch vereinzelt für ein paar Tage übers Wochenende und an Weihnachten. Als sie starb, hinterließ sie ihren Mann und zwei kleine Jungen im Alter von vier Jahren und sechs Monaten.

Ich betone es noch einmal: Ich zweifle nicht an einzelnen Methoden, weder an schulmedizinischen noch an ganzheitlichen. Ein Bekannter von mir ist Arzt, Allgemeinarzt mit naturheilkundlicher Ausrichtung. Er sagt: »Ich möchte mich für meine Patienten aus beiden Welten bedienen können, aus der Schulmedizin und aus der Naturheilkunde, je nachdem, welche für diesen Menschen und für seine Gesundheit von größtem Nutzen ist.«

Der Gedanke gefällt mir. Auf einen Menschen und sein Anliegen flexibel reagieren zu können und die Mittel einzusetzen, die für ihn am dienlichsten sind, diese Einstellung wünsche ich mir für alle Mediziner, Heilpraktiker, Homöopathen und auch für alle Trainer, Coachs und Berater. Es lässt den Blick freier werden für die Lösung, die für diesen einen Menschen am besten passt. Für den einen ist es die Chemotherapie, für den anderen ein Kräutertee oder ein paar Globuli. Für den dritten ist es ein einziger heilsamer, stärkender Gedanke, und für den vierten ist es eine Kombination aus allem.

Ich bin mir sicher, dass der Weg meiner verstorbenen Freundin – der Gang zum Arzt an diesem Tag, der Arzt selbst und alles, was folgte – richtig war für sie. Auch wenn mich die Frage lange beschäftigt hat, warum sie im Alter von 27 schon gehen musste und bei zwei kleinen Kindern und ihrem Mann so viel Schmerz hinterließ. Es gibt einen Grund, und ihre Seele kennt ihn. Und das genügt.

Was ich aber an dieser Stelle hinterfragen möchte, ist die Kraft und die Macht der Worte, die rund um solche Geschehnisse verwendet werden, wie zum Beispiel bei medizinischen Diagnosen.

Nenne ich eine Krankheit eine »tödliche Krankheit«, dann impliziere ich ja schon, dass man an dieser Krankheit sterben kann – ja, eigentlich sterben *muss*. Habe ich da als Patient noch Spielraum, lebendig zu bleiben? Oder erschreckt mich das Wort »tödlich« so sehr, dass ich meine Aufmerksamkeit auf nichts anderes mehr richten kann? Energie folgt der Aufmerksamkeit, heißt es in der Energiearbeit. Interessanterweise kann man »Diagnoseschocks« im System eines Menschen feststellen, das sind Schocks, die durch den Erhalt (das Hören, das Lesen etc.) einer Diagnose entstanden sind. So viel zur Kraft und Macht unserer Worte.

Dazu passt die Geschichte eines Arztes: Er traf eine Dame, die laut seiner Diagnose nur noch zwei Monate zu leben hatte. Ihr letztes Gespräch war aber schon länger als zwei Monate her. Als er sie zufällig auf der Straße traf, sagte er zu ihr: »Sie hier? Sie sollten doch längst tot sein!«

Tolle Begrüßung, oder? Kannst du dir das Gesicht und die Gefühle dieser Frau in diesem Moment vorstellen?

Sicher, der Arzt wollte bestimmt nur seine Überraschung ausdrücken. Doch es zeigt, dass er dieser Frau keine Chance mehr zum Leben gegeben hat. Er hatte sie abgeschrieben.

Darum ist es so wichtig, dass wir in unserem eigenen Gefühl bleiben und im Vertrauen für unseren Körper. Dass wir, wenn wir mit solchen Situationen konfrontiert sind, genau erspüren: Worum geht es hier? Geht es wirklich ums Sterben? Oder möchte ich gerade etwas Wichtiges lernen und könnte dahinter meine Heilung stehen?

Wenn wir die Diagnose bekommen, dass wir möglicherweise sterben könnten, ist es unsere Aufgabe – das kann nicht der Arzt für uns tun, das können wir nur selbst –, möglichst ruhig zu bleiben und zu versuchen, unsere Gedanken und unsere Gefühle offen zu halten, dass alles auch ganz anders ausgehen kann. Mit dem Leben!

Wenn erst einmal all meine Gedanken und Gefühle auf den Tod ausgerichtet sind, ist es eine ungeheure Kraftanstrengung, sie wieder »zurückzupfeifen«. Bleiben wir möglichst ruhig – egal, was uns im Leben passiert. Egal, was die anderen sagen. Egal, welche Beispiele uns genannt werden. Es gab und gibt immer auch die anderen Beispiele! Die Fälle, die gut ausgehen!

Wäre es nicht vielleicht auch eine Idee, solche Diagnosen in Zukunft anders zu benennen? Alles ist tödlich, letztlich das ganze Leben. Schon die österreichische Schriftstellerin Marie von Ebner-Eschenbach (1830–1916) befand: »Nimm das Leben nicht allzu ernst, du kommst am Ende ja doch nicht lebend davon.«

Stimmt. Dennoch sollten wir achtsam mit unseren Worten umgehen im Wissen, was sie im Hier und Jetzt in anderen Menschen auslösen können: sie mutlos machen oder sie stärken. Gedanken haben Kraft. Und es sind nicht nur die Gedanken an den Tod, die uns sterben lassen oder uns schwächen. Es sind auch solche Gedanken wie »Mit dem Alter kommen die Zipperlein«, »Unter jedem Dach ein Ach«, »Das ist ungesund«, »Nach jeder Schwangerschaft zwei Kilo mehr auf der Waage«, »In meiner Familie haben alle Frauen Krebs« ... Vielleicht hast du solche Sätze oder ähnliche schon gehört. Man nennt sie auch Glaubenssätze, weil sie unser Glaubenssystem, also die Summe unserer Überzeugungen und Einstellungen, widerspiegeln.

Mehr noch, sie spiegeln es nicht nur, sie *erschaffen* unser Leben, unseren Alltag, unsere Realität! Und diese Glaubenssätze springen auch auf andere Menschen über wie Flöhe oder andere Parasiten, die von einem Wirt auf den anderen hüpfen, ganz egal, ob die Sätze bewusst oder unbewusst verwendet werden, ausgesprochen werden oder nicht. Wenn genügend Menschen denken »Unter jedem Dach ein Ach« und »Ab 40 kommen die Zipperlein« – dann ist das auch so! Weil unsere Gedanken wirken.

Wie sehr bist du schon »infiziert« mit diesen oder ähnlichen Gedanken? Es würde mich nicht wundern, denn wir alle wachsen mit den verschiedensten Gedankenparasiten auf. Die gute Nachricht: Du hast jederzeit die Chance, aus dieser Gedanken-Arena wieder herauszutreten. Du kannst dich dazu fragen: »Stimmt das, was ich gerade gehört habe? Ist es wirklich wahr? Oder könnte auch alles ganz anders sein?«

Vera F. Birkenbihl hat einen interessanten, unterhaltsamen

Vortrag über diese Viren des Geistes gehalten. Man nennt sie auch »Meme«. Du findest den Vortrag unter dem Titel »Viren des Geistes« auf YouTube.

Entscheide dich für positive Gedanken. Und schütze dich vor diesen Memen, die uns jeden Tag auf die unterschiedlichste Weise begegnen. Wenn dir jemand zum Beispiel von seinen diversen Zipperlein erzählt, die angeblich »uns alle« ereilen, dann denke:

»Das gilt für dich, doch es muss nicht für mich gelten. Ich darf die Erfahrung machen, bis zum Ende meines Lebens voll in meiner Kraft zu sein. Ich bin vollkommen gesund bis ins hohe Alter.«

Du brauchst diesen anderen Menschen nicht zu überreden, so zu denken wie du. Denke deine positiven Gedanken im Stillen, oder wenn sich die Gelegenheit bietet, dann sage:

»Weißt du, ich habe für mich beschlossen, mal etwas anderes auszuprobieren.« Und dann erzähle diesem Menschen von deiner Ausrichtung auf das Positive, auf das kraftvolle und würdevolle Altwerden. Missioniere nicht, das brauchst du nicht, lebe einfach deinen Weg. Und die, für die dieser Weg auch richtig ist, werden dir folgen.

Noch einen Schritt weiter gedacht, wie wäre es denn, wenn wir das Wort »alt« mal ganz aus unserem Wortschatz streichen und uns vorstellen, dass wir von Tag zu Tag jünger werden? Es gibt Menschen, die halten das durchaus für möglich! Selbst, wenn wir heute nicht wissen, was dabei herauskommt, ich finde es den Versuch wert zu sagen:

»Ich werde von Tag zu Tag immer jünger und jünger. Meine Haut wird immer strahlender, mein ganzer Körper immer straffer und

elastischer. Von Tag zu Tag wachsen meine Kraft und meine Lebensfreude!«

Wie wäre es damit?

Vor einigen Jahren war ich auf einer Konferenz rund um beruflichen Erfolg in Frankfurt. In der Pause besuchte ich die verschiedenen Stände der Aussteller. An einem Stand wedelte eine Dame Mitte fünfzig mit einem Flyer, wollte ihn mir in die Hand geben und sagte dazu: »Brustkrebs geht uns alle an!«

»Nein«, dachte ich, »mich nicht. Was immer ich für Themen habe – Krebs ist nicht dabei.« Damals dachte ich das nur. Heute bin ich so weit, es auszusprechen, dass eine derartige Verallgemeinerung nicht meinem Blick auf das Leben entspricht.

Die Dame tat in diesem Moment ihr Bestes, sie hat es nicht anders gewusst oder hat andere Erfahrungen gemacht in ihrem Leben als ich, und sie sieht ihre Aufgabe darin, ihr Umfeld mit diesen Informationen zu versorgen. Ich sehe meine Aufgabe darin, Menschen mit dem Gedanken zu versorgen, dass wir »Gegebenes« immer auch hinterfragen dürfen, dass es nicht eine Wahrheit für alle gibt.

Unser Vertrauen in unseren Körper und unsere Verantwortung für ihn beginnt mit unseren Gedanken. Jeder Gedanke, den wir über unseren Körper, seine Gesundheit und seine Fähigkeit zur vollkommenen Heilung denken, zeigt Wirkung. Damit will ich nicht sagen, dass sich mit reiner Gedankenkraft »alles wieder heile machen« lässt. Jedes Symptom hat seine Funktion. Es gibt Fälle, in denen Menschen, von denen man es nicht erwartet hätte, wieder gesund wurden. Und es gibt Fälle, in denen ein

Mensch seine Symptome bis zum Ende seines Lebens behält. Auch das hat seine Richtigkeit. Für jede Seele ist alles genau richtig. Doch was wir versuchen können und womit wir unsere körperliche Stabilität und Regenerationsfähigkeit enorm unterstützen, ist die Richtungsänderung unserer Gedanken, hin zum Guten, hin zum Gesunden.

Lassen wir uns nicht länger anstecken von den Viren des Geistes, die in der Welt »herumgeistern«. Spüren wir sie auf, wann immer sie auftauchen, und helfen wir unserer Gesundheit und der anderer Menschen durch eine *mentale Vitaminkur* auf die Sprünge – durch heilsame, stärkende Worte und Gedanken.

Vielleicht wundert es dich, dass ich in diesem Teil des Buches, der sich um unseren Körper dreht, so ausführlich auf die Kraft der Gedanken eingehe und kaum auf das eigentliche Fleisch und Blut. Meine eigene Erfahrung und das Ergebnis derer, die dieses Thema intensiv erforschen, ist: Alles beginnt in unseren Gedanken. Auch der Zustand unseres Körpers.

Natürlich kommen wir mit einer gewissen »Grundausstattung« auf die Welt. Doch wie wir uns daraus entwickeln, hängt in sehr hohem Maß von dem ab, was wir glauben (oder unsere Eltern, die uns füttern), wie wir uns fühlen, wie wir entscheiden – und wie wir daraufhin handeln. Ob ich meinem Körper wiederholt sage: »Ich bin so schlapp, ich schaffe heute gar nichts!«, oder ob ich sage: »Ich fühle mich gut und habe jede Menge Kraft!« – es wirkt! Ob ich denke: »Dieses Stück Torte fliegt mir schon beim Anschauen auf die Hüfte«, oder ob ich denke »Heute gönne ich mir ein schönes Stück und mein Körper wird locker damit fertig.« – es wirkt!

Welches Signal geben wir nämlich unserem Körper, wenn wir zum Beispiel denken: »Ich werde schon vom bloßen Anschauen einer Torte dick?« Dann geben wir ihm das Signal: »Ich vertraue dir nicht, dass du das, was ich jetzt gerne essen würde, gut verdauen kannst. Ich vertraue dir nicht, dass du dir davon nimmst, was dir dienlich ist – und alles Überflüssige einfach wieder ausscheidest.«

Dieses Kapitel heißt »Was wirklich tödlich ist«, und du könntest jetzt fragen: »Was haben Torten mit meinem Tod zu tun?« Ich glaube, dass wir mit unseren Gedanken und den darauf basierenden Entscheidungen und Handlungen ganz entscheidend zu unserer Gesundheit, Lebensqualität und auch unserer Lebensdauer beitragen.

Eine Freundin von mir ging zum Arzt, und er fragte sie: »Trinken Sie?« »Nein!«, sagte sie ganz entrüstet, denn sie trinkt keinen Tropfen Alkohol. »Ihre Leberwerte sagen aber etwas anderes«, meinte der Arzt. Es dauerte eine ganze Weile, bis sie herausfanden, dass es ihr abendlicher großer Teller Rohkostsalat war, den sie für gesund hielt, der für ihren Körper aber eine viel zu große Belastung war, sodass es zu Gärprozessen kam und in der Konsequenz zur Bildung von Alkoholen, die zu den erhöhten Leberwerten führten. Sie hatte die Leberwerte einer Alkoholikerin, ohne Alkohol zu trinken!

Unser Körper besitzt eine Weisheit, der wir vertrauen können. Übernehmen wir nicht jeden Gesundheitstrend unhinterfragt.

Erspüren wir unsere eigenen Bedürfnisse und das, was uns wirklich guttut.

Mit den Bedürfnissen meine ich die wahren Bedürfnisse. Hinter dem Bedürfnis nach einem Stück Torte oder einer Riesenbratwurst steckt nicht immer Hunger. Wenn du merken solltest, dass du mit dem Essen andere Bedürfnisse stillst als deinen Hunger, gibt es gute Wege, diese Impulse aufzulösen, die viele machtlos machen und die im Übrigen nichts mit Willenskraft zu tun haben! Die beiden Autorinnen Ellen Eggers und Angelika Röthgen haben ein sehr gutes Buch dazu geschrieben, das ich in den Anhang aufgenommen habe: *Impulse im Griff – Triumph über alte Ess-Gewohnheiten.*

Noch ein Beispiel für einen Virus des Geistes, dem ich auch lange aufgesessen bin: »Wenn ich nach 14 Uhr Kaffee trinke, kann ich nachts nicht schlafen.« Diesen Satz sagte ich zu meiner Friseurin und Freundin Heike, nachmittags um 16 Uhr, als sie mir eine Tasse Kaffee anbot. Sie lächelte, als ich das sagte, und meinte: »Dann sprich doch einfach mit deinem Körper! Sag ihm, er soll nur das in sich behalten, was ihm guttut an dem Kaffee – und alles andere, das ihm nicht guttut oder euch vom Schlafen abhält, soll er ausscheiden!«

Du ahnst, was passiert ist: Ich trank den Kaffee und probierte es noch am gleichen Abend aus. Und es funktionierte! Seitdem trinke ich nachmittags oder auch abends noch einen Cappuccino, wenn mir danach ist. Und schlafe wunderbar. An Tagen, an denen ich zweifle, lasse ich es sein. Denn es gehört wirklich dazu, an diesen Satz auch zu glauben – wie immer im Leben. Mit halbem Herzen klappt nichts. Jeder Zweifel, jedes Stimmchen, das sagt: »Na, vielleicht wirst du doch nicht so gut schlafen«, hat Wirkung! Es ist wie eine mathematische Gleichung: Überwiegen die positiven Gedanken, ist das Ergebnis positiv. Überwiegen die negativen Gedanken, heben sie die positiven auf – das Ergebnis ist negativ. Ganz einfach.

»Christine, ich glaube, ich bin nicht so spirituell wie du«, sagte einmal meine Freundin Regina zu mir. »Kann ich trotzdem so denken und gute Ergebnisse erzielen?« Ich war ganz erstaunt, denn ich halte es nicht für nötig, auf eine gewisse Weise »spirituell« zu sein oder »nicht spirituell« zu sein, um so zu denken. Unsere Gedanken haben Wirkung, das ist schon lange kein Geheimnis mehr, sondern das taucht seit vielen Jahren in Büchern, Vorträgen und Seminaren zu den verschiedensten Themen auf: Selbstbewusstsein, Gesundheit, erfüllte Partnerschaften, beruflicher Erfolg, Leistungssport und vielen mehr.

Du musst an nichts Bestimmtes glauben, damit du diese Wirkungen erfährst – probier es einfach aus!

Wenn dich das ganze Thema Gedankenkraft näher beschäftigt, findest du im Internet und in Büchern eine Fülle von Ergebnissen – auch aus der Wissenschaft. Zellbiologen wie der Amerikaner Bruce Lipton zeigen uns zum Beispiel, dass wir zu viel mehr fähig sind, als die Wissenschaft lange zu glauben gewagt hat: dass wir mit unseren Gedanken sogar unsere Gene verändern können. Sein Buch heißt *Intelligente Zellen*, seine DVD *Wie wir werden, was wir sind*. Wann hält dieses Wissen Einzug in unsere Schulen und Universitäten?

Diese Viren des Geistes, die Meme, von denen ich hier spreche, gibt es übrigens nicht nur in Bezug auf unseren Körper und unsere Gesundheit. Auch der Satz »Es kommt kein besserer Partner nach« oder »Reiche Menschen sind böse, arme Menschen sind gut« und viele andere haben sich im Laufe unseres Lebens in unsere Gedanken und Gefühlswelten eingenistet. Was machen sie? Sie schränken uns ein. Sie klingen nach »Wahrheit«. Doch sie sind nur *eine mögliche* Wahrheit, denn alles könnte auch ganz anders sein! Sie sind die Gedanken, die irgendein Mensch mal gedacht hat, für den sie wahr waren. Das war seine Erfahrung. Das heißt nicht, dass es uns genauso gehen muss, weder in der Liebe noch in Bezug auf unsere finanzielle Freiheit noch in Bezug auf unseren Körper und seine Gesundheit. Wir dürfen unsere eigenen Erfahrungen machen.

Zum Glück gibt es die Viren des Geistes nicht nur in negativer Ausfertigung. Natürlich gibt es auch jede Menge Gedanken und Überzeugungen, die uns »weiten« und den Raum öffnen für neue Möglichkeiten. Und genau darum geht es, dass wir lernen, genau hinzuspüren und zu definieren: »Schränkt mich das, was ich glaube oder was jemand anderes glaubt, ein, oder weitet es mich?«

Vertrauen wir darauf, dass wir jederzeit die Möglichkeit haben, unsere Gedanken zu überprüfen und neue, positive zu wählen, und nicht länger infiziert sein müssen von den limitierenden Gedanken und Überzeugungen, die uns bisher begleitet haben.

Lassen wir uns in Zukunft von einem starken und hochwirksamen »Vertrauensvirus« anstecken und verbreiten wir ihn großzügig weiter, statt auch nur einen Tag länger den Gedanken und Gefühlen Raum zu geben, die uns am Weiterkommen hindern. Vertrauensviren herzustellen, das wäre doch mal ein ganz neuer Einkommenszweig für die Pharmaindustrie, oder?

Die wahren Ursachen auflösen

Sind Gedanken und Meme sichtbar? Sind sie mit dem menschlichen Auge zu sehen? Nein. Und doch existieren sie. So wie elektrischer Strom existiert, der durch unsere Leitungen fließt, den wir auch nicht sehen, aber der seine Wirkung zeigt, wenn wir den Fön anschalten, den Toaster, die Waschmaschine oder das Radio. Unser Lieblingsmoderator im Radio spricht die ganze Zeit, *hören* tun wir ihn erst, wenn wir das Radio anschalten.

Auch mir war die Wirkung von »nicht sichtbaren« Prinzipien nicht von Kindheit an vertraut. Den wenigsten ist es das. Wenn ich mich zurückerinnere, dann war es ein Yoga-Kurs im Sportprogramm der Uni Köln Anfang der 1990er-Jahre, der mich zum ersten Mal mit dieser Welt in Verbindung brachte. Unsere Kursleiterin, die auch Schamanin war, brachte uns viel über indianische Heilzeremonien bei. Durch sie gewöhnte ich mich an den Gedanken, dass zwischen Himmel und Erde einiges unterwegs ist, das wir nicht sehen können und das dennoch existiert.

Ich habe inzwischen vieles erlebt und bei den verschiedensten Lehrern gelernt. Das Angebot ist breit gefächert für den, der sich damit beschäftigt. Ich möchte hier keine Methode besonders hervorheben, da du möglicherweise ganz andere Dinge brauchst als ich. Ich habe, wie erwähnt, bei Gabriele Eckert, Frank Kinslow und Richard Bartlett gelernt. Wichtig war mir immer, frei zu bleiben, unabhängig von einem »Guru«. Ich wollte die Methoden erlernen und sie dann in meinem Alltag erfolgreich anwenden. Und das war bei allen dreien der Fall. Jeder hat mich gelehrt, die Dinge alltagstauglich anzugehen, anwendbar zum Beispiel auf das Thema Gesundheit, Kreativität, Geldfluss und auch meine Partnerschaften und andere Beziehungen.

Den einen Weg gibt es nicht – für niemanden. Vieles erfahren wir durch Probieren. Niemand kann uns eine Garantie dafür geben, dass sich unser Körper regeneriert, dass unsere Ehe hält, dass aus der neuen Liebe etwas wird, dass wir ein Kind bekommen, dass wir es schaffen, finanziell frei zu werden und nur noch das tun, was wir lieben … Doch wir können mit den heute erlernbaren Methoden große und schöne Veränderungen bewirken. Ich habe auf meinem eigenen Weg ganz erstaunliche Dinge erlebt, und ich halte heute alles für möglich. Alles.

Was ich an der Energiearbeit so faszinierend finde, ist, dass wir dort die wahren Ursachen finden – für jedes Anliegen. Ganz egal, ob wir unseren Heuschnupfen loswerden wollen oder den Kontostand anheben möchten, ganz egal, ob wir unsere Partnerschaft liebevoller gestalten möchten oder unserem Kind zu besseren Noten in der Schule verhelfen möchten. Die wahren Ursachen finden wir auf der energetischen Ebene. Hier spüren wir die Kernursache auf für das, was uns heute beschäftigt. Manchmal liegt die Kernursache schon sehr lange zurück – oder sie kommt aus einem Bereich, in dem wir sie nie vermutet hätten.

Ich durfte viel lernen auf diesem Gebiet in den letzten Jahren und habe für mich festgestellt: »Triff keine Annahmen, denn die Ursache kann eine ganz andere sein!«

Und sobald wir die Ursache haben, kann sie gelöst werden – durch einen Gedanken, der sie neutralisiert, oder eine andere Maßnahme, je nachdem, mit welcher Methode wir arbeiten.

Für die positiven Wirkungen von Energiearbeit gibt es keine »Beweise«, wie man sie aus der Wissenschaft kennt. Viele Menschen brauchen zum Beispiel Studien oder eine Vielzahl von dokumentierten Erfolgserlebnissen, um an die Wirksamkeit einer Methode oder eines Verfahrens zu glauben. Ich bin zwar ursprünglich Ingenieurin, doch ich brauche keinen wissenschaftlichen Beweis, um an etwas zu glauben. Ich glaube an den Erfolg einer Methode, wenn *ein* Mensch deren Wirkung erfahren hat. Ein Mensch reicht mir. Weil mir das zeigt, dass es möglich ist und dass es die Sache wert ist, die Methode auszuprobieren. Ich selbst habe sehr profitiert von der Energiearbeit in den letzten Jahren und habe erstaunliche Wirkungen auch bei anderen erlebt – im privaten wie im beruflichen Bereich.

Es sind bereits viele Zehntausende von Menschen, die sich in Energiearbeit haben ausbilden lassen, und jedes Jahr werden es mehr. Ich wünsche mir, dass eines Tages jeder von uns erkennt, wie viel wir damit für uns selbst und für unsere Familien tun können. Darin liegt eine große Verantwortung, die uns keiner abnehmen kann – kein Arzt und keine Versicherungspolice dieser Welt.

Machen wir uns auf den Weg und erlernen wir Schritt für Schritt, wie wir vollständig gesunden oder zumindest einen lebenswerten und würdevollen Zustand erreichen. Wie unsere Beziehungen wieder harmonisch, liebevoll und erfüllt gelebt werden können, und wie wir auch in unserem Beruf und in unserem Erfolg die Grenzen aufheben können, die uns bisher am wahren Sein gehindert haben. Es ist ein großes Geschenk, das umfangreiche Wissen, das uns heute in Form von Büchern und Seminaren zur Verfügung steht. Nutzen wir es. Eignen wir uns die für uns passenden Werkzeuge an, und setzen wir sie verantwortungsvoll ein. In Achtsamkeit vor dem Leben, das uns alle hervorgebracht hat und das seinen eigenen »Kopf« und Plan für jeden von uns hat. Wir dürfen auch respektieren, wenn es Menschen gibt, die nicht wieder gesund werden möchten. Wir dürfen auch das liebevoll annehmen und sie sein lassen, wie sie sind. Jede Seele hat ihren eigenen Weg und möchte ihre eigenen Erfahrungen machen.

Von der Urangst ins Urvertrauen – Interview mit Dr. Wolf-Richard Nickel

Ich lernte Dr. Wolf-Richard Nickel während einem mehrmonatigen spirituellen Training in Intuition und innerer Führung kennen. Er lebt in Berlin, ist Allgemeinarzt und arbeitet jetzt als spiritueller Heiler und Geistheiler. Seine Stimme während unserer Telefonsitzungen war mir sofort sympathisch: Tief, ruhig und sehr humorvoll klang sie. Und ein Schulmediziner, der inzwischen vermehrt als Geistheiler arbeitet? Das hat mich begeistert und neugierig gemacht. Als Wolf davon erzählte, dass er sich mit dem Thema Urangst beschäftigte, spürte ich sofort die Verbindung unserer Themen. Die Urangst ist ja der Gegenpol zum Urvertrauen. Ich freue mich sehr, dass er sich bereit erklärt und sich die Zeit genommen hat, mir meine Fragen an ihn zu beantworten.

Was ist für dich persönlich Urvertrauen?
Urvertrauen ist für mich das tiefe Wissen, dass alles gut wird und gut ist. Es ist das Vertrauen in mich, dass ich selbst der Mittelpunkt meiner Erfahrung bin. Mit diesem Wissen und der Verbindung zum Göttlichen in mir kann ich meine Erfahrungen gestalten und annehmen und muss keine Angst mehr haben, dass Dinge auf mich zukommen, die ich nicht aushalten oder bewältigen kann. Alles, was mir im Leben widerfährt, ist *für* mich und nicht gegen mich. Alles hat einen Sinn und dient meiner Entwicklung.

Welchen Ursprung hat das Urvertrauen deiner Erfahrung nach?
Urvertrauen begründet sich in mir. Ich als Schöpfer meiner Realität lerne und beherrsche den konstruktiven Umgang mit der Energie und dem Leben. Ich habe dabei die Hilfe der göttlichen Quelle in mir. Ich darf Fehler machen und habe das Recht zu lernen. Ich muss nicht perfekt sein. Ein wichtiger Teil ist für mich auch das Wissen, dass ich so, wie ich bin, geliebt werde. Daran kann nichts etwas ändern. Die Liebe liegt in meinen Händen. Insgesamt hat das Urvertrauen sehr viel mit dem Vertrauen in mich selbst zu tun. Ich vertraue mir mehr denn je, dass ich mit meinen Herausforderungen umgehen kann. Ich hatte schwere Zeiten mit sehr harten Lektionen. Die konnte ich hinter mir lassen und habe den Sinn darin erkannt. Ich spürte immer, dass

ich auch in den harten Zeiten nie alleine war. Ich war immer ein Stück weit getragen.

Dies ist für mich Urvertrauen. Es ist eine Gewissheit, dass ich, auch wenn es mal hart wird, nie alleine bin. Ich kann immer um Hilfe bitten.

Wann wird Urvertrauen gestört oder zerstört?

Die tiefste Störung von Urvertrauen ist natürlich das Trauma in jeder Form. Die Kombination aus Gewalt, sexuellem Missbrauch, Willkür und emotionaler Vernachlässigung, meist in der Kindheit, hinterlassen immense Spuren. Die Heilung braucht sehr viel Zeit und Erkenntnis. Angst und Selbstzweifel sind der Gegenpol zum Urvertrauen. Wenn man erkennen möchte, ob man aus dem Vertrauen herausgegangen ist, muss man erst einmal seine Gefühle wahrnehmen können. Hier hapert es bei den meisten Menschen erheblich. Wenn man seine Angst und seine Zweifel spürt, dann kann man anfangen, daran zu arbeiten und aus ihnen herauszukommen.

Viele Menschen müssen Urvertrauen neu erlernen bzw. sich wieder daran erinnern.

Erzähl uns etwas über die Urangst – was ist das?

Urangst ist der Gegenpol zum Urvertrauen. Unsere Inkarnation auf der Erde, das heißt der bewusste Eintritt ins Leben, und das Prinzip der Dualität haben die Urangst erschaffen. Wir sehen es ja tagtäglich im Fernsehen: Auf der Welt können wir grauenvolle Dinge erleben wie Gewalt, Krankheit, Hunger, Verlust, Einsamkeit usw. Das ist hier die Realität, die irdische Realität, die uns Angst macht. Jeder von uns erlebt sie. Ich als Arzt erlebe sie jeden Tag. Nehmen wir das Beispiel einer jungen Frau von 40 Jahren. Sie hat einen Gehirntumor. Sie hat zwei kleine Kinder. Wenn sie stirbt, bedeutet das elendes Leid für die Kinder und den Ehemann. Wie gehen wir mit solchen Situationen um, wenn es schwerfällt, an das Gute zu glauben?

Ich finde, dass hier nur die spirituelle Sichtweise hilft. Nur die Vorstellung, dass meine Seele nicht sterben kann, gibt mir Sicherheit. Mit diesem Wissen kann ich durch alles hindurchgehen. Denn wenn ich davon ausgehe, dass mein Leben eines Tages endet, dann kann ich doch nur Angst davor haben!

Alle leidvollen Erfahrungen können in einen Kontext aufgenommen werden. Ebenso die Mitbeteiligung der Betroffenen: Wenn ich mich als Mitspieler im Geschehen sehe, bin ich kein Opfer mehr. Im Großen und Ganzen kann man sagen, dass es darum geht, aus jeder Opferhaltung herauszukommen. Wenn man Angst hat, ist man ein Opfer in der Situation. Es ist immer wieder der Weg aus der Angst heraus, der uns heilt. Wenn ich einen Verlust erleide, kann ich lernen, dass im Universum nichts verloren geht. Ich kann lernen, dass nichts auf Dauer verloren ist und man alles ersetzen kann. Da sind wir wieder bei den Glaubenssätzen.

Ein Kerngedanke für mich, der Vertrauen schafft, ist:

Ich bin eine unsterbliche, für immer geliebte Seele, die gerade eine Erfahrung macht. Wenn diese Erfahrung schlecht ist, dann lerne ich daraus am besten ganz schnell und gehe da durch. Auch jede schlechte Erfahrung geht vorbei. Anscheinend möchte ich diese Erfahrung machen, sonst wäre sie nicht da. Also ran an das Problem, auch wenn es wehtut!

So rede ich mit mir und stärke meinen Glauben.

Woran merke ich es, ob ich in der Angst bin oder im Vertrauen?
Ich glaube, dass es nur zwei Grundmotivationen im Leben gibt: die Angst und die Freude. Jeder Mensch sollte unbedingt wissen, ob sein Handeln von Angst oder von Freude motiviert ist. Wenn man das nicht weiß, kann man nicht nachhaltig glücklich werden. Das große Problem ist, dass wir es oft gar nicht merken! Die Verleugnung ist an dieser Stelle immens. Dieses Geheimnis muss gelüftet werden. Ein Grundpfeiler der Erkenntnis ist, dass Angst nur drei Arten des Handelns kennt: Kämpfen, Flüchten und Totstellen bzw. Hemmung. Der erste Schritt ist zu schauen, ob man eines davon gerade macht. Wir alle sind im Kampfmodus sozialisiert. Dies hat uns unsere Erziehung in die Wiege gelegt. Das Motto unserer Erziehung lautet: »Wenn du nicht diese oder jene Leistung erbringst, bist du wertlos und ungeliebt.« Daraus folgt, dass wir Leistung erbringen nicht aus Freude, sondern aus Angst vor Entzug von Liebe und Anerkennung. Wir leisten dann, um geliebt zu werden, und nicht, weil wir einfach nur Freude an unserem Tun haben. So geraten wir in den ständigen Kampf um Liebe und Anerkennung.

Symptome des Kampfmodus sind zum Beispiel Perfektionismus, Unzufriedenheit, Gereiztheit, Negativität, Anspannung, Pflichtgefühl, Ärger, Hamsterradgefühl, Aggression, Selbstsucht,

Gier, Maßlosigkeit, Gefühl des Gehetztseins, mangelndes Gefühl von Freude und Erfüllung.

Der andere Pol ist der Fluchtmodus. Wir entziehen uns dem Druck durch Rückzug, Resignation, Lustlosigkeit, Depression, Erschöpfung, Flucht in schlechte Angewohnheiten wie Rauchen, übermäßigen Alkoholkonsum, Futtern, Süßigkeiten und Fernsehen.

Viele Menschen pendeln zwischen diesen Polen hin und her.

Dies sind nur ein paar Symptome. Wer kennt sie nicht? Aus meiner Sicht muss die ganze Menschheit aus dem Kampf- und Angstmodus raus! Zuerst müssen wir jedoch *erkennen*, dass wir kämpfen und flüchten. Denn das Problem ist, dass wir die ursprüngliche Angstmotivation nicht mehr spüren. Im Gegenteil, wir fühlen uns sogar recht gut, wenn wir in unserem Kampf erfolgreich sind! Die langfristigen Folgen dieses Kampfes sind Erschöpfung, Depression, Burn-out, Krebs und Herzinfarkt. Der Kampf ist auf Dauer immer zu anstrengend. Er verschleißt Körper und Seele. Nur wenn wir diese Motivation aus Angst erkennen, können wir langsam in die Motivation der Freude wechseln. Dann tun wir die Dinge aus Lust und Leidenschaft heraus. In dieser Freudenmotivation gibt es keine Krankheit und keinen Verschleiß.

Die schlimmste Folge des Überlebensmodus ist die Tatsache, dass wir darin egoistisch werden und nur um unser eigenes Wohl kämpfen. Das liegt daran, dass im Überlebenskampf nur noch das eigene Überleben zählt. Der andere wird dabei zum Kontrahenten. Damit ist jede konstruktive Zusammenarbeit gestört. Wenn wir alle diese Angst erkennen und auflösen, kommen wir vom Überleben zum Leben, von der Angst in die Freude. Wir müssen raus aus dem Teufelskreis der Angst. Dann sind wir auf dem Weg zu einem liebevollen und freundlichen Miteinander auf der Welt.

Wie können wir deiner Ansicht nach wieder ins Urvertrauen gelangen?
Zurück ins Urvertrauen geht nur durch die eigene Angst hindurch. Bewusstwerdung ist der erste Schritt. Wege gibt es viele. Die häufigste »Selbsttherapie« ist der Konsum von Alkohol. Das ist natürlich nichts, was ich empfehle, aber sehr viele Menschen gehen diesen Weg. Alkohol ist ein hervorragender Angstlöser. Am eigenen Alkoholkonsum kann man ablesen, wie viel Angst man hat. Das gilt generell für Süchte: Je mehr Süchte, desto mehr Angst. Wie kommt man jetzt aus der Angst ins Vertrauen? Indem wir uns:

- Die Angst bewusst machen! Wovor habe ich ganz konkret Angst? Sehr häufig finden wir in Menschen die Angst davor, nicht geliebt zu werden oder verlassen zu werden.
- Die Hintergründe der Angst aufarbeiten. Gibt es vergangene Erfahrungen von Liebesentzug oder Verlust? Welche Glaubenssätze habe ich über dieses Thema? Ein häufiger Glaubenssatz ist: *Ich bin es nicht wert, geliebt zu werden.*
- Selbstaktualisierung, das bedeutet: Vergangene Erlebnisse durch Bewusstwerdung hinter uns lassen. Wenn wir erkennen, dass wir nicht mehr das Kleinkind von damals sind, geht die Angst weg.

- Glaubenssätze verändern, zum Beispiel durch die regelmäßige Wiederholung von Affirmationen wie *»Ich bin wertvoll und liebenswert, wie ich bin«*.
- Handeln, auch wenn man zunächst Angst davor hat: Immer wieder über den eigenen Schatten springen. So macht man neue Erfahrungen und stärkt das Selbstvertrauen.
- Spirituelles Wissen erarbeiten: Ohne den Glauben an das Göttliche im konstruktivsten Sinne gibt es sicher kein Urvertrauen.

Welche Methoden oder Therapieformen kannst du uns empfehlen? Wie arbeitest du mit den Menschen, die zu dir kommen?

Methoden, die ich gerne benutze, sind die emotionale Freiheitstechnik, die Emotionalkörpertherapie, die Arbeit mit dem inneren Kind. Selbsterkenntnis ist auch ein hervorragender Heiler. Ich erarbeite mit meinen Klienten die Hintergründe ihrer Erkrankung, ihrer negativen Gedanken, Emotionen und Handlungen. Die Arbeit erfordert ein hohes Maß an Eigenverantwortung und eine zumindest leichte spirituelle Grundausrichtung. Bei Krankheiten ist es natürlich ganz wichtig, herauszufinden, wie der Mensch diese Krankheit erschaffen hat: Was ist der seelisch-spirituelle Ausdruck dieser Erkrankung? Wenn man das weiß, kann man an seiner Heilung selbst arbeiten. Dabei ist es sehr hilfreich, den Kontakt zu seinem Körper und den eigenen Körpergefühlen zu lernen. Darauf lege ich viel Wert. Des Weiteren arbeite ich gern an negativen Emotionen und fördere positive Emotionen. Auch hier muss man an den Ursprung kommen:

Emotionen erkennen, verarbeiten, transformieren, integrieren sind hier die Stichworte. Mentaltraining im Sinne von Ausrichtung des Geistes ist ein weiteres wichtiges Thema. Dazu gehört die Arbeit mit Glaubenssätzen, Gedanken und Vorstellungen.

Gibt es noch etwas, das du uns mit auf den Weg geben möchtest?
Stellt euch eurer Angst und verwandelt sie in Liebe, Vertrauen und Lebensfreude!

Herzlichen Dank, lieber Wolf. Ich wünsche dir und den Menschen, die zu dir kommen, ganz viel FREUDE!

Dr. Wolf-Richard Nickel gibt Beratungen (auch telefonische) zu diesem Thema, und ich freue mich, dass ich durch dieses Buch den Kontakt zu ihm herstellen kann. Seine Website heißt www.seinundgeist.de.

Ohne Flipflops in die Dusche?

Es sind nicht nur die großen Ängste, die uns täglich beschäftigen, es sind auch die vielen kleinen Ängste, an die wir uns im Laufe unseres Lebens so gewöhnt haben, dass wir sie gar nicht mehr als Ängste wahrnehmen, sondern als unsere ganz normale Sicht auf die Dinge.

Sandra erinnerte mich neulich am Telefon an unser erstes Gespräch über das Vertrauen. Es fand in einer Leipziger Jugendherberge statt, in der wir uns ein Doppelzimmer teilten. Sandra zog jeden Morgen ihre Flipflops an, bevor sie dort unter die Dusche ging. »Ohne meine Flipflops geh ich da nicht rein!«, sagte sie. Ich schmunzelte und fragte sie: »Warum vertraust du nicht einfach darauf, dass dir die Bakterien nichts anhaben können?«

Wir lachen heute noch darüber. Und doch meinte ich die Frage ernst. Vor was haben wir Angst? Wer hat uns gesagt, dass es »schädlich« oder »gefährlich« ist, barfuß fremde Duschen zu betreten, in denen andere *Menschen* vor uns geduscht haben? Was soll uns passieren? Können wir uns wirklich mit etwas Schlimmem anstecken, oder sind darunter auch unbegründete Ängste, wie zum Beispiel der weit verbreitete Virus des Geistes, der da heißt »ohne Schlappen im Schwimmbad kriege ich Fußpilz«?

Jemand sagte mir einmal: Ansteckung gibt es in dem Sinne nicht. Jede Erzieherin, jeder Lehrer, jeder Arzt, der den ganzen Tag mit Menschen und all ihren Symptomen zu tun hat, müsste ganzjährig krank sein – infiziert mit allem, was ihn umgibt! Jede Menge Viren und Bakterien schwirren permanent durch unsere Wohnung, unser Haus und durch die öffentlichen Räume, in denen wir uns bewegen. In dem Moment, in dem wir körperlich geschwächt sind oder unser Energiesystem geschwächt ist, in dem Moment sind wir anfälliger dafür, uns etwas »einzufangen«. Das ist für mich kein Grund, meine Ängste diesbezüglich zu verstärken – sondern täglich etwas für die Stabilität und mein Immunsystem zu tun!

Ja, es stimmt, es gibt Fälle von Menschen, die sich angeblich schwere Infektionen eingehandelt haben beim Besuch öffentlicher Toiletten oder ähnlichen »Räumen der öffentlichen Begegnung«. Erfahrungen wie diese möchte ich auch keinesfalls herunterspielen. Doch wie viele Menschen stecken sich jeden Tag *nicht* an, wenn sie in ein Schwimmbad gehen oder auf das WC eines Autobahnrastplatzes? Wie viele Menschen bleiben gesund und holen sich keine Erkältung, obwohl sie mit feuchten Haaren aus dem Haus gegangen sind? Wie viele Menschen haben ganz normale Cholesterinwerte, obwohl sie viele Eier essen? Wie viele Menschen kümmern sich kaum um ihren Vitaminbedarf – und sind trotzdem »pumperlgesund«?

Ich möchte einfach, dass wir unser Denken und die vielen Informationen hinterfragen, die wir pauschal auf alles und jeden übertragen. Fragen wir uns: Welche Ängste stammen von mir? Welche habe ich von anderen Menschen oder den Medien (dem Fernsehen, dem Radio, der Zeitung etc.) übernommen? Welche Ängste sind realistisch (wie hoch ist die Chance, dass mir das passiert)? Wo ist tatsächlich Vorsicht geboten? Und welche Ängste engen mich ein und halten mich vom Genuss des Lebens ab, obwohl sie vielleicht unbegründet sind?

Vera F. Birkenbihl spricht, wie gesagt, in ihrem Vortrag über die Viren des Geistes von solchen, die uns einengen, und solchen, die uns weiten und neue Möglichkeiten eröffnen. Das ist ein toller Ansatz. Schauen wir genau hin. Nichts ist »nur gut« oder »nur schlecht«. So auch die Schulmedizin und die Naturheilkunde. Beide haben ihre Stärken, und beide haben auch Schwächen.

Ich selbst bin jemand, der sich, wie der Arzt aus meinem Bekanntenkreis, gerne aus beiden Welten bedient. Und dies halte ich auch so bei meinen Kindern.

Gerade wenn Kinder klein sind, ist man oft noch unsicher: Soll ich zum Schmerzmittel greifen, oder probiere ich es lieber homöopathisch?

Ich habe sehr vieles ausprobiert, und ich tendiere immer zu einer natürlichen Variante. Doch ich weiß auch, wie sehr kleine Kinder zum Beispiel an Fieber oder Wachstumsschmerzen leiden können. Wie sie weinen, wie sie schreien, wie sie nicht schlafen können – und wie eine Nacht zu einer einzigen Tortur werden kann für eine ganze Familie. So lange lasse ich mein Kind nicht leiden. Und es ist mir auch wichtig, dass die ganze Familie am nächsten Tag bei Kräften ist und sich nicht alle in die Schule oder ins Büro schleppen. In solchen Fällen wäge ich ab – was gebe ich? Was macht am meisten Sinn? Da gibt es dann schon mal einen Fiebersaft oder ein Schmerzmittel.

Freunde von mir würden das niemals tun. Sie geben nicht mal ein Fiebermittel, sondern lassen das Fieber ihrer Kinder bis auf sehr hohe Temperaturen ansteigen – damit der Körper die Chance hat, das Fieber wirklich auszuheilen. Ich kenne diese Theorie, und ich finde es wichtig, unserem Körper die Chance auf Selbstregulierung zu geben und ihn nicht gleich mit Schmerzmitteln zu bombardieren. Doch Fieber ist für mich ein Grenzbereich. Du könntest jetzt sagen: »Da bist du aber nicht in deinem Vertrauen!« Stimmt. Auch ich habe noch viel zu lernen. Ich ziehe an dieser Stelle einfach meine persönliche »Schmerzgrenze«. Jemand anderes zieht sie an anderer Stelle.

Impfen ist auch ein Thema, das viele frischgebackene Eltern

verunsichert: Lasse ich mein Kind impfen? Was ist mit den möglichen Nebenwirkungen? Was passiert, wenn ich es nicht impfen lasse?

Letztlich können wir nur nach unserem Gefühl handeln. Wir können uns verschiedene Expertenmeinungen einholen und uns dann für den Weg entscheiden, der uns die meiste Ruhe gibt. Es nützt nichts, wenn ich mich zum Beispiel *gegen* das Impfen meines Säuglings entscheide, doch dann permanent in der Angst lebe, meinem Kind könnte etwas Schlimmes geschehen, oder es könnte an den Masern sterben. Das ist kontraproduktiv. Unsere angstvollen Gedanken wirken auf unser Kind genauso wie auf unser eigenes Energie- und Körpersystem.

Lassen wir uns nicht aus der Ruhe bringen – von nichts und niemandem. Ja, es gibt viele Gründe, um jeden Tag Angst zu haben. Und genauso gibt es Beispiele dafür, wie gesund Menschen geblieben sind oder wieder gesund wurden. Ja, es stürzen manchmal Flugzeuge ab. Doch wie groß ist die Zahl derer, die jeden Tag am Himmel bleiben? Deutlich höher, oder?

Gehen wir wieder mit gesundem Vertrauen durch den Tag. Prüfen wir genau, wer und was uns Ängste macht und aus welchem Grund. Spüren wir in uns hinein und fragen uns: Muss ich davor wirklich Angst haben? Was könnte ich tun, um sofort wieder ins Vertrauen zu kommen?

Denk daran: Jeder Gedanke wirkt. Genieße dein Leben, es ist so großartig und bietet jeden Tag so viele Möglichkeiten! Richte deinen Blick darauf, richte deine Aufmerksamkeit auf deine Vitalität, deine Gesundheit und deine Widerstandskraft – dein Körper wird es dir danken.

Und die Flipflops? Die dürfen ruhig in den Koffer – für den nächsten Strandurlaub!

Meiner eigenen (Un-)Lust vertrauen

Zu unseren körperlichen Erfahrungen gehört auch unsere Sexualität.

Wer hat dir dein Vertrauen in deine Sexualität beigebracht? Das Vertrauen in deine Lust und auch deine Unlust auf etwas oder jemanden? In die »Richtigkeit« deiner Gefühle, die sich im Teenageralter bzw. schon als Kind eingestellt haben? Wie wurde in deiner Familie über Geschlechtsverkehr gesprochen? Offen oder gar nicht?

Auch in diesem Lebensbereich macht jeder Mensch seine eigenen Erfahrungen. Im Biologieunterricht werden wir mit Informationen rund um unsere Geschlechtsmerkmale und den Akt der Befruchtung versorgt. Doch wer vermittelt uns das Vertrauen in unseren Körper, seine Bedürfnisse, seine Lust und auch seine Grenzen? Die meisten Menschen suchen sich dieses Wissen und ihre Erfahrungen im Laufe ihres Lebens »irgendwie« zusammen.

Was macht mir Lust? Was macht mir keine Lust? Welche sexuellen Erfahrungen habe ich mit mir selbst und anderen Menschen gemacht? Gingen die Liebespartner, die ich bisher hatte, respektvoll, liebevoll und achtsam mit mir um? War ich es mir wert, gut darauf zu achten, wen ich an mich und meinen Körper herangelassen habe? Bin ich enttäuscht worden, oder hat mich jemand körperlich schwer verletzt oder missbraucht? Oder habe ich das genaue Gegenteil erfahren: Gab es interessante Männer oder Frauen, mit denen ich körperlich sehr schöne Erfahrungen gemacht habe? Könnte jetzt alles vielleicht sogar noch schöner werden, noch freier, weil ich lerne, mich anzunehmen, mich ganz hinzugeben, mich ganz zu zeigen?

Unsere Sexualität ist eine große Spielwiese für unser Vertrauen – das Vertrauen in uns selbst und das Vertrauen in andere. Kann ich es gut annehmen, dass Frauen Frauen oder Männer Männer lieben oder manche Männer *und* Frauen lieben? Kann ich es gut annehmen, dass manche Paare noch weitere Männer oder Frauen zur körperlichen Vereinigung einladen? Kann ich es gut annehmen, dass sich manche Menschen selbst befriedigen oder ich mich gerne selbst befriedige? Kann ich es gut annehmen, dass ich einen Partner habe, der weniger oder mehr Lust auf Sex hat als ich? Kann ich es gut annehmen, dass mein Partner oder meine Partnerin ein eigenes Schlafzimmer haben will, weil er oder sie sich mehr Rückzug wünscht? Oder kann ich es gut annehmen, wenn der Wunsch da ist, dass wir nach Jahren wieder ein gemeinsames Bett haben? Kann ich es gut annehmen, dass es Menschen gibt, die das größte Vergnügen beim Sex nur in Verbindung mit Schmerz erleben? Kann ich es gut annehmen, dass es Menschen gibt, die für Sex Geld bezahlen oder Geld nehmen? Kann ich es annehmen, dass all dies Erfahrungen sind, die Menschen machen, weil sie diese Erfahrung machen wollen? Weil sie daran wachsen wollen, etwas lernen wollen, weiterkommen und reifen wollen – auch wenn wir nicht begreifen, worin genau dieses Wachsen und Weiterkommen bestehen soll?

Und du selbst? Welche Erfahrungen hast du bisher in deinem Leben mit deiner Sexualität und deinem Körper gemacht? Waren es liebevolle Erfahrungen? Waren es schmerzhafte oder ängstliche Erfahrungen? Waren es Gewalterfahrungen? Welche Art von Erfahrungen hast du bisher gemacht? Lass sie Revue passieren, vor deinem inneren Auge, von deinem Körper, der ein gutes Gedächtnis hat, auch wenn manches schon sehr lange zurückliegt. In den Zellen deines Körpers ist alles gespeichert, er ist eine wandelnde Bibliothek aller deiner Erfahrungen. Das ist auch der Grund, warum wir diese Dinge noch nach Jahren und Jahrzehnten aufspüren und auflösen können. Weil sie immer noch da sind. Gespeichert. Jederzeit abrufbar. Und lösbar, wenn die Zeit gekommen ist. Die Werkzeuge stehen uns zur Verfügung. Bitte auch um Hilfe. Du musst nicht alles allein schaffen.

Richte deinen Blick in die Zukunft: Welche Erfahrungen möchtest du in deinem Leben noch machen? Was ist bislang noch unentdeckt, welcher Wunsch noch nicht erfüllt? Hast du in den letzten Jahren ganz neue Wünsche entwickelt?

Lass alle Bilder und Gefühle zu, die kommen, wenn du dir diese Fragen stellst. Alles ist gut, wie es ist. Es dürfen Tränen fließen. Es darf laut gelacht werden. Es darf auch Dankbarkeit sein für das, was schon *ist*. Es darf Wut kommen über das, was noch nie da war oder was du dir selbst oder andere dir versagt haben. Alles darf sein.

Nimm Stift und Papier und schreibe deine Wünsche und deine Ängste auf. Vielleicht möchtest du die Übung aus Teil eins des Buches verwenden, um Ängste aufzulösen (Übung »Adieu, Angst!«, Seite 72). Vielleicht ist das Thema auch eher die Vergebung. Dafür kommt später noch ein Beispiel.

Gib allem Raum, was immer sich gerade zeigt. Schenke dir und deinem Körper die Zeit. Oder notiere dir, was du gerne mit einem anderen Menschen besprechen möchtest, deinem Partner oder deiner Partnerin, einem Coach oder einem Therapeuten. Nimm alles wahr, was sich jetzt oder in den kommenden Tagen zeigt. Nimm es ernst. Jetzt kann der Moment sein, in dem es für immer heilt.

Unsere Sexualität geht mit großen Gefühlen einher. In Seminaren zum Thema Sexualität (interessanterweise auch beim Thema Geld) geht es immer »heiß her«, da fließen Tränen, da sind die Köpfe hochrot vor Scham oder Wut, da werden Ängste frei, von denen wir wissen, und auch jede Menge, von denen wir bisher noch nichts gewusst haben ... Wie gut, dass wir uns auch hier der verschiedensten Methoden bedienen können, um alles aufzulösen, was uns von einer erfüllten Sexualität abhält!

Auch hier gibt es keinen Schalter, den wir über Nacht umlegen im Sinne von »Vertrauen: EIN«. Unsere Sexualität ist wie eine neue Sprache, die wir uns aneignen, Wort für Wort. Wir sind nicht als Dichter auf die Welt gekommen. Alles ist lernbar, Schritt für Schritt. Durch Worte. Durch Schweigen. Durch Fühlen. Durch Zuhören. Durch Geben. Durch Nehmen. Durch das Miteinander*sein*. Geh liebevoll mit dir und deinem Partner oder deiner Partnerin um. Habt Geduld miteinander. Gar nichts *muss* geschehen. *Alles darf.* Deine Seele möchte wachsen. Und die deines Partners oder deiner Partnerin auch.

Unsere Sexualität und unsere sexuellen Wünsche dürfen sich auch verändern. Was uns gestern Spaß gemacht hat, macht uns vielleicht heute keinen Spaß mehr. Was wir gestern seltsam fanden, finden wir heute vielleicht inspirierend und würden es gern ausprobieren.

Das ist die Reise, die wir als Paar unternehmen und von der wir anfangs nicht wissen, wie sie enden wird. Wir wissen nicht, ob unsere Wünsche, die wir in den ersten Jahren unserer Liebe hatten, nach fünf oder 25 Jahren noch die gleichen sind. Wir entwickeln uns und werden immer mehr zu denen, die wir sind. Das ist die eigentliche Reise!

Ein lieber Freund erzählte mir neulich von einem Tantra-Seminar für Paare und Singles, an dem er teilgenommen hatte, das unter Wasser stattfand. Die Teilnehmer *floateten* sich gegenseitig, das heißt, einer hielt den anderen und bewegte ihn sanft durchs Wasser. Für meinen Bekannten war das eine wunderbare neue Erfahrung. Er hätte sie gern mit seiner Partnerin geteilt, die zunächst ebenfalls mitmachen wollte, später aber Widerstände verspürte und ihn allein dorthin fahren ließ. Er genoss dieses Seminar auf allen Ebenen und mit allen Sinnen: den Respekt, die Achtsamkeit, auch die Liebe, die zwischen diesen Menschen floss, die sich vor dem Seminar noch nie begegnet waren. Es waren einzelne Teilnehmer dabei und Paare, auch ein Paar, das seit vielen Jahren die freie Liebe praktizierte. Mein Freund empfand es als sehr wohltuend, wie sich innerhalb kürzester Zeit ein Gefühl tiefer Nähe zu all diesen Menschen einstellte und sie sich unter Wasser nahe kamen, ohne dass es zur sexuellen Vereinigung oder »Verbindlichkeiten« kam, sprich: ohne dass nach dem Seminar noch der Wunsch bestand, die gemeinsamen Erfahrungen fortzuführen. Für ihn konnten all diese Erlebnisse im Seminar so stehen bleiben. Vor allem eine Begegnung mit einem anderen Mann empfand er als liebevoll und entspannt. Etwas, das er sich vorher nie hätte vorstellen können!

Seine Partnerin hatte ihm vorher ihr Einverständnis gegeben, dass es für sie in Ordnung sei, wenn er das Seminar allein besuchte. Doch während er weg war, wurde sie – allein zu Hause – mit all ihren Ängsten konfrontiert. Was tat er da allein ohne sie? Hatte er Begegnungen mit anderen Frauen? Was bedeutete das für ihre eigene Beziehung? Fragen über Fragen, Ängste über Ängste, Gedankenteufel über Gedankenteufel tauchten über ihr auf und flüsterten ihr böse Dinge ins Ohr. Es dauerte eine ganze Weile, bis die beiden dieses Thema miteinander besprochen und sich wieder beruhigt hatten. Sie haben es geschafft. Sie sind daran gewachsen.

Alles darf sich verändern. Wir dürfen uns verändern. Wie leicht sich das sagt und wie schwer uns manchmal die Umsetzung fällt. Natürlich erfahren wir nicht immer solche Grenzsituationen. Ich habe bewusst ein Beispiel gewählt, das beide Beteiligten sehr gefordert hat.

Worum es oftmals geht, egal, wie das Thema gelagert ist, ist das Erkennen: Wer bin ich? Wer bist du? Bin ich schon ganz in meiner weiblichen oder männlichen Kraft? Leben wir als Paar die Nähe, die Zärtlichkeit, die Lust, die wir uns *beide* wünschen?

Und wie groß ist unser Vertrauen, dass die körperliche Lust bleibt, auch wenn wir als Paar schon lange zusammen sind? Manche Paare haben nach 30 Jahren noch ganz viel Lust aufeinander, andere schon nach drei Jahren nicht mehr. Wie denkst du darüber? Wie denkt ihr als Paar darüber?

Ich las einmal, dass die Liebe und der Eros lebendig bleiben, wenn wir nie aufhören, einander entdecken zu wollen. Wenn wir immer noch weitere Tiefen und Schichten des anderen erforschen wollen. Wenn wir nicht denken: »Ich weiß doch, welche Krawatte er am liebsten hat und dass er Zucker im Kaffee mag, aber keine Milch«, sondern indem wir neugierig bleiben und offen dafür, dass der geliebte Mensch Seiten hat, die wir noch nicht kennen oder die er vielleicht selbst noch nicht kennt. Dann wird die Reise zu einem Abenteuer! Dann bleibt sicher auch die Lust aufeinander. Ich fand diesen Impuls sehr hilfreich, und er hat mir das Vertrauen gegeben, dass die dauerhafte Liebe und die dauerhafte Anziehung zweier Menschen gelingen kann.

Wenn der Kinderwunsch sich nicht erfüllt

Eng mit unserer Sexualität verknüpft ist das Thema Kinderwunsch. Viele Paare müssen sich darüber keine Gedanken machen – die Kinder »kommen einfach«. Und dann gibt es sehr viele Paare, die sich ein Kind wünschen – und der Wunsch geht nicht in Erfüllung. Nicht auf natürlichem Wege und auch nicht mit Hilfe künstlicher Befruchtung.

Wenn wir dem Leben und unserem Körper vertrauen, dann

wissen wir, dass auch das einen Grund hat. Dass es einen Grund hat, wenn wir ein Kind zur Welt bringen. Und dass es einen Grund hat, wenn keine Kinder durch uns zur Welt kommen.

Ich weiß von zwei Menschen im heilpraktischen Bereich, die sagen: »Wir haben keine eigenen Kinder bekommen, weil wir uns voll und ganz um die Menschen kümmern sollen, die zu uns kommen.«

Kinder brauchen viel Zeit, viel Aufmerksamkeit, viel Zuwendung und viele Gedankenräume. Das darf man nicht unterschätzen. Es ist gut, dass diese Menschen, die ihren Frieden damit gemacht haben, dass sie keine eigenen Kinder bekommen, jetzt erfüllt sind von ihrem Tun und »Da-sein« für andere Menschen – sie hätten sonst in dem Maße sicherlich nicht die volle Zeit und Kraft dafür. Von großer Bedeutung ist es dabei, eine Tätigkeit zu finden, die uns wirklich erfüllt, die wir mit ganzem Herzen tun, mit echter Leidenschaft, Begeisterung und Hingabe.

Natürlich gibt es noch mehr Gründe, warum die Natur nicht auf den Wunsch eines Paares reagiert, Kinder zu bekommen. Jemand sagte mir einmal: »Wir Frauen können uns aktiv dafür entscheiden, ob wir Kinder zur Welt bringen oder ob wir lieber kreative Projekte zur Welt bringen wollen.« Ein schöner Gedanke, finde ich!

Was ich hier gerade beschrieben habe, scheint auf den ersten Blick ein Frauenthema zu sein. Frauensache. Ich glaube, es geht auch die Männer an. Denn erstens gehören zur körperlichen Vereinigung zwei Menschen. Und zweitens brauchen wir Frauen auch euer Vertrauen, liebe Männer, dass alles immer in Ordnung ist, wie es ist. Dass nichts »kaputt« ist mit uns, wenn wir keine Kinder zur Welt bringen. Und wir können euch im Gegenzug das gleiche Vertrauen schenken: dass auch mit euch alles in Ordnung ist, egal, ob ihr Kinder zeugen könnt oder nicht. Es gehört alles zu unserem Seelen- und Lebensplan. Und von daher ist alles in bester Ordnung. Entspannen wir uns.

Körperliche Grenzerfahrungen: Wie weit geht Vertrauen?

Auch was unseren Körper angeht, gibt es Grenzerfahrungen – Erfahrungen, die uns an die Grenzen unseres Vertrauens bringen. Wir erleben diese Grenzerfahrungen in der Liebe, wir erleben sie in Bezug auf unser finanzielles Sein. Und wir erleben sie an unserem eigenen Körper und bei anderen.

Was ist zum Beispiel mit Gewalt? Was ist mit körperlicher Annäherung, die ich nicht möchte? Was ist mit Missbrauch, mit Vergewaltigung oder Mord? Wo ist all das noch in Ordnung, in göttlicher Ordnung?

Das ist eine interessante Frage. Und es ist eine große Frage. Sie ist so groß, weil daran in der Regel tief greifende Gefühle hängen. Angst. Schmerz. Verlust. Trauer. Entsetzen. Wut. Hilflosigkeit. Rechtlosigkeit. Ohnmacht.

Was soll daran *in Ordnung* sein? Wo ist die Ordnung dahinter, der tiefere Sinn? Denn da, wo jemand anderes unsere Grenze überschreitet, sei es emotional, mental oder körperlich, da empfinden wir doch genau das als »außer-ordentlich«.

Ich glaube, dass dieses Thema ein ganz eigenes Buch wert ist, und mein Gefühl sagt, dass es darauf auch keine einzig gültige Antwort und Wahrheit gibt. Denn jeder von uns findet auch hier seine ganz persönliche Antwort, zieht seine individuellen Schlüsse und nähert sich diesem Thema von verschiedenen Seiten, je nachdem, welche *Erfahrungen* er schon gemacht hat.

Wie weit geht unser Vertrauen, wenn wir oder ein anderer Mensch zu Schaden kommen, wenn Dinge passieren, die uns unbegreiflich erscheinen? Wenn es um Leben und Tod geht?

Wenn wir davon ausgehen, dass wir auf diese Erde gekommen sind, um Erfahrungen zu machen, dann wäre es konsequent zu sagen, dass alles, wirklich alles, eine Erfahrung ist. Dann sind die Momente, die uns große Freude bereiten, eine Erfahrung. Und dann sind auch die Momente, die uns großen Schmerz bereiten, eine Erfahrung. Wenn ein Kind geboren wird, dann beinhaltet dieser Moment die verschiedensten Erfahrungen: Eine Geburt bedeutet für die Frau, die das Baby zur Welt bringt, immensen Schmerz. Wer jemals ein Kind geboren hat oder bei einer Geburt dabei war, der weiß um die Intensität der Wehen, der weiß um die Schreie und das Stöhnen der werdenden Mutter, der weiß um die Grenzerfahrung, die sie in diesen Stunden durchläuft, manchmal bis hin zu einem Nahtoderlebnis. Gleichzeitig liegt in dieser Geburt das reine Glück, das Ankommen eines neuen Menschleins auf dieser Welt. Keiner ist glücklicher, wenn das Baby die Reise durch den Geburtskanal geschafft hat und selig seine ersten Schlucke trinkt, als Mutter und Vater, die beide noch bis vor wenigen Minuten nicht wussten, wie das alles ausgehen soll.

Die Geburt eines Kindes enthält in einem einzigen Moment zwei große, gegensätzliche Erfahrungen: den Schmerz und die Freude. Es gibt noch viele weitere Beispiele von Erfahrungen, die uns nach einer Weile großer Anstrengung mit tiefer Freude erfüllen, beispielsweise die Besteigung eines hohen Berges oder ein sportlicher Wettkampf. Auch das Schreiben eines Buches erfordert über Wochen oder Monate große Konzentration – und plötzlich ist es fertig. Wir entspannen uns und sind glücklich und schauen auf die Seiten, die vor uns liegen, wie der Bergsteiger, der atemlos, aber tief erfüllt auf das Tal unter ihm blickt.

Wie ist das nun mit den Erfahrungen, die *keine* Freude enthalten, sondern die uns oder unsere Mitmenschen direkt in tiefe Trauer, Verzweiflung und Schmerz stürzen? Kann ich dem Leben überhaupt noch vertrauen, wenn jemand mir selbst oder meinem Liebsten (Partner, Freund, Kind, Elternteil) etwas angetan hat?

In solchen Situationen scheint Vertrauen unmöglich oder zumindest sehr, sehr schwer. Dennoch ist es möglich. Einer, der mich darin bestärkt hat und der uns zeigt, dass es geht, ist Richard.

Ich lernte Richard, der aus Leeds in Großbritannien stammt, auf einer Konferenz für Redner und Trainer in München kennen. Er hielt dort einen Vortrag. Ein schlanker, sehr sympathisch aussehender Mann in seinen Vierzigern mit rötlichem Haar und vielen Sommersprossen. Richard erzählte uns, wie er als fünfjähriger Junge an einem Oktobermorgen im Jahr 1975 mitten in der Nacht von einer seiner älteren Schwestern geweckt wurde. »Mum ist nicht da«, sagte sie.

Es war drei Uhr morgens. Richard und die drei Mädchen waren allein im Haus. Und so machten sich die vier Kinder auf den Weg, um ihre Mum zu suchen. Sie liefen durchs Haus, sie liefen durch den Garten, sie liefen über die Feldwege hinterm Haus ... Doch ihre Mutter blieb verschwunden. Später im Laufe des Morgens kam die Polizei und befragte die Kinder und durchsuchte das Haus, den Garten, die Felder ... und fand die Mutter. Ermordet. In einem der Felder, an dem die Kinder wenige Stunden zuvor vorbeigelaufen waren. Nach ihr brachte der Mörder noch viele weitere Frauen um bzw. verletzte sie schwer. Erst sechs Jahre später wurde er gefasst, der Fall wurde bekannt unter dem Namen »The Yorkshire Ripper«.

Richard erzählte uns davon, wie er versuchte, ein normales Leben zu führen, so gut ein »normales Leben« geht, wenn die eigene Mutter von einem Serienkiller getötet worden ist und man als Kind keine Möglichkeit hat, die Geschehnisse aufzuarbeiten. Er wuchs heran, arbeitete sehr hart und diszipliniert und sprach dabei nie von diesem Vorfall. Selbst seine Kollegen, die ihn gut kannten, wussten nichts von seiner Vergangenheit.

Doch dann kam der Punkt, an dem er merkte: Niemand macht mein Leben wieder »gut« und lebenswert außer mir selbst. Niemand hat es in der Hand, ob ich weiterhin blinde Wut verspüre auf diesen Mann, der mein Leben zerstört hat und der seit Jahren beeinflusst, wie es mir und meiner Familie geht – außer mir selbst. Kein Gericht dieser Welt hat es in der Hand, keine Strafe, sei sie auch noch so hoch, hat Einfluss darauf. Nur ich selbst. Und Richard traf eine Entscheidung.

Er verzieh diesem Mann. Er verzieh dem Mörder seiner Mutter.

Ich weinte Rotz und Wasser während seines Vortrags. Richard kann seine Geschichte viel berührender erzählen, als ich es kann. Du kannst sie im Original nachlesen in seinem Buch *Just a Boy: The True Story of a Stolen Childhood* von Richard McCann.

Was mich an seiner Geschichte so bewegt und warum ich sie mit dir teile, ist die Tatsache, dass manchmal Dinge im Leben passieren, bei denen wir denken: »Jetzt ist es aus. Jetzt ist mein Leben zu Ende.«

Doch gerade in solchen »Grenzgängen« werden manchmal Kräfte in uns frei, die das Unmögliche möglich machen. Als ich Richards Vortrag verließ, wusste ich, dass hier das Leben selbst am Werk gewesen war. Dass hier das Leben selbst Richard die Chance und die dazu nötigen Fähigkeiten geschenkt hatte, um mit dieser Situation fertig zu werden. Dass es ihm die Möglichkeit gab, sich für die Freude zu entscheiden und nicht länger für den Schmerz. Richard hat sich, seiner Frau und seinen eigenen Kindern das größte Geschenk gemacht. Und ich bin mir sicher, seine Seele hat in dem Moment gejubelt, als er beschloss zu verzeihen.

Wie vielen von uns ist so etwas möglich, in dieser Dimension? Wie weit geht Verzeihen? Wie weit geht Vertrauen?

Gehen wir noch eine Stufe weiter und fragen wir: Wenn es möglich ist, dass wir *einem* Menschen verzeihen, ist es dann auch möglich, mehreren Menschen zu verzeihen, vielen Menschen, Tausenden Menschen, Zehntausenden? Ist es dann auch möglich, den Tod von Millionen von Menschen zu verzeihen?

Hierzu hatte ich ein interessantes Gespräch mit Lori, einer Freundin aus Los Angeles, einer sehr klugen, scharfsinnigen, warmherzigen Frau, die einen so zum Lachen bringt, dass man Muskelkater in den Wangen bekommt. Lori hat jüdische Wurzeln. Als wir eines Morgens zusammen am Strand entlangliefen, erzählte ich ihr von einem Erlebnis, das ich am Abend zuvor gehabt hatte: Ich war zu einem Abendessen eingeladen, bei dem mehrere Autoren, Verleger und andere Buchschaffende zu Tisch saßen. Ein amerikanischer Autor, der jüdische Großeltern hatte, fing an zu erzählen, dass er durch den Holocaust große Teile seiner Familie verloren hatte. Seine Worte zielten bewusst immer wieder gegen »die Deutschen«. Meine Tischnachbarin, eine junge Südeuropäerin, wurde zunehmend aufgebrachter und sprach ihn daraufhin an, wie er das so sagen könne, schließlich säße eine »Deutsche« mit am Tisch.

Ich blieb so ruhig wie möglich, obwohl er sich sichtlich unhöflich benahm und ausdrückte, denn ich war Gast an dem Abend und zudem keine Muttersprachlerin, von daher nicht so redegewandt wie er in seiner eigenen Sprache. Außerdem sagte mir mein Gefühl, dass er an diesem Abend nicht offen für andere Blickwinkel als den eigenen war.

Es war Jerry, der Ehemann der jungen Südeuropäerin, der dem Gespräch plötzlich eine unerwartete Wendung gab. Auch er war jüdischer Herkunft und hatte eine ganz andere Erfahrung gemacht: Ein deutscher Freund hatte ihn vor ein paar Jahren nach Köln eingeladen. Der Freund bot ihm an, im Haus seiner Großmutter zu übernachten, was Jerry gerne annahm. Als die Großmutter erfuhr, dass Jerry jüdische Wurzeln hatte, brach sie in Tränen aus, holte ein Fotoalbum und bat ihn, sich zu setzen. Sie zeigte ihm Bilder ihres Mannes, der bei der SS gewesen war, und erzählte Jerry weinend, wie erleichtert sie war, ihn heute hier im Haus zu haben und mit ihm über diesen Teil der Geschichte sprechen zu können. Jerry und diese ältere Dame erlebten einen sehr bewegenden Abend, der für sie beide heilsam war.

Lori bemerkte, dass mich dieser Abend sehr bewegt hatte, als wir am nächsten Morgen am Strand darüber sprachen. Sie blieb stehen, sah mich an und sagte:

»Es ist alles verziehen.«

Ich war ganz still und ließ den Satz in mir nachklingen. *Es ist alles verziehen.*

»Natürlich«, sagte Lori weiter, »gibt es Menschen, die es noch nicht verziehen haben und die möglicherweise auch nie verzeihen werden. Die gibt es. Aber es gibt auch die anderen.«

In diesem Moment ließen mein Körper, mein Geist und meine Seele ein großes Gewicht los, das mich mein Leben lang begleitet hatte. In mir wurde es ganz warm, und mir liefen die Tränen über die Wangen. In diesem Moment, am Strand von Santa Monica, in der Umarmung meiner Freundin Lori, öffnete sich ein Fenster in mir, das Sonne in einen Bereich ließ, der lange dunkel und schwer und mit vielen Fragezeichen versehen gewesen war.

Es gibt Menschen, die den Holocaust verziehen haben. Und es gibt Menschen, die ihn noch nicht verziehen haben und es möglicherweise auch nie tun werden. Beides ist eine Erfahrung.

Beides ist eine Reaktion auf das, was geschehen ist. Beides ist in Ordnung. Jede der beiden Erfahrungen darf sein und für sich stehen. Die einen erfahren den Schmerz. Und die anderen erfahren den Schmerz und das Verzeihen. So wie Richard.

Ich bin mir bewusst, dass ich mit diesen Zeilen an ein großes Thema rühre. Ein Thema, das das Vertrauen vieler Menschen schon lange fordert und sicher noch eine Weile fordern wird.

Ich habe in Familienaufstellungen miterlebt, wie sehr Ereignisse wie der Holocaust uns beschäftigen, ganz gleich, welcher Nation wir entstammen. Ich habe erlebt, wie sehr die damit verbundenen Emotionen wie Scham, Schuld und Angst auch heute noch, Generationen später, Menschen davon abhalten, ein leichtes, harmonisches, gesundes, glückliches und erfülltes Leben zu führen. Und ich habe erlebt, wie Menschen diese emotionalen Verstrickungen auflösten und in ein neues Leben in Freiheit gingen. Für sich, ihre Familie und alle, die nach ihnen kommen – und damit auch wirksam für ihre ganze Nation.

Danke, dass ich all das mit dir teilen darf. Danke, dass du diese gedankliche Reise mit mir unternommen hast.

Ich segne den tiefen Frieden in uns allen. Ich segne unser Bewusstsein für das, was wir aus unseren Erfahrungen lernen. Ich segne unsere Kraft, Verantwortung zu übernehmen, Verantwortung für unsere Gedanken, Entscheidungen und Handlungen. Ich segne den Zusammenhalt und die Friedfertigkeit zwischen allen Völkern dieser Erde. Ich segne unsere Fähigkeit zu vergeben und Vergebung zu erfahren. Ich segne unsere Gabe, auch das zu erkennen und zu ehren, was lichtvoll war und ist. Ich segne unsere Kraft, uns an all die mutigen Seelen zu erinnern, die vor uns gelebt haben. Ich segne unseren Glauben und unser Vertrauen, dass die, die gestorben sind, gut aufgehoben sind bei ihrem Schöpfer und eines Tages wiederkommen, um ein neues Leben zu leben. Ich segne unseren Glauben und unser Vertrauen, dass alle unerlösten Emotionen derer, die noch leben, erlöst werden. Und ich segne unseren Mut, jetzt Schritt für Schritt nach vorne zu gehen, in die Heilung, ins Licht, in die Liebe und Einheit mit allem, was ist. Jetzt und für alle Zeit.

Übung: Zeit für Vergebung

Die Vergebung, über die wir schon in Teil eins und zwei des Buches sprachen, ist sowohl anwendbar auf Themen, wie wir sie im vorangegangenen Abschnitt besprochen haben, als auch auf alltägliche Situationen, die wir mit unserem Körper erleben.

Ich bin zum Beispiel eine Frau, die gerne und viel arbeitet. Mein Beruf erfüllt mich, und mir fällt immer etwas ein, das ich noch für mein Unternehmen tun könnte. Zusammen mit meiner zweifachen Mutterrolle bleibt dabei nur wenig Zeit für mich selbst und für meine eigene Regeneration. Das ist eine »Baustelle«, die mir bewusst ist und an der ich lerne. Es gibt Zeiten, da kann ich sehr gut auf mich achten, mache Pausen, gönne mir kleine Auszeiten. Andere Zeiten wiederum sind so dicht gefüllt, dass die Tage und Wochen verfliegen – und plötzlich merke ich:

Ich bin am Ende meiner Kräfte. Das zeigt mir mein Körper dann sehr deutlich.

Welche Erfahrung wir auch immer mit unserem Körper machen, Vergebung ist ein Mittel, damit wir wieder »auf null« kommen. Innehalten, spüren, wo wir gerade stehen, was wir uns und unserem Körper angetan haben – und wie es weitergehen soll. Wir sprachen schon in Teil eins und zwei über die Vergebung, und wir haben sie anhand konkreter Beispiele geübt. Auch hier, für deinen Körper, gebe ich dir ein Beispiel, das du nutzen und frei auf deine Situation abwandeln kannst.

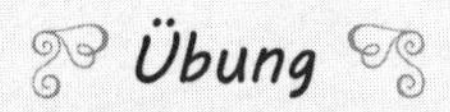

Schritt 1: Ich vergebe dir

»Geliebter Körper, ich vergebe dir, dass du mich vor ein paar Tagen verunsichert hast. Es hat mir Angst gemacht, als ich nicht mehr richtig Luft bekam. Ich habe dich für schwach und für funktionsunfähig gehalten, weil du deiner Aufgabe nicht mehr nachgekommen bist. Inzwischen habe ich verstanden, was du mir damit sagen wolltest. Ich vergebe dir, und ich erweise dir jetzt meine Gnade.«

Schritt 2: Ich bitte dich um Vergebung

»Geliebter Körper, ich bitte dich um Vergebung für alles, was ich dir jemals angetan habe, in diesem Leben oder einem anderen. Ich bitte dich aus tiefstem Herzen um Vergebung für all die negativen und schwächenden Gedanken, Gefühle, Worte, Nahrungsmittel, Medikamente und sonstigen Stoffe, die ich dir zugeführt habe, in diesem Leben oder einem anderen. Ich habe es nicht besser gewusst. Heute weiß ich viel mehr und bin bereit, weiterhin zu lernen. Ich bitte dich um Vergebung dafür, dass ich immer wieder die Grenzen deiner Kraft überschritten habe – sie ausgereizt habe bis aufs Letzte. Ich bitte dich um Vergebung für all die Momente, in denen ich deine Signale nicht wahrgenommen habe. Ich danke dir aus tiefstem Herzen und mit meinem ganzen Sein dafür, dass du so bist, wie du bist. Dafür, dass du so aussiehst, wie du aussiehst, riechst, wie du riechst, schmeckst, wie du schmeckst, dich anhörst, wie du dich anhörst und dich anfühlst, wie du dich anfühlst. Ich danke dir für deine Treue, deine Freundschaft und deine Loyalität zu mir, jeden Tag, seit ich lebe. Und ich danke dir für deine Geduld und dein Verständnis, dass ich so lange gebraucht habe, um dich zu verstehen. Bitte vergib mir und bitte erweise mir jetzt deine Gnade.«

Schritt 3: Ich vergebe mir selbst

»Geliebter Körper, ich vergebe mir selbst, dass ich es mir so schwer gemacht habe durch meine Unfähigkeit zu vertrauen, durch mein Nicht-Wissen und durch meine Gedankenlosigkeit, in diesem Leben oder einem anderen. Ich vergebe mir selbst, dass ich erst jetzt anfange zu begreifen, was Verantwortung für dich zu übernehmen wirklich bedeutet. Ich vergebe mir selbst, dass ich anderen Menschen und Informationen manchmal mehr Glauben geschenkt habe als dir und deiner Weisheit. Ich vergebe mir, dass ich die eigene Verantwortung an andere abgegeben habe. Ich vergebe mir, dass ich an deiner Funktionstüchtigkeit, deiner Vollkommenheit und deiner Schönheit gezweifelt habe und oft so lieblos war zu dir und mir. Ich bitte jetzt um die göttliche Gnade und bin bereit, sie zu empfangen.«

Nachdem ich die Vergebung durchgeführt hatte, legte ich eine Pause ein und ging eine Runde joggen. Das Wetter war trüb, es regnete, und der Himmel war ein einziges Grau, wie das Tuschwasser in einem Becher, in dem man seinen Malpinsel sauber macht. Eigentlich gar kein schönes Laufwetter. Trotzdem war ich glücklich und von innen ganz mit Wärme erfüllt. Denn ich spürte, wie ich durch die Vergebung eine neue Verbindung mit meinem Körper eingegangen war.

»Ja, ich vertraue dir!«, dachte ich lächelnd, während mir die Regentropfen kalt ins Gesicht klatschten. »Ich vertraue dir. Und ich werde mein Bestes tun, damit nie wieder etwas zwischen uns und dieses Vertrauen kommt!« Ich spürte die neue Kraft in jedem Muskel und jeder Faser meines Körpers. Meine Lunge atmete tief und kraftvoll ein und aus ... Ich war angekommen. Ich war ganz. Ganz bei mir.

Wende die Vergebung an in jeder Situation, die dir geeignet scheint. Wende sie auf aktuelle oder vergangene Situationen an und spüre die Energie und Freiheit, die sie dir und allen Beteiligten schenkt.

Übung: Emotional entgiften

Vergebung ist eine Möglichkeit, Gedanken loszulassen, die uns belasten und vergiften. Gedanken, die sich vielleicht über die Jahre schon so in uns festgesetzt haben, dass sie uns wie einen Panzer umgeben.

Neben der Vergebung können wir auch von Zeit zu Zeit *emotional entgiften.* Das ist wichtig, denn so, wie unser Körper durch Giftstoffe in der Nahrung oder in unserem Umfeld belastet und geschwächt wird, weil er permanent damit beschäftigt ist, sie abzuwehren oder auszuscheiden, so ist er auch damit beschäftigt, Gefühle zu verarbeiten oder sie »wegzudrücken«, wenn sie uns nicht guttun. Kannst du dir vorstellen, wie viel Zeit und Energie ihn das täglich kostet?

Emotional zu entgiften ist wie eine Fastenkur für unsere Gefühle. Ich möchte dir dazu ein Beispiel an die Hand geben. Du kannst es wieder frei abwandeln, bis es das ausdrückt, was dir wichtig ist:

Übung

»Geliebter Körper, ich bitte dich jetzt, alles loszulassen, was mir nicht mehr dienlich ist und was mich daran hindert, der zu sein, der ich bin. Lass jetzt los allen alten Schmerz, alle Verletzungen, alle Widerstände, alle Wut und alle Bitterkeit sowie all meine Vergebungsunfähigkeit. Reinige dich von allem, was du jetzt nicht mehr brauchst in all deinen Zellen, all deinen Organen, all deinen Körperteilen, Flüssigkeiten und anderen Baustoffen. Und lass uns jetzt gemeinsam spüren, wie tiefer Frieden in uns beide einströmt, Freude, Liebe und das Vertrauen in alles, was ist. Ich danke dir, mein geliebter Körper, für deine Kraft, deine Zuverlässigkeit und deine vollkommene Fähigkeit zur Heilung. Ich bin froh und dankbar, dass es dich gibt!«

Wenn dir diese Übung gefällt, wiederhole sie von Zeit zu Zeit. Sie wirkt wie eine Tiefenreinigung, bis in die kleinste Zelle. Dein Körper, dein Geist, dein Herz und deine Seele werden es dir danken!

Zur rechten Zeit am rechten Ort

Im Urth Caffé ist es immer proppenvoll. Man kann morgens um acht dorthin gehen, um die Mittagszeit oder abends um zehn: Immer ist es dort voller Menschen, die einen Kaffee trinken oder die köstliche Speisekarte rauf und runter schlemmen. Bei meinen ersten Besuchen stand ich anfangs in der Schlange, die manchmal bis auf die Eingangstreppe reichte, und dachte: »Das reicht doch nie für uns alle. Es ist doch jetzt schon voll. Wie wollen wir denn hier alle sitzen?«

Soll ich dir was sagen? Es reicht immer. Zu jeder Uhrzeit! Alle, die da sind, finden einen Platz. Denn es steht rechtzeitig wieder jemand auf, und manche stehen nur in der Schlange, um sich einen Kaffee »to go« zu holen. So regelt sich alles im vollkommenen Rhythmus.

Es gibt immer einen Platz für uns, da, wo wir gerade sind, auch wenn es manchmal nicht der ist, den wir uns gewünscht haben. Vielleicht würden wir gern am Fenster sitzen, finden aber nur einen freien Stuhl in der Mitte. Vielleicht möchten wir im Bus oder in der Straßenbahn sitzen, müssen aber für einen Moment stehen. Es passiert immer genau das Richtige.

Kennst du Menschen, die morgens im Urlaub zuerst ihr Handtuch auf die erste Liegestuhl-Reihe legen, damit sie nach dem Frühstück den besten Blick aufs Meer haben? Viele von uns schmunzeln über dieses Phänomen. Doch für die Menschen, die es tun, ist es Ernst. Sie glauben, dass sie nur so an diesen guten Platz kommen!

Wie wäre es, wenn diese Menschen einmal so an die Sache herangehen würden: »Ich werde einen wunderbaren Platz am Meer haben. Und wenn es heute sein soll, dann werde ich in der ersten Reihe liegen und aufs Meer schauen. Und wenn etwas anderes »dran« ist, zum Beispiel dass ich einen Menschen treffe, mit dem ich mich toll unterhalte oder dem meine Anwesenheit guttut, dann sitze ich woanders. Und es ist gut, wie es ist!«

Das ist doch mal einen Versuch wert, oder? Wollen wir ihnen das mal sagen? Wir könnten ja kleine Zettelchen mit dieser Botschaft auf den Frühstückstischen in Urlaubshotels verteilen ... Machst du mit? ;-)

Diese Art des Denkens funktioniert nicht nur gut am Strand, sondern auch bei Veranstaltungen, die wir besuchen. Viele Menschen gehen auf eine Party oder zu einem beruflichen Event und denken: »Mal schauen, was passiert.«

Ich persönlich gehe berufliche Veranstaltungen gerne zielgerichtet an, indem ich mir vorher überlege: Was wünsche ich mir von dieser Veranstaltung? Was ist mein Ziel? Denn manche Konferenzen – wie auch die, die ich damals in Los Angeles besuchte über Präsentation und Selbstvermarktung – kosten mit Anreise, Übernachtung und Konferenzgebühr mehrere Tausend Euro bzw. Dollar. Da wünscht man sich als Unternehmer natürlich, dass etwas dabei herauskommt.

Bevor die Konferenz in Los Angeles begann, hatte ich noch etwas Zeit. Ich hatte bereits eingecheckt und mein Programmheft bekommen, saß in der Sonne draußen am Hotel-Pool bei einem Cappuccino und überlegte: Was ist dein Ziel für diese Veranstaltung? Mit welchen Ideen oder Kontakten möchtest du wieder nach Hause fliegen?

Ich notierte:

> *»Ich bin immer zur rechten Zeit am rechten Ort und treffe genau die Menschen, die für meine Entwicklung wichtig sind und für deren Entwicklung ich wichtig bin. Und ich habe Spaß!«*

Was war das Ergebnis dieser Konferenz für mich? Ich habe Gordon kennengelernt, wie ich in Teil eins erzählt habe. Die Begegnung mit ihm hat mich viel über mich selbst gelehrt – sehr wichtig für meine Entwicklung. Ich habe Menschen kennengelernt aus der ganzen Welt, die heute meine Freunde und Geschäftspartner sind. Ebenfalls sehr wichtig für meine Entwicklung. Und: Ich habe mein zweites Zuhause in Los Angeles und Santa Monica gefunden, meine Seeelenheimat. Sehr, sehr wichtig für meine Entwicklung! Und ich bin selbstverständlich nicht nur für meinen eigenen Nutzen auf dieser Konferenz gewesen. Viele Menschen schrieben mir danach, dass unsere Begegnungen und Gespräche auch für sie wichtig gewesen waren. So soll es sein!

Mein Zielsatz hat sich erfüllt. Und er funktioniert nicht nur bei beruflichen Veranstaltungen. Wenn du gerade Single bist und möchtest jemand Interessantes und zu dir Passendes kennenlernen, könntest du dir einen Zielsatz kreieren, der zum Beispiel so lautet:

»Ich bin immer zur rechten Zeit am rechten Ort. Ich habe auf dieser Party ganz viel Spaß und treffe Menschen, die mich inspirieren und die wunderbar zu mir passen.«

Probier es aus!

Und manchmal laufen die Dinge ganz anders, als wir sie geplant haben. Wir haben uns Mühe gegeben und alles gut organisiert – und von einem Moment auf den anderen zerschlägt sich unser guter Plan.

Ich selbst war einmal für eine Konferenz in München angemeldet. Lange vorher hatte ich mit Melanie, einer befreundeten Kollegin, besprochen, dass wir uns ein Doppelzimmer im Veranstaltungshotel teilen würden. Wir sehen uns nicht oft außerhalb dieser Konferenz, da wir mehrere Hundert Kilometer auseinander wohnen, da erschien es uns eine gute Gelegenheit, nachts im Bett nach den Konferenztagen noch ein bisschen zu plaudern.

Einige Wochen vor der Konferenz versuchte ich Melanie zu erreichen. Ohne Erfolg. Sie antwortete nicht auf meine Mails, rief mich nicht zurück ... Woche um Woche verstrich. Was sonst nicht ihre Art war. Drei Tage vor der Konferenz rief mich ihr Mann an: Melanie sei in einer Klinik, es hätte ein paar Komplikationen nach einem Eingriff gegeben. Es ginge ihr inzwischen wieder gut. Nein, das Zimmer hätte sie nicht gebucht, sie sei davon ausgegangen, *ich* hätte das gemacht!

Ich überlegte hin und her. Erstens war das preislich deutlich reduzierte Zimmer-Kontingent für unseren Berufsverband terminlich schon abgelaufen, zweitens war das Hotel immer gut besucht. Würde ich jetzt noch ein Zimmer bekommen, drei Tage vor der Veranstaltung?

Nein, war dann auch gleich die Antwort, als ich dort anrief. Am betreffenden Abend sei das Länderspiel Österreich–Deutschland, das Hotel sei komplett ausgebucht. Das Einzige, was sie mir anbieten könnten, sei eine Suite für 500 Euro die Nacht. Ich schluckte. Ich brauchte keine Suite, sondern ein Bett. Die ganze Konferenz kostete 350 Euro. Ein Zimmer für eine Nacht für 500 Euro?

Ich hätte noch weitere Hotels abklappern können, doch mein Gefühl sagte: Ruf Bettina an.

Bettina ist eine Freundin, die ich zu dem Zeitpunkt noch gar nicht lange kannte, zu der ich aber von Anfang an eine besondere Herzensverbindung hatte. Wir wollten uns schon lange wiedersehen, sie war vor einigen Monaten nach München gezogen. Ich sprach ihr mein Anliegen auf Band. Bettina rief mich innerhalb einer Stunde zurück und sagte: »Du kannst sehr gerne bei mir schlafen. Die Couch ist leider schon vergeben, da eine Freundin aus Frankfurt auch hier schläft, aber wenn es dir nichts ausmacht, kannst du die Luftmatratze nehmen.«

Dankbar nahm ich die Luftmatratze an und freute mich sehr auf das Wiedersehen mit Bettina. Sie holte mich vom Bahnhof ab. Über den Nachmittag saßen wir auf ihrem Balkon und plauderten in der Herbstsonne über unsere Erlebnisse und Erfahrungen, die wir in den letzten Monaten gemacht hatten. Vieles ähnelte sich, was uns erstaunte und auch schmunzeln ließ. Spät in der Nacht kam ich zurück in Bettinas Wohnung, der erste Konferenzabend war vorüber. Sie saß gerade mit Birgit, der Freundin, die in dieser Nacht auch ihr Gast war, auf dem nächtlichen Balkon. Zu dritt tauschten wir uns noch eine Weile aus, dann gingen wir schlafen. Meine Luftmatratze lag direkt neben Bettinas Bett. Ich war froh über den schönen Tag mit den vielen guten Gesprächen, und ich war froh über mein »Bett«. Ich würde vielleicht am nächsten Morgen etwas steif in den Gliedern aufstehen, doch das machte nichts. Bettina hatte das Licht schon ausgeschaltet, und ich wollte ihr gerade Gute Nacht sagen, da sagte sie in die Dunkelheit: »Du hast mir heute das Leben gerettet.«

In Sekunden hatte ich Gänsehaut am ganzen Körper. Was hatte sie gesagt?

»Ich habe heute Morgen ernsthaft darüber nachgedacht, mir das Leben zu nehmen«, fuhr sie fort. »Ich wollte mein Motorrad nehmen und einfach drauflosfahren. Dein Hiersein heute, dein Zuhören und all die Dinge, die du gesagt hast, haben dazu geführt, dass ich es mir anders überlegt habe. Ich danke dir.«

Ich hatte immer noch Gänsehaut, und mir stiegen Tränen in die Augen. Auf einmal war ich sehr dankbar, dass sich alles so gefügt hatte! Was hatte ich mich zunächst geärgert über das Missverständnis mit Melanie, was hatte es mich verunsichert. Und jetzt war ich zur richtigen Zeit am richtigen Ort gewesen. Alles war gut so, wie es war. Ein Mensch war noch am Leben, ein wertvoller Mensch! Mir laufen immer noch Schauer über den Körper, wenn ich daran denke. Und ich bin dankbar für jeden Gruß und jede Karte, die von Bettina kommt und die mir zeigt, dass sie noch da ist.

Wir sind immer am richtigen Ort. Immer. Egal, was passiert. Es hat einen Grund, dass wir da sind, genau dort. Und diesen Grund gilt es zu finden. Das ist Vertrauen.

Es ist nur der Körper, der geht

Eines Tages heißt es Abschied nehmen, und wir verlassen diese Erde. Wir wissen nicht, ob wir wiederkehren. Wir wissen nicht, ob wir schon mal da waren. Ich persönlich glaube daran, dass wir schon sehr oft hier waren und noch oft wiederkommen werden. Dieser wunderbare Planet Erde bietet uns so viele Erfahrungsmöglichkeiten und Wachstumsmöglichkeiten ... Warum sollte unser Leben und Erleben auf 70, 80 oder 90 Jahre begrenzt sein?

Doch auch hier hat jeder seine Überzeugung, und es gibt kein Richtig oder Falsch.

Viele Menschen erschreckt der Tod. Und ich glaube, das ist dann der Fall, wenn wir ihn als etwas Endgültiges betrachten. Darum gefällt mir der Gedanke der Wiedergeburt. Denn Wiedergeburt bedeutet: Ich gehe von diesem Zustand in einen anderen über. Der Tod ist nicht das Ende, sondern der Übergang. So, wie wir am Bahnhof von einem Zug in den nächsten umsteigen, der uns weiterbringt an unser Ziel.

Mir gefällt der Gedanke, dass wir alle unsterblich sind. Dass wir in jedem Leben eine Reihe von Erfahrungen sammeln und immer weiter voranschreiten mit dem, was wir gelernt haben, in weitere Dimensionen, andere Räume, ob hier auf der Erde oder an einem anderen Ort.

Ich glaube auch, dass es einen Ort gibt, an dem wir eines Tages die Seelen wiedertreffen, mit denen wir in diesem Leben verbunden waren. Dass es ein freudiges Wiedersehen mit allen gibt und wir uns dann gemeinsam von unseren Erfahrungen berichten. Mit diesem Gedanken wird das Loslassen leichter. Das Loslassen anderer Menschen. Und eines Tages auch das Loslassen unseres eigenen Lebens.

Eines Tages weiß unsere Seele: »Jetzt ist es Zeit zu gehen.« Und wir dürfen darauf vertrauen, dass dieser Moment der richtige ist. Dass der Zeitpunkt der richtige ist. Dass der Ort, an dem es geschieht, der richtige ist. Egal, wie die Umstände scheinen. Und dass es keine Schuld gibt! Dass alles, was geschah, und alle Entscheidungen, die wir getroffen haben, auf der Seelen-Ebene »in Ordnung« sind. Niemand wird uns dort Vorwürfe machen, weil alle beteiligten Seelen wissen, dass wir diese Entscheidung getroffen haben, um zu lernen. Und auch wir werden keiner anderen Seele Vorwürfe machen – weil auch wir um ihren Wunsch nach Wachstum wissen.

Andros, ein Freund von mir, sagte mir einmal: »Weißt du, dieses ganze Leben ist doch wie ein Theaterstück. Wir alle haben unsere Rolle. Und wenn es eines Tages vorbei ist, wenn der Vorhang fällt, dann klopfen wir uns alle auf die Schulter und sagen: ›Glückwunsch, toll gemacht! Sehr überzeugend, wie du den Professor gespielt hast und du die vierfache alleinerziehende Mutter und du den Mörder!‹«

Ich glaube, dass es so ist. Es deckt sich mit der Theorie, dass wir vor Eintritt in dieses Leben bestimmen, welche Erfahrungen wir machen wollen – und welche Seelenverabredungen mit anderen Menschen wir dazu brauchen. Auch dazu gibt es interessante Lektüre.

»From a distance there is harmony«, singt Bette Midler in ei-

nem Song, der an Weihnachten oft im Radio kommt. Ja, so stelle ich mir das vor: Dass aus einer gewissen Distanz, mit etwas Abstand, eine Harmonie erkennbar ist in allen unseren Leben, in allen unseren »Wellen«, die wir gesurft haben.

Vor dem Tod Angst zu haben bedeutet auch, nicht im Jetzt zu sein. Denn der Tod – der ist morgen oder übermorgen. Wie dieses Morgen oder Übermorgen aussieht – das erfahren wir noch früh genug. Nämlich dann, wenn es so weit ist!

Heute ist es wichtig, dass wir LEBEN. Und dass wir dieses Leben nicht auf morgen verschieben, wenn der Sohn oder die Tochter aus dem Haus oder wir in Rente sind. Dass wir jetzt Spaß haben, wie Kinder, die einen neuen Spielplatz entdeckt haben und vergnügt alle Schaukeln und Klettergeräte ausprobieren. Dass wir uns jetzt frei fühlen. Dass wir jetzt lieben und dieses Leben in all seinen Facetten voll auskosten.

Ich bin mir sicher, dann können wir eines Tages einfach gehen. Ohne Wehmut. Ohne Wenn und Aber. Im Wissen und im Vertrauen darauf, dass wir unser Bestes gegeben haben. Und in Vorfreude auf alles, was noch kommt.

Stärkende Gedanken

- Ich bin vollkommen gesund.
- Ich bin vollkommen in meiner Kraft. Ich bin stark.
- Ich bin schön, so wie ich bin. Mein Körper ist für dieses Leben genau der Richtige.
- Ich bewege mich mit Leichtigkeit und Freude.
- Alles ist gut mit meinem Körper.
- Ich vertraue darauf, dass was immer gerade mit meinem Körper geschieht und in welchem Zustand er gerade ist, einen Grund und einen Sinn hat – und dass sich mir der Grund und Sinn eines Tages erschließen.
- Liebevoll lausche ich dem, was mir mein Körper zu sagen hat. Ich lerne jeden Tag besser, ihn zu verstehen und auf seine Signale zu reagieren.
- Ich nehme mich an, wie ich bin.
- Ich vertraue darauf, dass sich mein Körper verändern darf, in seiner Gestalt, in seinem Ausdruck, in seiner Beweglichkeit und in seiner Gesundheit. Ich vertraue darauf, dass alles zur rechten Zeit geschieht.
- Ich gehe im vollen Vertrauen, dass mein Körper die Fähigkeit hat, wieder vollkommen gesund zu werden oder vollkommen gesund zu bleiben. Und ich vertraue darauf, dass er zum rechten Zeitpunkt von dieser Fähigkeit Gebrauch macht.

- Ich vergebe mir meine Gedankenlosigkeit in Bezug auf meinen Körper. Ich gehe von nun an ganz bewusst mit meinem Körper und mit meiner Gesundheit um.
- Ich vergebe allen, die mich körperlich verletzt haben. Ich lasse jetzt den Schmerz und den Groll darüber los und fühle mich frei!
- Meine Sexualität ist etwas Natürliches. Sie gehört zu meinem Sein.
- Ich darf Lust haben. Und ich darf auch keine Lust haben.
- Meine Sexualität weist mir den Weg zu meinen wahren Bedürfnissen.
- Ich freue mich an jeder intimen Begegnung mit einem Menschen, der mir guttut. Ich genieße meine und seine Lust, ich genieße unsere Wärme, Nähe und Verbundenheit.
- Ich vertraue darauf, dass ich immer zur rechten Zeit am rechten Ort bin.
- Ich vertraue darauf, dass ich zur rechten Zeit in dieses Leben gekommen bin und dieses Leben zur rechten Zeit wieder verlasse. Und ich vertraue darauf, dass dies auch für alle Menschen gilt, die mich umgeben. Ich lasse los.
- Meine Dankbarkeit und Freude haben heilsame Wirkung auf alles und jeden in meinem Leben, auch auf mich selbst. Meine guten Gedanken für mich und andere Menschen sind ein großes Geschenk.

- Ich freue mich an mir selbst. Und andere haben Freude an mir.
- Ich bin das Wertvollste, das ich habe, und ich sorge gut für mich. Durch nahrhaftes Essen, durch genügend Ruhe, durch Bewegung, die mir Spaß macht und durch Tätigkeiten, die mich inspirieren.
- Ich danke für den Frieden und die Vollkommenheit, die ich mehr und mehr spüren kann. Mit jedem Tag ruhe ich mehr und mehr in mir, spüre mich selbst und fühle mich in meinem Körper wohl und zuhause.
- Ich bin allmächtig. Ich weiß, dass ich Wunder in meinem Leben bewirken kann, für mich und für andere. Mein Leben ist ein einziges Wunder.
- Ich bin eins mit allem, was ist: eins mit mir, eins mit allen Menschen, eins mit allen Lebewesen, eins mit meiner Quelle und meinem Schöpfer, eins mit dieser großen allumfassenden Erfahrung, die das Leben ist.
- Alles ist gut in meiner Welt. Meine Welt sorgt für mich.
- Jetzt und alle Zeit.

Epilog:

Alles, was du wissen musst

Als ich die erste Fassung dieses Buches an den Verlag lieferte, war es Februar. Jetzt, wo ich den Feinschliff vollende, ist es Oktober. Viele »Wellen« hat das Jahr für die meisten von uns bereitgehalten. In vielen Partnerschaften, Familien und in vielen Unternehmen gab es große Herausforderungen und Wachstumsmöglichkeiten.

Wir haben uns im Vertrauen geübt, alle miteinander. So manche Welle wird sich bis zum Jahresende noch legen, so manche Frage eine Antwort finden – und anderes nehmen wir mit ins nächste Jahr. So war es, und so wird es immer sein.

Vielleicht geht es im Leben nicht darum, dass nichts mehr passiert. Dass keine Wellen mehr kommen und wir nur noch glücklich und zufrieden sind. Vielleicht heißt Vertrauen, dass wir *anders mit den Wellen umgehen.* Dass wir uns von ihrer Höhe oder ihrer Wucht nicht mehr so beeindrucken lassen, sondern auch angesichts von *mavericks*, den Riesenwellen wie im gleichnamigen Film, ganz ruhig bleiben und jeden Tag ruhiger werden.

Angst? Die gehört vielleicht immer dazu. »Angst haben wir

alle«, sagt Frosty im Film zu seinem Surfschüler Jay. »Aber Angst ist etwas anderes als Panik.«

Wir wissen nicht, was morgen ist, nächstes Jahr oder in zehn Jahren. Wir wissen ja nicht mal, was *heute* ist, in fünf Minuten oder am heutigen Abend! Wir wissen nicht, ob der Tag heute sonnig und windstill bleibt und kaum Wellen macht oder ob ein Sturm aufziehen wird, der den Himmel schwärzt und die Wogen so hochpeitscht, dass wir denken, die Welt ginge unter.

Alles, was wir wissen und worauf wir vertrauen können, ist, dass keine Welle statisch ist. Keine Welle bleibt wie eingefroren stehen oder türmt sich weiter und weiter auf bis ins Unendliche. Jede Welle, wie klein oder groß sie auch ist, bricht eines Tages. Dann nimmt sie ab, wird kleiner und reiht sich wieder in den restlichen Ozean ein, so als hätte es sie nie gegeben.

Diese innere Ruhe angesichts der Wellen, mit denen wir konfrontiert sind, wird uns nicht immer gleich gut gelingen. Manchmal auch gar nicht. Es wird Tage geben, an denen wir uns stark fühlen, standfest und jeder Welle gewachsen, wie sehr geübte Surfer. An anderen Tagen werden wir uns fühlen, als hätten wir noch nie ein Surfbrett gesehen, geschweige denn schon mal auf einem gestanden. Wir werden sagen: »Ich habe keine Ahnung, wie das geht. Ich habe keine Ahnung, wie mein Leben weitergeht, meine Beziehung, mein Job, meine Gesundheit.«

Eleya hat mal gesagt: »Nicht wissen ist ein gutes Zeichen dafür, dass du es nicht wissen *musst*. Alles, was du wissen musst, ist, dass *Gott* es weiß.«

Vielleicht ist das die Hauptaufgabe, der wir uns alle stellen: auszuhalten, dass wir *nicht wissen*. Dass nichts sicher ist. Dass sich alles in unserem Leben oder bei den Menschen, mit denen wir leben, immer wieder verändert.

Vielleicht macht dir dieses Nicht-Wissen im Moment noch Angst. Das kenne ich gut, und es gibt auch in meinem Leben immer wieder Augenblicke, in denen mich das Nicht-Wissen beunruhigt. Doch ich glaube fest daran, dass wir es schaffen können, diese Angst und Unruhe nach und nach loszulassen und uns das Nicht-Wissen zum Freund zu machen. Und wenn wir diesen Punkt erreicht haben, dann kann uns nichts in der Welt mehr etwas anhaben.

Denn dann haben wir keine Erwartungen mehr, dass die Dinge in unserem Leben »so oder so« laufen. Dass unsere Karriere auf eine bestimmte Weise verläuft, unsere Partnerschaft, der Weg unserer Kinder ... Dann bleiben wir offen in unserem Denken und in unseren Herzen und passen uns flexibel wie die Surfer den jeweiligen Wellengängen an.

Jeder, der weit raus aufs Meer will, hört zunächst den Wetterbericht und entscheidet dann, ob er hinausfährt oder nicht. Und dieser Wetterbericht kann sich stündlich ändern! Wir können nicht mehr, wie unsere Eltern und Großeltern es vielleicht noch konnten, unser Leben im Voraus planen: heiraten, Kinder kriegen, Karriere machen, Haus bauen ... Dieser lineare Plan hat längst keine Gültigkeit mehr. Heute müssen wir viel schneller und wendiger auf das Leben und seine Anforderungen reagieren – nicht wissend, was morgen ist.

Rainer Maria Rilke nennt es »die Fragen selber lieb haben« in seinem Gedicht »Über die Geduld«. Ich glaube, dass es genau darum geht: die Fragen zu lieben, statt immer nur auf die Antworten zu schielen und sie erzwingen zu wollen. Ich weiß, das sagt sich so leicht, ich bin selbst ein ganz ungeduldiger Mensch! Doch es erscheint mir sinnvoll und wichtig, um unseres eigenen Friedens willen, dass wir lernen, die Fragen zuzulassen, und es eines Tages schaffen, sie tatsächlich gern zu haben und den *Weg* in die Antwort zu genießen, statt wie bisher nur die Antwort selbst. Ich glaube, dass darin unsere Chance liegt, wirklich zu leben, jeden Moment dieses Lebens in seiner Schönheit und Einzigartigkeit auszukosten und nicht mehr so viel zu verpassen, während wir ständig auf das Morgen warten.

Ich glaube, dass es auf diese Weise möglich wird, die Riesenwellen herannahen zu sehen und uns davon nicht mehr so sehr beeindrucken zu lassen. Vielleicht haben wir Herzklopfen wie Jay, als er nach 12 Wochen zum ersten Mal raus zu den *mavericks* darf, doch es wird ein freudiges Herzklopfen sein in dem Bewusstsein, dass wir diese Welle schaffen – und nicht die Welle uns.

»What shall I carry today? Was zieh ich heute an? Die Angst oder das Vertrauen?«, diese Entscheidung fällt uns mutigen Wellenreitern dann auf einmal ganz leicht.

Geliebte Seele, hier ist unsere Reise zu Ende. Ich verabschiede mich jetzt von dir und lasse deine Hand los, im Vertrauen, dass meine Worte und ihre Energie bei dir sein werden, wann immer du sie brauchst.

Eleya und mir fällt es immer ganz schwer, vom Ozean weg und

nach Hause zu gehen. Sie lebt immerhin schon 30 Jahre dort, und sie sagt: »Es ist immer noch so schwer wie am ersten Tag. Weißt du, welchen Trick ich inzwischen anwende? Ich sage nicht ›Tschüs‹ oder ›Goodbye‹, ich sage ›See you later!‹. Dann geht es!«

Das haben wir zusammen ausprobiert: »See you later! Bis später!«, haben wir dem Ozean zugerufen. Und tatsächlich, es funktioniert. Es ist immer noch ein Abschied, doch es ist ein leichter Abschied mit einem Lächeln auf den Lippen und der Wahrscheinlichkeit, uns schon bald wiederzusehen.

Also: »See you later!«

»Ich hab den Rückstrudel gespürt, Frosty.
Das bedeutet, dass wir dem, was vor uns liegt,
näher sind als dem, was hinter uns liegt.«

Jay in *Mavericks – Lebe deinen Traum*

Anhang

Dank

Es gibt eine Theorie, die sagt, dass alles gleichzeitig geschieht. Dass es keine Vergangenheit, Gegenwart oder Zukunft gibt, sondern alles zur gleichen Zeit passiert. Wenn ich wüsste, wie ich diese Theorie in der Praxis anwende, würde ich sie für diese Danksagung nutzen, denn in einem Dank stehen alle Menschen in einer Reihenfolge, untereinander. Das ist so nicht ganz richtig, da man ja vom Gefühl her allen Menschen gleichzeitig dankt. *Theoretisch* ist also alles, was gleich folgt, ein großer, dicker Dankespunkt. *Praktisch* entstünde ein riesiger Tintenfleck. Also doch am besten alle der Reihe nach, auf dem Papier, im Herzen gefühlt gleichzeitig:

Ich danke dem Leben selbst, das mich hervorgebracht und mich auf die Idee zu diesem Buch gebracht hat. Es ist immer wieder ein Wunder, das Leben und jedes neue Buch.

Ich danke Christina Gattys und Franka Zastrow, meinen beiden großartigen Agentinnen, für ihren liebevollen Blick auf alles, was ich schreibe. Danke, dass Ihr zunächst nicht wusstet, wie dieses Buch gelingen kann. So ist es das geworden, was es ist.

Ich danke Gerhard Plachta, meinem Freund und Lektor beim Kösel Verlag, dass er sofort an dieses Buch geglaubt hat. Dein Vertrauen ist ein Geschenk. Unsere Freundschaft ist ein Geschenk.

Ich danke Claudia Negele vom Goldmann Verlag für ihre große Wertschätzung meiner Arbeit und ihr gutes Bauchgefühl, das dieses Buch zu seinem Verlag geführt hat.

Ich danke Monika König und Karin Weber vom Mosaik Verlag für unsere offene, vertrauensvolle und respektvolle Arbeit an diesem Buch. Sie und alle Mitwirkenden im Verlag haben Teil daran, dass dieses Buch sein volles Potenzial entfaltet hat und nun genau die richtigen Leser erreicht.

Danke auch an Sie, liebe Antonia Meisner, die genau die richtige Lektorin für dieses Buch war. Die Sorgfalt und Liebe, die Sie in dieses Buch gegeben haben, möge auf vielfältige Weise zu Ihnen zurückkommen!

Liebe Sandra, dein Erdbeerkuchen mit Prosecco ist großartig, und ich weiß, wir werden noch viele Stücke gemeinsam genießen. Danke für deinen Blusenkragen. Danke, dass du immer da warst und dir alles angehört hast, manchmal in Endlosschleife. Dass du die richtigen Worte gewählt hast zur rechten Zeit. Dass du geschwiegen hast, wo es für mich besser war. Danke, dass du Räume öffnest, in meinem Denken und Schreiben.

Liebe Uli, dir und deiner geduldigen Couch danke ich für die vielen tiefen Gespräche in den letzten Jahren. Für unser Lachen. Für unsere Tränen. Für alle gescannten Engel. Für unsere gemeinsame Musik, die Töne, die wir zusammen anstimmen und die immer stimmig sind in allen Lagen. Danke, dass ich auf dich zählen darf und wir gemeinsame Pfade und Raststätten auf dieser großen Karte des Lebens haben.

Liebe Barbara, Wundervolle, Starke, ich danke dir, dass wir zusammengefunden haben und über die Kontinente immer wieder zusammenfinden. Danke für deine Weisheit. Danke für deinen Pioniergeist und deinen Mut. Danke für deinen Humor und für die Wellen, die wir schon durchsurft haben, in Santa Monica und in unseren Büchern. Auf in die neuen!

Liebe Andrea, dir danke ich für deine Gabe, die Essenz der Dinge zu erkennen. Du machst es mir leicht, Überflüssiges aus meinen Worten zu entfernen. Unser Lachen ist ein großes Geschenk, jedes Gespräch mit dir eine Explosion an Ideen und Lebensfreude. Danke!

Allen Freundinnen und Freunden, die hier keine namentliche Erwähnung finden: Seid euch bewusst, dass ich euch in meinem Herzen trage und dass meine Seele euch allen tief dankbar ist. Ihr seid die besten Begleiter für dieses Leben!

Ich danke allen Kunden und Geschäftspartnern, die mich und meinen Weg in den letzten Jahren begleitet haben. Durch euren Support, durch eure Liebe und Anerkennung und genauso durch herausfordernde Momente, die wir gemeistert haben, ist aus meinem Unternehmen, aus meiner Arbeit und aus mir persönlich die geworden, die ich heute bin.

Dank auch an dich, liebe Susanne, für deine liebevolle und geduldige Begleitung. Durch dich habe ich meine Seele gefühlt und verstanden und in die Klarheit und Kraft gefunden, meinen Weg mutig, konsequent und liebevoll zu gehen.

Ich danke meinem Vater und meiner Mutter, dass sie mich

auf die Welt gebracht haben und mir geholfen haben, in meine eigene Stärke zu kommen. Ihr seid mutige Seelen, und ich spüre eure Liebe zu mir, jeden Tag.

Ich danke meiner Schwester Verena, die mir ein großes Vorbild ist und die mich inmitten der größten Wellen zum Lachen bringt. Vollkommener kann man als Schwester nicht sein. Unser großer Bruder wäre stolz auf dich! DANKE.

Ich danke euch, meiner ganzen Seelenfamilie, für das Wachstum, das ihr mir ermöglicht habt. Ich verneige mich vor euch in Dankbarkeit und tiefer Demut.

Ich danke dir, meinem ersten Mann, dem Vater unserer Kinder, für deine Liebe und deine Begleitung während unserer gemeinsamen Zeit. Danke für deinen Glauben an mich. Danke für dein Verständnis und deine Bereitschaft, auch ungewöhnliche Wege mitzugehen. Danke, dass ich unsere Geschichte hier erzählen durfte. Es ist mir eine Freude und Ehre, die Mutter der Kinder zu sein, deren Vater du bist.

Euch, meinen lieben Kindern, danke ich für euer Vertrauen, das ihr mir jeden Tag schenkt und für die Erfahrungen, die wir gemeinsam machen. Ihr seid großartig und in jeder Hinsicht vollkommen. Ihr habt mein vollstes Vertrauen in euer Sein und euren Weg, alle beide, genauso wie ihr seid. Ich liebe euch!

Ich danke dir, dem Mann an meiner Seite und in meinem Herzen. Gefühlt haben wir schon ein ganzes Leben gemeistert, und dafür danke ich dir und bin stolz auf jede Welle, die uns gestärkt hat. Mit deiner stillen Stärke, deinem Mut, deiner Offenheit, deiner Freiheit im Denken und im Sein und mit deiner Lust aufs Leben bist du mir Vorbild und Lehrmeister. Mein Herz, meine

Seele und mein Körper danken dir für deine Liebe und deine Art zu lieben.

Dir, liebe Leserin und lieber Leser, danke ich für deinen Mut, zu diesem Buch zu greifen und darin zu lesen und dich von ihm dorthin tragen zu lassen, wo du sein möchtest. Ich verneige mich vor dir in höchstem Respekt vor dem Weg, den du gehst und vor den Wellen, denen du dich stellst, jeden Tag. Und ich freue mich darauf, dir auf einer dieser Wellen da draußen zu begegnen, eines Tages, auf diesem Ozean, den wir Leben nennen.

Die Autorin

Karen Christine Angermayer studierte Diplom-Photoingenieurwesen an der Fachhochschule in Köln und arbeitete beim Film, bevor sie sich im Jahr 2000 selbstständig machte und sich noch einmal völlig neu rund ums Wort und das erfolgreiche Schreiben ausbilden ließ. Seit 14 Jahren arbeitet sie als Autorin, Referentin, Schreibcoach und Trainerin für Privatpersonen und Unternehmen.

Ihre Kinderbücher, Jugendbücher und Sachbücher werden international gelesen, darunter der Schreibratgeber *Verführung mit Worten: 33 Quickies für erfolgreiche Texte.*

Seit 2014 ist sie Geschäftsführerin des sorriso Verlags und begleitet als Verlegerin und Buch-Coach andere Menschen bei der Entstehung ihrer Bücher.

Weitere Informationen zur Autorin und ihren Coaching- und Seminarangeboten finden Sie unter:

www.worte-die-wirken.de

www.sorriso-verlag.com

Verbinden Sie sich auch auf Facebook, Twitter und Youtube mit unserer Autorin! Vielen Dank!

Hilfreiche Menschen und ihre Angebote

Anna Bahlinger: www.annabc.de, Berlin
Human Design System, Venus Sequence.

Alexandar Benz: www.alexbenz.de, Frankfurt am Main
Coaching, Consulting, Training.

Kristine Biehl: www.kristine-biehl.de, Hamburg
Astrologin und Coach, Erstellen von Geburts- und Partnerschafts-Horoskopen, »Orte der Kraft«: astrologische Standortbestimmung, Erstellen von astrokartografischen Landkarten für Umzug und Reisen.

Petra E. Frassa: www.urvertrauen-therapie.de, Bad Homburg
Heilpraktikerin, Heilpraxis für Homöopathie und Psychotherapie.

Susanne Flick: www.esoterik-berlin.eu, Berlin
Ganzheitlicher Coach in Unternehmensführung und für entschlossene Seelen, Seelenreading und Heilchanneling.

Sylvia Grotsch: www.astromind.de, Berlin
Dipl.-Psychologin, Praxis und Schule für Astrologie in Berlin.

Karin Hafen: www.cqm-coaching.com, Offenbach
Coach.

Sigrid Holterman: www.sigridholterman.de, Schöneck bei Frankfurt am Main
Heilpraktikerin, Trauma-Therapie, Biografie-Arbeit, Spezialthemen: Hochsensibilität, Gesundheits- und Bewusstseinsentwicklung, Selbstheilung und Versöhnung.

Katharina Koeppe: www.katharinakoeppe.de, Berlin
Engelmedium und Channeling, u.a. Heilung der inneren Kinder, Befreiung von Eiden.

Anette Maria Kolb: www.zahnarztpraxis-bad-homburg.de, Bad Homburg
Ganzheitliche Zahnheilkunde, Homöopathie, Kinesiologie, Bachblüten, Heilinjektionen.

Dr. Renée Moore: www.businessbeyondborders.co, Deidesheim
Neurowissenschaftlerin, internationale Unternehmerin, Speakerin und Businessmentorin.

Dr. Wolf-Richard Nickel: www.seinundgeist.de, Berlin
Facharzt für Allgemeinmedizin, spiritueller Heiler, Geistheiler.

Wilhelm Roth: www.psychotherapie-roth.de, Frankfurt am Main
Heilpraktiker: Körperpsychotherapie, Paartherapie, Naturheilkunde.

Carmen Stephan: www.carmenstephan-finanzconsulting.de, Frankfurt am Main
Diplom-Kauffrau, European Financial Advisor, Coaching, Beratung und Vorträge.

Barbara Wittmann: www.tribalwisdom.de, Hettenshausen bei München
Coach für Führungskräfte, Guide für Übergänge in Unternehmen und im Leben.

Inspirierende Literatur

Angermayer, Karen Christine: *Verführung mit Worten: 33 Quickies für erfolgreiche Texte.* Kösel, 2011.

Austermann, Alfred R. und Bettina: *Das Drama im Mutterleib. Der verlorene Zwilling.* Königsweg, 2013.

Braden, Gregg: *Der Realitätscode. Wie Sie Ihre Wirklichkeit verändern können.* Koha, 2008.

Byrne, Rhonda: *The Magic.* Knaur MensSana, 2012.

Cameron, Julia: *Der Weg des Künstlers. Ein spiritueller Pfad zur Aktivierung unserer Kreativität.* Knaur MensSana, 2009.

Christinger, Doris, und Schröter, Peter A.: *Vom Nehmen und Genommenwerden: Für eine neue Beziehungserotik.* Piper, 2010.

Cooper, Diana: *Erzengel-Meditationen,* Audio-CD. Ansata 2008.

Eckert, Gabriele: *Wenn Fische fliegen – Die Chinesische Quantum Methode,* WeiterSein, 2010.

Eggers, Ellen, und Röthgen, Angelika: *Impulse im Griff – Triumph über alte Ess-Gewohnheiten.* AREE – Neue Denkweisen Verlag, 2014.

Grout, Pam: *E^2 – Wie Ihre Gedanken die Welt verändern.* Allegria, 2013.

Hay, Louise: *Heile deinen Körper. Seelisch-geistige Gründe für Krankheit und ein ganzheitlicher Weg, sie zu überwinden.* Lüchow, 2009.

Hühn, Susanne: *Die Heilung des inneren Kindes. Kartenset: Sich im Herzen berühren lassen.* Schirner, 2009.

Joost, Andrea: *Mit Worten bewegen. Präsentationen und Reden, die wirklich begeistern.* Wiley-VCH, 2012.

Kinslow, Frank: *Quantenheilung. Wirkt sofort – und jeder kann es lernen.* VAK, 2013.

McCann, Richard: *Just a Boy: The True Story of a Stolen Childhood.* Ebury Press, 2006.

Pradervand, Pierre: *Segnen heilt. Wie dein Segen die Welt verändert und dich selbst.* Reichel, 2010.

Schwartz, Robert: *Jede Seele plant ihren Weg. Warum leidvolle Erfahrungen nicht sinnlos sind.* Ansata, 2012.

Tolle, Eckhart: *Jetzt! Die Kraft der Gegenwart.* Kamphausen, 2011.

Virtue, Doreen: *Die Heilkraft der Engel.* Ullstein, 2004.

Watzlawick, Paul: *Anleitung zum Unglücklichsein.* Piper, 2009.

Wittmann, Barbara: *Meetings in Mokassins. Führen mit Weisheit und Seelenreife.* Springer Gabler, 2013.

Quellennachweis

Das Zitat auf Seite 83 stammt aus Paul Watzlawick: *Anleitung zum Unglücklichsein.* © 1983/2013 Piper Verlag GmbH, München, Seite 37 f. Abgedruckt mit freundlicher Genehmigung des Piper Verlags.

Register

Sachregister

Personenregister